# 大运河 请听我说

## 中国文化记者江苏运河行采访调研作品集

主　　编◎丁振海　郭运德
执行主编◎王琴珍

党建读物出版社

◆2023年4月8日，中国报纸副刊研究会在江苏省南京市召开2022年年会　　（新华报业传媒集团提供）

◆ 中国报纸副刊研究会2022年年会现场

（申菏亮　摄）

◆ 参观新华日报报史馆 （申菏亮 摄）

◆ 全国报纸副刊优秀版面展示交流 （申菏亮 摄）

◆在扬州中国大运河博物馆，新华报业记者给文化记者们“讲运河”

（赵亚玲 摄）

◆参观镇江谏壁船闸控制中心，感受高科技助力航运的魅力

（申菏亮 摄）

◆参观淮安盱眙黄花塘新四军军部纪念馆（申菏亮 摄）

◆在淮安感受里运河文化长廊（申菏亮 摄）

◆ 在淮安洪泽湖大堤回溯历史，聆听古堤往事　　（申菏亮　摄）

在宿迁牛角淹村采访苏北大鼓艺人，听演唱时代新声　（申菏亮　摄）

在宿迁新盛街历史文化街区，调研大运河沿岸文化与生态环境保护情况

（申菏亮　摄）

调研宿迁洋河酒厂七十余年的发展历程　（申菏亮　摄）

# 前　言

顾雷鸣

2024年是中国大运河申遗成功10周年。

世遗10年，见证中华民族与河共兴：水韵、文蕴、国运深度互动，紧密交织，奏起“何以中国”的时代交响。作为大运河的生长原点，大运河江苏段蜿蜒690公里，60%的江苏人口沿运河而居；作为大运河沿线河道最长、流经城市最多、运河遗产最丰富、列入世界文化遗产点段最多的省份和中国大运河国家文化公园唯一的重点建设区，江苏正以高标准、高水平、高品位推进大运河文化带建设。成功申遗10周年之际，《大运河，请听我说》一书经过一年多紧锣密鼓的筹备喜迎付梓，来自全国各大主流媒体的文化记者、副刊编辑融新闻视角于副刊文体，为“大美江苏”传神写照，为千年运河谱写时代新篇。

时间的指针拨回2023年4月，中国副刊人从五湖四海，奔赴水韵江苏的春天。由中国报纸副刊研究会、新华报业传媒集团主办的“行走大江大河　书写水韵江苏——中国报纸副刊研究会2022年年会暨百名文化记者江苏行采访活动”走进大运河江苏段，百名编辑记者在实地采风中，亲历大运河文化融入吴文化、淮扬文化、楚汉文化、金陵文化和长江文化的建设和发展，感知历史与现实、文化与生态、自然风貌与人文景观相得益彰的江苏“美丽中轴线”。他们参观船闸、大堤等丰富的水利奇观，从2500多年的运河发展史中感悟艰苦奋斗、开拓进取的民族精神血脉；他们在桨声灯影里移步换景、一眼阅尽千年，打开“流动的文脉”，见证人文经济学的江苏实践；他们走进运河边的生态绿地、历史文化街区、主题文化公园，感叹生态蝶变、文脉重生，看千年运河绘就家门口的“诗和远方”，成为流金淌银的致富河、活色生香的幸福河……

历史学家罗新说，历史不等于过去，“过去”只有被诠释、被讲述之后才成为“历史”。翻开这部《大运河，请听我说》，2500多年的运河史增添了丰盈的细节与新颖的视点。无论是黄花塘新四军军部纪念馆中，陈毅夫妇祝贺黄花塘乡亲结婚时赠送的一方红布，还是镇江西津渡见证的世界上最早的国家救生体系；无论是洪泽湖大堤条石墙铁锔上镌印的“林工”（林则徐）铭文，还是扬州中国大运河博物馆珍藏的一道“汴河剖面”；无论是北宋书画家米芾登临并命名的盱眙“第一山”，还是洋河酒厂基于国家级非遗“洋河酒传统酿造技艺”、以“绵柔”引领中国白酒品质升级的创新举措……无不被全国副刊同行们揽入胸襟。他们打量运河遗迹、步入历史深处，谛听运河波涛之下惊心动魄的纷纭往事；他们挥洒情思，不满足于采风所得，糅历史钩沉于浪漫想象，探究大江大河形塑文明面貌的蓬勃伟力；他们望风怀想、阔步山河，在面向历史与当下的壮游中“访古”与“叹今”，把运河之美装入心间、诉诸笔端，用文字再造了一条精神的运河。

山川焕绮，文章日新。“大运河流入我的心里，阅读一条江河，便是一次精神巡游。我不断开凿着内心深处的江河，任河水在心中奔腾……”这曲“新时代的《水调歌头》”是对大运河江苏段的深情礼赞，也是对互联网时代“报纸副刊该往何处去”的提笔作答。副刊必须追求新闻之新、思想之深、人文之暖，与时代对话，同人民共情。《大运河，请听我说》一书，是报纸副刊紧贴时代、内容拓疆的“在场”写照，更是主流媒体在“保护好、传承好、利用好大运河”过程中的主动作为。

“江苏的文化密码，藏在大江大河里。”《江苏文库》编纂出版委员会编委、南京大学教授胡阿祥曾这样说。大运河是江苏文化的活态展厅、世界遗产的璀璨明珠、生态优美的绿色长廊，是“锦绣江苏”图卷上最为灵动夺目的“诗眼”与“画魂”。希望更多媒体同行能够走进江苏，用所思所闻感知江苏、解码江苏；希望更多游客达人能够乘“运”而来，读懂江苏“一江一河”的文化标识，当一回大美江苏“体验官”“推荐官”；希望读者朋友与媒体产生更多的连接与互动，共击新时代之水，推动文化传承发展，谱写中华文明新华章。

（作者为新华日报社总编辑）

# 目　录

## 特别奖



## 一等奖

## 二等奖



## 三等奖

## 优秀奖

# 特别奖

# 行走在京杭大运河

陈桥生

仿佛一艘巨轮，穿越2500年的岁月长河，静静停靠在三湾古运河畔。

2021年6月16日，扬州中国大运河博物馆建成开放。这是一座百科全书式建筑，全流域、全时段、全方位展现了中国大运河的历史、文化、生态以及科技面貌。

穿过午后的阳光，我们走进这座巨轮造型的博物馆。扑面而来的，是占据了整整一面墙的一段河道的横断剖面，将人瞬间裹挟进幽邃无边的时间深处。这段河道，取自河南开封州桥及汴河遗址，剖面从下而上，分别是唐、宋、元、明、清时期的地层，由左向右，则是一条条蜿蜒的白线，标示出不同年代汴河河床的走向。最底端的唐代河道地层，触手可及，其白线呈现“锅底”形，可见当时汴河河道深且广。不难想象，其时的汴河上，舟楫往来，络绎不绝，是如何的繁盛。而此后历代，随着汴河地位下降，河沙逐渐淤积，汴河河道变窄变浅。到了清代，曾经繁盛的汴河竟成了“小水沟”，而今则完全淤平为陆地。

一眼千年。一条运河在千年时光中的流转与变迁尽在眼前。剖面上密布的大小颗粒，有砖瓦、陶瓷，有动物骨骼，有金属类生产工具，它们因何而来，为何在此，又蕴藏着怎样的前尘往事、因缘巧合，令人浮想联翩。

沧海桑田，历史的年轮仍然以地层的形式生动地呈现在我们面前。大运河，以如此惊人的空间和时间尺度，展示着它非凡的价值。

眼前的三湾湿地，满目翠绿，白鹭翔集，不断延伸的塑胶跑道两旁，散布着樱花、琼花、香泡、香樟、香柳，微风徐来，花香鸟语，令人神清气爽。

扬州三湾，是整条运河中最古老的一段。公元前486年，吴王夫差为北上争霸，以水路沟通江淮，在此挖下修凿邗沟的第一锹土，大运河便有了起始河段。扬州，也因此成为中国大运河的“生长原点”。

逝波千年，千里运河如同在扬州歇了歇脚，拐了几道弯，河道蜿蜒，静水流深，涵养了今日独特的三湾风光。

三湾的形成，缘于明代扬州知府郭光复。

扬州城自古北高南低，运河旱季水势直泻长江，水位过低，漕船、盐船常常因而搁浅。明万历二十五年（1597年），时任扬州知府郭光复，舍直改弯，增加河道长度和曲折度，以抬高水位，减缓水的流速，将原有百余米直行河道，曲折圆转成1.7公里的河湾。水流舒缓了，通航顺畅，形成了“三湾抵一坝”的奇观，进而吸引更多的文人商客，骑鹤下扬州，于此舍舟登岸。

不同于天然河流，运河是人的创造，是中华民族的精神血脉。一条运河，荡涤着半部华夏文明史。流水汤汤，千年不辍。置身世界遗产名录，却是一带活泼泼的水，始终流淌在寻常百姓的日子里。

逝者如斯夫，不舍昼夜！今天，行走在大运河畔，更多的已非“寻古”而是“叹今”。一路北上，俯瞰船闸，漫步大堤，面对种种水利奇迹，处处都能感受到中华民族那种艰苦奋斗、开拓进取、生生不息的精神。

抵达镇江谏壁船闸，恰好遇上一天中运河与长江水位齐平的时刻。无须开闸放闸和等待通行，现代版的“舳舻转粟三千里”在眼前生动演绎。

船闸仿佛一个巨大的、具象的枢纽开关，对“十字水道”上的繁忙交通进行自如的开合切换，让自然的水安服于人类的需求，让南北百货在此有序地交汇融通。

站在岸上，能清晰地看到船民们的忙碌生活，男人在驾驶舱里操作，女人则在甲板上忙着家务，甚至莳弄着盆栽花草，这是他们流动的家，是全部的希望，是千百年来不变的日常，似远犹近。

一条不宽的水道，却能让他们满载货物的千吨级船舶从其间驶过，让人直观地感受到大运河依然生动地“活”着，并且活力如此强盛。

在一个春风沉醉的夜晚，我们寻访到了西津渡——长江、运河交汇处的古渡口。这里是唐代张祜写下“两三星火是瓜洲”的金陵渡，是宋代王安石写《泊船瓜洲》时深情回望的“京口”地。

夜访西津渡，在长约千米的古街轴线上，保存至今的元代昭关石塔、古救生会、待渡亭……依次而来，历史的厚重被一次次掀开，多少繁华如电影镜头般在我们眼前一幕幕浮现。

由东往西走，从高往下看，人如海，灯如昼，仿佛便是行走在舟楫交织、人声鼎沸的历史街市，饕餮着千年古渡里朴实平凡的“人间烟火”。

“京口瓜洲一水间，钟山只隔数重山。”想起多年前的某个日子，曾经逆向而行，专程从西津渡折返，去对岸扬州找寻那两三星火的瓜洲古渡。

导航当时迷失在一片滩涂之中，问寻之下，路人纷纷指向前方繁忙运营中的瓜洲渡口。我们说找的是不再使用的渡口，弄得人家一脸茫然：不再使用了，你们还找去干吗？好在最终得偿所愿，在芳草萋萋的水中小洲，找着了写有“瓜洲古渡”四个大字的一块竖碑，据说古渡头就湮没于其下。不远处还附会有杜十娘怒沉百宝箱的“沉箱亭”。

一水相隔的京口、瓜洲，多少伫视回望，多少明月相照，演绎着多少悲欢离合。那首“孤篇盖全唐”的《春江花月夜》，据考证，描写的就是以瓜洲为地标的长江春夜景致。

不知江月待何人，但见长江送流水。

运河的一头系着江淮和江南，另一头系着京都，京都的变迁，决定了运河的变迁。隋唐运河以洛阳为中心，北至涿郡（今北京），南接淮水，贯通长江；北宋定都开封，通济渠依旧发达，但从洛阳通往北京的永济渠就衰落了；南宋定都杭州，开封到淮河的汴河开始淤塞，扬州、淮安的地位下降，苏州成为运河沿线最重要的城市；元代定都北京，必须新开河道，截弯取直便形成了京杭大运河。

或截弯取直，或舍直改弯，运河的每一次蜿蜒转向，源于自然的造化，更标示着文明历史的走向。上善若水，水利万物而不争。纵贯起海河、黄河、淮河、长江、钱塘江五大水系的运河，它的雄心已不止于江淮两岸，更远及于南方之南。

一如精于“打劫”的围棋手，隋炀帝在动用百万民众疏浚大运河之时，应该就已经瞄定了广州“南海神庙”，这是他的父亲早早就为他在南方之南备好的一着先手棋。

在反复的开劫应劫下，历史的天平向着南海倾斜。

唐中期以后，通往西域的陆上丝绸之路受阻衰落，以广州为中心的海上丝绸之路兴起，中国对外贸易中心从西域转移到了南海。

历史一转身，便凸显出岭南通往江淮、长安的交通瓶颈。由于隋唐大运河的贯通，再溯长江、赣水而上，便可直抵大庾岭北麓，越大庾岭顺北江而达广州，通往海外。此中，最艰难的关隘，即是横亘其间的大庾岭路。

其时的大庾岭路，无法车行，只能是肩扛人背，所谓“以载则曾不容轨，以运则负之以背”，远远无法满足“海外诸国，日以通商”的通行需求，无法将海外通商之大量货物，转运至江淮等地或供朝廷府库之用。

这个历史的机遇，恰逢其时地落在了身为韶州人的张九龄肩上。

唐开元四年（716年）秋，张九龄奉命开凿大庾岭路，次年即大功告成，辟通为“坦坦而方五轨，阗阗而走四通”的大路。因修路有功，张九龄由八品官升七品，算是一个应得的奖赏。

然而，其功之大，却是如何形容都不为过的。张九龄打通的，不仅是一条地理意义上的要衢通道，更是帝国的经济命脉，是连接海洋通向世界的最重要关节，是贯通古与今、中与外、陆与海的海上贸易之路的任督二脉。

打通了任督二脉的南北交通线，就像在中华大地画下的一个巨大惊叹号。饱蘸运河水，汇聚全部奔腾的伟力，以不可阻挡的气势，冲决逶迤横亘的五岭，在南海边圈定惊叹号最后的那个圆点。

张九龄一定是感受到了这份磅礴的伟力，澎湃着大海的激情，且行且吟且唱着“海上生明月，天涯共此时”的千古绝唱。

因为大庾岭路的开通，天涯共此时，不仅在现实中成为可能，更是站在历史交汇点上的张九龄，也是岭南，向世界发出的最早的时代宣言。

“春江潮水连海平，海上明月共潮生。”如果说此前的岭南，面对的是一片茫茫大海，从此海上便升起了一轮明月。有了这一轮明月的普照运行，岭南的天空不再暗黑，这片大海也因此而波光粼粼，气韵生动。

（原载《羊城晚报》2023年7月4日）

# 不尽运河款款来

## ——“水韵江苏行”散记

瞿冬生

运河，一条刀斧人工的河流，千百年来流淌着无数神奇美丽、壮阔惊险的故事。对于运河不曾流经的温州人，我对运河有着恒久的好奇心，长久地渴望撩开她那神秘的面纱。

阳春三月，烟花正浓，借“行走大江大河　书写水韵江苏”之东风，我终于迈出久困一隅的脚步，伫立清纯的运河之畔，聆听强劲的运河律动，吸吮醉人的运河清芬……

### 悠悠运河问沧桑

在历史的长河中，一直闪耀着人类智慧的光芒；

在运河的历史中，一直辉映着人类实干的身影。

始于公元前486年，绵延3200公里、流经8个省市的大运河，是世界上开凿最早、规模最大、长度最长的人工河。灭国后自刎的吴王夫差，没有赢得最后的胜利，却赢得“第一锹”的赞誉而功垂史册。他在扬州开凿的邗沟，成为千年运河的起点。

延续2500余年、通达五大水系的大运河，包括隋唐大运河、京杭大运河和浙东大运河三部分，是中国古代南北交通的大动脉。自秦始皇创立以仓储管理为中心的漕运制度，漕运便成了大运河的主旋律。至隋炀帝沟通五大水系，漕运更是生机盎然。唐宋东南漕运勃兴，明清两代漕运鼎盛，成为经济大动脉。

与其说是古人对河流的依赖，倒不如说是古人对交通的智慧。人类的文明总是一步一步向前迈进的，我们不能苛求古人造高速、建高铁。其实，古人对河流的驾驭能力，已超越当时的生产力水平。他们利用河流运输，既省力又经济，一苇之航，轻舟已过万重山。天然河道不能满足需求，他们就用人力开凿运河。贯通南北的大运河，不就是当时的水上高速路？

假如没有大运河，中华民族大融合的脚步还会那样快吗？假如没有大运河，运河两岸人民的生活还会那样多姿吗？

汩汩流淌的大运河，跟长江、黄河一样，也是中华民族的母亲河，也是中华儿女的生命河。千百年来，从北到南绵延不绝的大运河，一直荡漾着人们对美好生活的梦想……

那么，大运河在江苏有着怎样的美丽传说和故事呢？

## 水韵江苏好风光

“京口瓜洲一水间……”新华日报“交汇点”客户端首页编辑部副主任王宏伟不顾车上颠簸，双手合成喇叭状，朗声讲解：“京口，是镇江的古称，我们要去的西津渡，在六朝的时候就是渡口，而北岸扬州杜十娘怒沉百宝箱的那个瓜洲渡，在清朝末年就沉在江底了。今天我们还能看到的西津渡，离长江已经有了三百多米的距离。”“镇江的历史要从孙权打赤壁之战开始说起……”通过王宏伟绘声绘色的描述，我仿佛展阅一幅发黄的历史长卷，不禁惊诧于“吴楚要津”“长江锁钥”了。

“大运河上飘来紫禁城”，与长江有五处交汇的镇江，是大运河的黄金段。谏壁船闸，是苏南运河唯一直通长江的复线船闸，2021年船舶通过量突破2亿吨。4月9日，负责运行与安全的宫副所长告诉我，沿长江而来的货船95%以上都载有钢铁、建材等货物……

站在谏壁船闸天桥，适逢运河与长江水位齐平，绿灯大开，无须等候开闸放闸。一艘艘船只很快从眼前驶过。一艘“夫妻档”的船头，站着皮肤黝黑的妇人与四处张望的小狗，船尾摆着鲜艳的花草，泡沫箱里长满了青菜。这真是“舳舻转粟三千里，灯火临流一万家”。我不禁也“风雅”起来，口占一绝——《谏壁船闸》：

举目江河逐浪行，南来货重利民生。

谁知船客餐风苦，唯愿悠然见晏清。

沐着和美的春阳，我们来到游人如织的扬州运河三湾景区。据介绍，明万历年间，扬州知府将近200米的运河直道，改造成1800米的“几”字弯道。三湾抵一坝，延缓了水流，保障了航运。古人尊重自然、顺应自然、利用自然的智慧可见一斑。然而，三湾一度成了生态恶化的“化工湾”。2014年起，扬州以壮士断腕的姿态，关停迁89家工业企业，退耕修复湿地680亩，才赢得了4A的头衔。

在扬州，我没去体验“水包皮”的畅快，却感受了“书包人”的魅力。集文物保护、科研展陈、社会教育为一体的大运河博物馆，犹如一部百科全书，为我们展现了运河的前世今生。

据悉，博物馆总占地约200亩，总面积约8万平方米，馆藏有春秋至当代反映运河主题的古籍文献、书画、碑刻、陶瓷器、金属器、杂项等各类文物展品1万多件（套）。我的同事陈发赐是玉器行家，径直奔向玉器展厅，我差点追不上他呢。橱柜里，玉匜杯、青白玉把杯、青白玉福寿纹盖盒等，确实精美，我也忍不住连连拍摄。突然，“江苏运河行”微信群热闹起来，“大家尽量早点上楼，展厅很多”“十号馆还有萧后凤冠”……可惜，我们在闭馆前一小时才入内，无法细品“全流域、全时段、全方位”的展陈，错过了“隋炀帝萧后冠”和VR体验馆，等等。

始建于东汉、全长67公里的洪泽湖大堤，守护着10多座中小城市约2600万人口、3000万亩土地，是名副其实的“水上长城”，与都江堰一道被誉为中国水利史上的“绝代双骄”，2014年被列入世界文化遗产名录。而我尤感兴趣的是，洪泽湖大堤与乡贤刘伯温有关。

朱元璋为守护自家祖坟，派刘基修一条“固若金汤”的大堤，“赛诸葛”竟一时无招，愁苦之时幸得观音菩萨托梦点化。他发动千艘民船在湖面撒稻壳，照着稻壳漂移形成108道弯的浪迹线修建大堤，果然坚固。史实远比传说震撼，事实上每一道弯都可能是决堤后重修的遗迹。林则徐指挥修建的周桥大堤，迄今依然保存完整，值得游客驻足赞美。

“淮安因运河而兴，也因运河而衰。”淮安市大运河办副主任孟爱民介绍说。光绪二十七年（1901年），清廷宣布停漕改折，两千余年的中华漕运史至此画上句号，淮安作为漕政咽喉的地位一落千丈。

尽管如此，淮安的“水上立交”，依然是亚洲之最。“立交”南北向，有为运河而建的长125米、宽80米的混凝土渡槽，渡槽下则有15孔涵洞，为东去的淮河水留下通道，这便形成了淮河入海水道与京杭大运河十字交叉的壮观景象。

走过宿迁，才知洋河酒为何如此醇厚，因为她的历史就是一座“老窖”。早在5万年前，下草湾人在此繁衍生息。8000年前，顺山集人在此捕鱼打猎。2000多年前，西楚霸王在此出生成长。当年项羽“无颜见江东父老”自刎乌江，而他亲手栽下的老槐树依然郁郁葱葱。

话说乾隆皇帝第二次南巡驻跸宿迁，品尝洋河佳酿后挥毫写下“酒味香醇，真佳酒也”。可见乾隆也是好酒的，不然六下江南五次驻跸于此，除了“第一江山春好处”，恐怕还有“壶中日月长”吧。如今，乾隆曾驻跸的皂河行宫，成为以运河为主题的文旅景区，吸引八方来客。

在洋河股份生产车间，董事长张联东说：“我们的生产线平时不对外开放的。”而我们有幸依次参观了自动化、半自动化、人工生产线。据了解，洋河之所以与众不同，不止是地处北纬33°的黄金酿酒带，还有赖于“低温入池”“低温发酵”“低温馏酒”的“三低工艺”，春分时节酒醅入窖，白露时节开窖，历经12个节气，发酵周期长达180天。如今，洋河股份年产原酒16万吨，储酒能力达100万吨，产能、销量、绵柔品质均居全国第一，是全国最大的纯粮固态发酵白酒生产企业。

## 江河湖海共婵娟

一条运河通古今，古今运河济苍生。

“大运河江苏段无疑是整个京杭大运河中最精华最出彩的一段！这不仅因为江苏段保持通航、运力不断提升，更因为江苏段集中体现了中华民族高超的治水用水技术。”余姚日报同行徐渭明又是摄影家，见多识广，说出了我的心里话。

“长江和大运河共同托举着长三角板块。”王宏伟道出了江苏人的自信。

是啊，大运河不仅是生命之河，也是文明之河。我竟突发奇想——假如当年运河从杭州、宁波继续南下，通达温州，甚至直抵福建广东，运河故事将会是怎样的呢？

聪明人会说，历史不可假设。但我是愚人，就爱胡思乱想。温州偏居东南一隅，历史上很长时间被蛮夷化、被边缘化、被沙漠化。若有运河，何至于此！

温州人虽然失去了运河的滋养，却赢得了江海搏浪的勇气。2021年

10月在温州市区望江东路发现的沉船、码头、栈道、瓷器、多组干栏式建筑等，向世人展现了“国内仅见、世界罕见”的宋元港口遗址。说实话，古港码头入选“全国考古十大发现”我并不在乎，我只在乎它是否能证明——温州曾是海上丝绸之路码头、文明驿站、文化绿洲。

大运河是流动的血脉，慷慨地滋养了江苏人，而江苏人也慷慨地回报她以历史的尊严和现实的呵护。这是“水韵江苏行”给我最深的体悟。

（原载《温州日报》2023年5月20日）

# 永远的大运河

单三娅

我这个北方长大的人，对水利水运的认识本来十分有限。年初看了一部电视剧《天下长河》，真真受到了一番教育。康熙皇帝以“三藩及河务、漕运为三大事，夙夜廑念，曾书而悬之宫中柱上”，警示自己不敢稍有懈怠。在长期的农业社会中，河务和漕运都是国之大者：水不利则成大患，漕运不畅则社会动荡。而治水就要动用国库官银，就须委任河官重臣，就会牵动朝野派系，就加剧了明争暗斗，就现出了忠奸本色。巧的是，没过多久，中国报纸副刊研究会组织了“行走大江大河　书写水韵书香”采访活动，足以当作一次行走的课堂。

运河运河，为运而生。京杭大运河是世界上里程最长、工程最大的古代运河。大运河的开凿修建，首先是出于军事目的，转运军队、后勤补给，水运是最为便捷的方式；其次是国计民生、粮食物产运输的需要。2500多年间，大运河之所以能在历代持续修整、扩建、完善，这二者是原始驱动力。大运河自春秋时期开凿，秦统一后修江南段，隋代大幅度扩修，以洛阳为中心贯通南北，元代舍弯取直，最终形成南起余杭北至涿郡，沟通海河、黄河、淮河、长江、钱塘江五大水系的格局，对于唐宋盛世的形成，丝绸之路的外延，抵御外来侵扰，维系大一统的“天下中国”，起到了至关重要的作用。

镇江，过去我只知它是一座江南名城，却不知，它的坐标刚好位于长江南岸与运河的十字交汇点上，从隋代开始就成为了转运集散的漕运要道，在封建国家的版图中确立起“通津”地位。谷阳、丹徒、京口……这座历史名城在宋代改名为镇江，沿用至今，有了吉祥祈福的最合适的名字！

位于镇江的金山寺，因《白蛇传》中水漫金山的传奇故事闻名。白娘子是追求爱情的化身，虽可以施法让大水漫灌金山寺，却终被法海镇压于雷峰塔下。鲁迅曾说，“‘水漫金山’一案，的确应该由法海负责”，他永远站在被侮辱与被损害的弱者一边，为白素贞鸣冤。《白蛇传》的故事，是典型的江南文化的产物，也是镇江水文化发达的例证。

镇江西津渡，被称为“江南运河第一渡”，我们傍晚到达时，依然是灯火盎然。商铺紧挨，此时正是招徕顾客的好时光，吃食、手工、文创、服装、特产，总诱人禁不住驻足。千把米的一条西津渡古街，处处遗迹，有文物保护单位38处，被联合国教科文组织评为文化遗产保护优秀奖。街边多为二层砖木小楼，建筑以明清时的居多，旧而不败，窗明街净，心情怡然。过了昭关看见石塔，品出了元大都北京白塔寺的味道。在“救生会”旧址，一看居然是成立于宋代的世界上最早的救生组织！走着走着，又遇见民主斗士李公朴先生的故居……眼前的西津渡，一片安然祥和，而当年此地，应是嘈杂鼎沸远甚于此。这个横竖贯通的水运大动脉节点，作为“江南运河第一渡”，眼见了繁兴与衰落，战乱与流离，别仇与离恨，曾经发生的故事，如今怎么想象，大概总超不过它的真实！

船闸的作用，是我此次行走运河学到的又一知识点。中国是最早使用船闸的国家，船闸技术早在唐代中叶以前就已出现，到宋代就相当成熟了。位于镇江京口区的谏壁船闸，是长江南岸从运河进入长江的口门，我们在此目睹了一艘又一艘运煤大船繁忙驶过的景象。船闸的作用在于克服水位落差以保证船舶顺利通航。这里最常见的情形是，运河的水位低于长江之水，两个水道汇合处水位高低不一，这时，由前后两道闸门和中间一段闸室组成的船闸就发挥了重要作用。当漕运船只从南往北渡江时，船闸打开下游阀门调节水位，待闸室内水位和下游航道水位齐平，船闸打开下游闸门，让船只平水驶入闸室区域等待，然后关闭下游闸门和阀门，打开上游阀门调节水位，待闸室水位和上游航道的水位齐平，打开上游闸门，船只再平水驶出闸室进入长江。反之亦然，船只从长江往南进入运河奔杭州方向，则按上述顺序相反方向操作，船只得以顺利通过。

扬州，是因运河而起的最早的繁胜地之一，唐代徐凝早有奇句“天下三分明月夜，二分无赖是扬州”。各类老铺、作坊、古园、书院，嵌在城市美景当中，诉说着扬州的古今。来到著名的运河三湾景区，我才知道，这里的繁荣，要感谢曾任知府郭光复。由于北高南低，北边过来的淮河之水急流难蓄，常常在扬州造成船只搁浅。到了明代万历年间，聪明的扬州知府郭光复把此段100多米的运河直道改为1700米的三湾河道，舍直取弯，自此，激流浅滩变为静水深流，大运河扬州段畅通无阻。

当我们来到淮安盱眙三河闸时，只见水面一望无际，与远天相接。三河闸是我国最大的节制闸，是淮河洪泽湖入江水道的口门，主要功能在于泄洪治水。这个规模宏大的水利工程是上世纪50年代新中国成立初期所建，那时机械化程度不高，16万技术人员和劳工，以极大的精神动力连续奋斗，仅10个月就修建完成，解决了百年水患，保住了一方平安，为里下河地区带来了持久繁荣，书写了新中国水利史上的辉煌一页。盱眙三河闸也有船闸部分，它对于漕运的贡献主要在于大大缩短了淮河与大运河之间的航行距离。

淮安也是运河上的重要节点城市。在很长的历史时期内，南粮北调、北盐南运，淮安是必经之地。自隋代起这里就设有漕运专署，到明清曾是漕运总督公署所在地，主管全国漕运事务，权力之大可想而知。现如今，在它的遗址旁边，建起了中国漕运博物馆。俯瞰一个个模型、一件件旧物、一次次演示，不能不使我这个如此之晚才对昔日漕运有所了解的人，生出一次次震动！在没有蒸汽动力，没有汽车火车飞机的漫长历史年代中，一个大国，粮食等生计物资的长途运转，首系漕运一身。漕运畅通，便有了行政的运行、商贸的便利、税收的丰盈、都市的繁荣、信息的沟通、文化的兴起，它简直就像人体的血脉，生死存亡之大功也！

我先后来到周恩来故居和吴承恩故居。伟人周恩来在故乡淮安生活了12年，他从小读的第一本小说，就是与他家距离很近的先邻吴承恩写的那本充满想象、海阔天空的《西游记》。周恩来少年时就在回答老师提问时说出了“为中华之崛起而读书”的志向，不能不说，他的胸怀，他的视野，得益于很早就开放发达、连通四海的运河文化的哺育和滋养。

并非有水就利。为保障漕运畅通而生民又不被冲扰，历史长河中，多少忠臣能人涌现！郭守敬、潘季驯、靳辅、陈潢，他们是历朝历代水利工程创新的突出代表。中国在元明清时达到当时人类水利治理的最高水平，并非偶然。同样，运河沿线，诞生了多少遗存、多少诗歌、多少名人、多少文化流派！大运河与长城一样，是祖先留给我们中华民族的伟大遗产，是奠定中华文明地位的象征。至今，大运河仍在绵延流淌，不舍昼夜，以它的襟怀，托起航船，灌溉良田，南水北调，涵养文化，造福中国。中华文化五千年未曾中断，大运河功不可没！中华文化多元一体，大运河功不可没！它虽然没有挺胸而立，却是一座不朽的丰碑。

运河的神话还在继续。2023年5月，继大运河之后，我国的另一条运河平陆运河又在西南动工，建成后将连接广西多条干流，成为西南地区最经济最便捷的出海通道。古人创造的运河这种连通形式，在公路运输、铁路运输、航空运输，甚至管道运输都已发达的今天，仍然不可或缺，续写着它的荣光。所不同的是，科学的整体规划和高度机械化的施工，将会更加多快好省地带来利益。

忙忙碌碌了2500多年的大运河啊，你从未辜负人们的希望。当人们正确选择了与你的相处之道后，你是那么亲和善意，你赋予人们的，是富裕、小康、希望，是无穷的运数……

（原载《新华日报》2023年8月16日）

# 项王故里思项羽

申菏亮

## 一

宿迁，是此次大运河江苏段采风的最后一站。前有镇江、扬州，皆为兵家要塞、文化名城；后有淮安，则是运河中枢、漕运督府；它们都名气太大，不免让偏处苏北一隅的宿迁显得黯然无光。

可是，到后方知，宿迁也有着久远而厚重的历史。这里不仅是江苏最早有人类活动的地域，有五万年前“下草湾人”和八千年前“顺山集人”考古遗址，有被乾隆皇帝称为“第一江山春好处”的河湖美景，还在两千多年前便出过一位“力拔山兮气盖世”的旷世英雄，其威名，其故事，可谓家喻户晓，妇孺皆知。

是的，宿迁是西楚霸王项羽的故乡，其出生地就在宿城区的梧桐巷。

## 二

梧桐巷只是旧时地名，巷已不存，只见一大片青砖黛瓦的仿古建筑群。外围是一道高大城墙，城楼前的广场上立有项羽抚剑跃马的巨型雕像，似在迎风奋进，征袍翻飞如旗。进得城门，下数层石阶，见一“将署”大院，院内又有一尊项羽雕像，端坐殿上，两边有将士持剑拱卫。殿前地面，是彩条标出的十八路诸侯分封图，项羽似乎在看着地图，将一块块地盘分与随他灭秦的功臣。那是项羽人生的巅峰时刻。在西楚霸王麾下，后来当上皇帝的刘邦不过是偏居巴蜀的汉王而已。

不禁想及司马迁笔下的项刘往事。同样是围观荡平六国一统天下的秦始皇东巡，泗水亭长刘邦惊羡那仪仗豪华气派宏大，仰叹道“大丈夫当如是也”；少年项羽却没把这套排场及其主角放在眼里，甩出一句“彼可取而代也”！吓得其叔父项梁急捂其嘴——浑小子，这可是要灭族的呀！

再看眼前的项羽。威风八面居上位，取代秦皇志已遂。那么，只封了个汉王，地盘还不如秦降将章邯、司马欣们丰沃的刘邦呢？此时会做何想？项王可曾有知？

怕是不知。不然，先前那场鸿门宴，他就会听从亚父计谋把刘邦干掉了。

## 三

出将署，北行百余步，便是项羽故居了。院落前有池渠和拱桥，桥边立一石碑，刻着“项王故里”四个大字。导游介绍说，两千多年前的老房子当然早已不存，但这里以前一直有标识项羽出生地的纪念建筑，明末清初这些建筑也塌掉了，是康熙年间由宿迁知县胡三俊重新立碑，亲自题字，以怀念这位生时惊天地死亦泣鬼神的悲剧英雄。

悲剧英雄，失败的豪杰，往往更能引发人们的感慨、同情、怀念。看那成功灭掉项羽当了汉朝皇帝的刘邦，除了正史记录下他的一些言行和功绩外，可让后人写诗入戏的故事能有几许？而战至穷途不降不逃宁可自刎的项羽，却成了人们诗词传颂戏曲寄情的对象。我想，这里面一定有我们民族的文化基因在起作用。成王败寇只是政治层面的官家定义，而有着朴素情感信奉人间正义的民众，多会同情甚至尊崇那些失败的英雄，尤其是其败亡非因能力不逮只不过少了些冷血的豪杰，项羽可称得上其中典型了。

庭院墙壁间，有一道诗碑长廊。其中有唐人杜牧的《题乌江亭》:“胜败兵家事不期，包羞忍耻是男儿。江东子弟多才俊，卷土重来未可知。”显然是对项羽有同情又有批评，嗟叹其并非末路，何必自绝。

另有一碑，刻了宋人李清照的诗:“生当作人杰，死亦为鬼雄。至今思项羽，不肯过江东。”这就与杜诗立意相左，只赞英雄豪气，不论政治成败。

谁才真正理解了项羽呢?

还有一块今人题写的诗碑，是经济学家厉以宁来项羽故里参观后所书:“楚汉鸿沟终有信，乌江遇旧岂无情?人间唯重情和义，正邪是非后世评。”

鸿沟订盟，项羽守信而撤兵东归。刘邦则趁其不备，背盟偷袭。韩信设十面埋伏，终将项羽置于死地。其间，先有虞姬为免夫君分心而帐中献舞，舞罢自刎;后有乌江亭长愿渡项羽过江，项羽却只送爱马上船，自己视死如归。重情尚义，莫此为最。

## 四

庭院正中，置一铜鼎，一人多高，大概是取少年项羽“力能扛鼎”之义。鼎非旧物，应是新铸。而院旁马厩前有一石槽，是真正的出土文物。石槽长约丈余，可供七八匹马同时就食，足以表明项氏的贵族身份不虚，普通人家可没这排场。

还有一棵传说为项羽手植的古槐，虽不甚高大，却是从两千多年前种下的槐树根系上生出的。导游说，这槐树奇就奇在总能生生不息，每当旧株老朽，或遭雷殛，总会有新苗再生，重新挺立。如今这棵也有几百年树龄了，躯干已从底部裂开呈V形，两边都靠铁架支撑，然而尽显沧桑的枝干间，新叶依旧吐翠，仍显勃勃生机。在它周边确有几株细槐，都是同一根系。古槐新树皆被栅栏围起，围栏上挂满了祈福红绸，倾诉着各色游客的百般情思。

或许，这生长千年的古树，正象征着项羽英武绝伦的气概不死，重情守信的精神不息。

这气概和精神，也已融入我们这个民族的血脉了吧。所以，就不难解释破釜沉舟何以变作成语，霸王别姬何以催人落泪；古今文人骚客，何以只爱歌咏项羽而鲜见说唱刘邦。

项羽当然也有缺点。司马迁批评他“自矜功伐”，“欲以力征经营天下”。还用人失察，忽视韩信这样的将才，致其投向刘邦而终成自己的克星。但光芒强者阴影也重，每种性格各有短长，这样的项羽才是一个鲜活生动的人，而不是完美无瑕的神。如此，也才能让千载之下我们这些凡夫俗子仍愿遥想其音貌，或寄予无限同情，或发出些许批评，并且还可能由此而反思自身——在人生的某些关键时刻，我是愿意仿效项羽“不肯过江东”呢，还是选择“包羞忍耻”？忍耻又该忍到何种程度，愿意像韩信那样去钻人胯下吗？或是学着刘邦的样儿，当项羽说若不肯出城决战就烹其老父时，只回应一句“分我一杯羹”？

## 五

宿迁以项羽故里为主题兴建文旅工程，堪称大手笔。整个景区占地近800亩，除了项府、重瞳宫中有对项羽家世和楚汉战争历史的详细介绍外，将署、霸王古今馆如同古代军事博物馆，将古时的各种兵器、攻城云梯、塞门刀车、投石车等一一展示，还有供数位游客各握一柄共同发力撞击城门的巨型木槌，能让人穿越千年，找到亲临古战场的体验。作为军队记者，我对冷兵器时代的这些“尖端”装备尤感兴趣，也对此间浓郁的军事文化氛围大为赞叹。去过许多名人故里和纪念馆，像项王故里这样以阳刚、霸气为主调，让人深受尚武精神熏陶的，并不多见。这可能也跟苏北——古楚之地尚武重义的民风有关吧。古宿迁的人文环境造就了项羽，项羽的英雄豪气又反哺于宿迁，文化就是这样如蛋和鸡的关系一样交互传承、不断演进的。

（原载《火箭兵报》2023年5月19日）

# 运河与国运

## ——《最美运河地标》读后感

申菏亮

春满江南时节，我到江苏参加一个主题为“行走大江大河　书写水韵书香”的文化记者采风活动，在主办方之一的新华日报社提供的资料中看到了这本书。以前也曾到各地采访，收到的参考资料多是些当地经济发展概况和文旅项目简介，很少能超出“百度一下”的范畴，故大致浏览一遍就无须带回了；这本书却让我眼前一亮，是全面介绍大运河江苏段风景名胜和人文古迹的，而且装帧精美，图文并茂，便一直揣在随身的电脑包里，边走边看。

“不了解大运河，就难以真正理解中国。”这是序言开篇的首句。是啊，对于筚路蓝缕以启山林的华夏先民来说，有水之处才能生存，水系稳定才宜定居，才可发展，中华文明就是从数千年未尝停息的寻水、治水、变水患为水利的艰辛斗争中才走到今天的；而大运河，正是这无与伦比的治水壮举结出的硕果。同时它又如影随形，紧密关联着历朝历代的治乱兴衰——“是大运河把北方政治中心与南方经济中心连为一体，以漕粮、盐税和沿线榷关保障着政权运行、经济繁荣、边关供应和文化的多元一体，才使‘大一统’不仅成为现实可能，而且成为矢志不渝的国族认同，纵然合久会分，终归分久必合。”

运河塞，国运衰。运河通，国运兴！读了此书，我不禁生出这样的慨叹。

全书共六章，分别是“水工枢要”“运港千帆”“古镇微澜”“鱼米乡俗”“园林水绕”“时代浪涛”。每章中的各篇都是独立成文，像分类集纳的文化名片，各以大运河上的某个地标为主题，追溯其历史渊源，讲述其曲折经历，描绘其当下风貌。

如溧水胭脂河，是明代洪武年间从一道叫作胭脂岗的山丘间开凿出的，为了使江浙一带的粮草物资更便捷地运至南京。采用的是李冰建都江堰的同样方法，“烧茼炼石，破块成河”，在坚石险岩中生生劈出一段长达十余里的穿山水道，现在虽不再是运河主航道，却因两岸峭壁一湾幽水而成为绝佳风景，被称作“江南小三峡”。

如苏州宝带桥，是唐代苏州刺史王仲舒首倡兴建，为的是在这风高浪急的太湖出水口保障运河船只安全，方便纤夫落脚。王刺史并未求朝廷拨款而是发起“众筹”——请当地士绅捐资，他自己也将束腰宝带捐出，便是这桥名的缘起了。

在介绍苏州枫桥一篇中，则由《枫桥夜泊》这首唐诗说起，讲述了这里曾是大运河进入苏州的重要关口，“枫桥”或许是由“封桥”转来，因为枫树不喜潮湿，鲜有生于水边的，而漕运重地则因有重兵把守，开闭定时，故称封桥。当然，这叫法比不上“枫桥”有诗意。历史，文化，或许就是这样在时间长河中不断被冲洗、演绎，终成为人们更愿意相信的样子，反过来又重塑着后人的审美观和价值观。

讲述洪泽湖大堤这篇，令我印象尤为深刻。前些年我自驾游曾到过洪泽湖，眺望那远接天际的湖面，行走于宛若蟠龙的古堰，不禁感慨万千，而对这大湖与长堤的前世今生却知之未详。读了此篇，方知它们与淮河、古黄河以及大运河的悲欢因缘。洪泽湖筑堤的历史可追溯至东汉，广陵太守陈登在此筑30里长堤以防淮水泛滥；南宋时期黄河夺淮入海，此间尽成泽国，百姓饱受水患；元代虽开通了京杭运河，但在这一代因黄河泥沙太多，常致运河淤塞；是明朝治水能臣潘季驯提出了“蓄清、刷黄、济运、保漕”八字方略，在洪泽湖东岸筑百里长堤阻淮水东流，在北岸黄河与运河交汇处设出水口，借由高水位泄出的湖水急流冲刷黄河泥沙，才保障了运河通畅。明清两朝数百年间，这里一直是运河要枢，防洪重地。清道光四年（1824年）因凌汛冲激，湖堤周桥段出现崩塌，东面盐城、宝应、高邮数县尽成汪洋，加之黄河水倒灌洪泽湖，使千余漕船不能北上，震惊朝廷，致江南河道总督张文浩被革职发配伊犁。最后是起用因母丧在家丁忧的林则徐来督建新坝，才恢复了漕运畅通。然而对于洪泽湖水患，潘季驯的治水方略也好，林则徐的尽心努力也罢，都只是治标而未能治本，只有解决了因黄河夺淮产生的水患根源，才能一劳永逸。而这在封建朝代是无法做到的。直到新中国成立后的1951年，毛泽东主席发出“一定要把淮河修好”的号召，苏皖豫三省同时发起治淮行动，修建了苏北灌溉总渠和数道闸坝，开挖新的河道使淮河南注长江东入黄海，才从根本上解决了淮河千年水患。

洪泽湖从此安澜，大运河再无淤塞。

国运兴，运河通！

该书由江苏省水利厅大运河文化带建设领导小组编著，是在历时三年的“寻找江苏运河记忆”活动中，对专家推荐和网络“比美”脱颖而出的运河地标优选后编撰成书的。许多文化记者同行参加了采编，主要执笔者王宏伟便是新华日报的资深记者，他们不仅有关于运河文化的深厚历史功底，其撰文视角、叙事风格也鲜活灵动、颇接地气，知识性与趣味性兼具。

沿大运河行走，以此书导游，是难得的精神享受。

（原载《火箭兵报》2023年5月23日）

# 大运河：最解风情是人文

杜　京

在我的记忆中，她是最为平静的一条河，进退坦荡，从容冷暖。直到有缘亲近，才发现她，时清时浑，亦急亦缓，且枯且荣，似绿似蓝……

一泻千里，尽落平野大江。她，就是流淌着生命之歌、人文之诗，蜿蜒千里，源远流长的中国大运河。她“经纬中国，运通华夏”，沟通海河、黄河、淮河、长江、钱塘江五大水系，流经京、津、冀、鲁、苏、浙、豫、皖八个省市，包括隋唐大运河、京杭大运河、浙东大运河……

千年流淌，生生不息。古往今来，这条大运河演绎着沧海桑田的历史故事，续写着丰富多彩的人文诗篇。

大运河的存在，极大地改变了中国人的生活方式、文化观念。如今我们依然能从唐诗宋词、古典小说、京剧昆曲、书法绘画等文化艺术形式中，感受到大运河千百年来涓涓流淌、无处不在的深远影响。

“汴水流，泗水流，流到瓜州古渡头。吴山点点愁。思悠悠，恨悠悠，恨到归时方始休。月明人倚楼。”唐代诗人白居易在代表作《长相思》中，用拟人化的手法将运河的流淌与妻子对丈夫的思念巧妙融合，写得栩栩如生。

从“姑苏城外寒山寺，夜半钟声到客船”的苏州，到“欲把西湖比西子，淡妆浓抹总相宜”的杭州，正是历代文人吟诗作画，妙笔生花，使得运河两岸的城市跃然纸上，变得鲜活起来。沿着大运河行走，让我领略到运河沿线的城市异彩纷呈的人文风采。可以说大运河流淌过的每一座城市，都深深镌刻着鲜明的历史印记，难忘的岁月沧桑。

轻唤运河水，钟情大运河。很难想象如果没有大运河的滋养，李白会不会写出“烟花三月下扬州”这般脍炙人口的传世佳句；杜牧的笔下，还能不能流淌出“十年一觉扬州梦，赢得青楼薄幸名”“二十四桥明月夜，玉人何处教吹箫”这样的诗句，把扬州这座大运河畔的城市，写得如此活色生香、精美绝伦；清代康熙中期至乾隆末年的“扬州八怪”是否会活跃于此。

提起扬州，“中国运河第一城”，我脑海里浮现出隋朝、隋炀帝、大运河及古代繁华的大都市——江都。从古至今，人们对这座京杭运河流淌千年、美名誉满天下的城市无限向往。古有李白，对烟花三月的扬州赞不绝口念念不忘；后有朱自清，沐浴着扬州如水般的月光渐渐长大。

扬州又被誉为“月亮城”，扬州的月光美在它的含蓄，美在它的自然而不雕琢。月光下，小秦淮河边萦绕着缕缕箫声悠扬，那里有书卷气、市井声，油盐柴米、笔墨纸砚，走出无数淡雅之士、俗凡之人。

在扬州中国大运河博物馆，我驻足观看馆内展示的大型文物、运河古河道的超大剖面、北上扬州的宜兴宋代窑址……仔细聆听，久久凝视，感受着厚重内敛的运河历史及人文风情。

位于扬州486项非物质文化遗产集聚区的扬州工艺美术馆，大有“乾坤”。漆器、玉器、剪纸、刺绣民间工艺展区，件件精品，精美绝仑。雕漆嵌玉的一对大挂屏，《和平颂、喜上梅梢》为镇馆之宝，曾经在人民大会堂江苏厅悬挂了20年，独具匠心，巧夺天工。

江淮之水，润泽于民，一方水土，育一方人。在扬州，我与参加“中国民歌大会”的国家一级演员、扬州市扬剧研究所当家花旦、著名扬剧表演艺术家王瑞如久别重逢。上次拜访她是在2016年6月，王瑞如当时正好收到赴京参加中央电视台“中国民歌大会”第三期节目排练录制的邀请函。当时，她登上舞台演唱的，正是颇具扬州地方特色的民歌《拔根芦柴花》。

“拔根的芦柴花花，清香那个玫瑰玉兰花儿开……”这是从芦苇荡里传来、流传在扬州地区的古老歌谣，明快又委婉。王瑞如声情并茂极富个性的演唱、优美的旋律、甜美的歌声，惊艳四座。这首民歌仿佛把观众带到了美丽的扬州，带回了江南水乡。

扬州地处长江北岸、江苏中部、江淮平原南端。市井的繁荣，源于运河的源远流长，“扬州运河十二景”之一的邵伯古镇被誉为“明月之乡”，也是《拔根芦柴花》的诞生之地。

王瑞如跟我讲起了《拔根芦柴花》的故事。这首歌又称为《邵伯秧号子》，当地劳动人民在田里插秧时，常常以歌即兴，表情达意，久而久之，这首劳动山歌流传下来。她希望能把这首扬州民歌带到北京，唱响世界，让人们感受大运河的人文风情。

她的桌上摆放着她与邵伯古镇少女在田里插秧的照片，还有一张她与第五代邵伯秧号子传承人的合影。

“我有扬州鹤，谁存邵伯棠。”邵伯因运河而兴，是大运河沿线遗产最多的古镇。王瑞如就生长在这被誉为“甘棠之乡”的美丽古镇。运河盈盈，万物生长，王瑞如离不开养育她的这片土地，更离不开滋养她的这条河流，运河两岸承载着她儿时满满的记忆。

她的家乡就在波光粼粼的邵伯湖边。这里因水而兴旺，因水而景秀，一条条小河，如同纵横交错的筋脉，在筋脉交叉的节点上就是一片滩头，荒芜的河滩上除了野草、野藤外，就是蓊蓊郁郁的芦苇，蒹葭苍苍，风姿绰约。

王瑞如很小的时候就听外婆说，古时候，扬州市邵伯镇是有名的戏曲之乡，会唱戏的人很多，但唱得最好的要数莺歌了。那时，邵伯镇有个风俗，每年的农历六月十九是拜观音会。人们聚在一起对歌竞赛，唱得好的就能得到“歌王”称号。然而，比赛前莺歌却意外生病了，恰巧遇见一位神医，叫莺歌到水急浪大的地方拔根芦柴花，煎水服饮，连服三剂，保证药到病除。莺歌一试，果真好了。到了比赛这天，莺歌便干脆唱了一曲以《邵伯秧号子》为基调的芦柴花歌……

小时候，王瑞如一放学扔下书包就跑去听外婆、妈妈唱扬州民歌，这是她感到最惬意的事情，久而久之，耳濡目染，她学会了唱民歌、唱扬剧。在邵伯，许多人和王瑞如一样，吸吮着母亲河的乳汁成长。运河养育着一代代人的生命，歌声滋润着一代代人的心灵。

犹记那年在扬州，热情的扬州国画院画家朋友昌松和几位文化艺术工作者聊起运河畔的风情。扬州人从咿呀学语到青春少年，直至耄耋老人，亲人朋友间的交流都是用地道的扬州方言，兼有吴越地区吴侬软语的轻柔缠绵及北方方言的磅礴大气。偶尔听一曲扬州清曲，或是赏一段地道扬剧，那略上扬的语调诉说着昔时今日。在扬州人心里，乡音如箫声萦绕梦中。

扬剧如此，唐诗宋词如此，元曲明清小说也如此。关汉卿的《窦娥冤》就是他在淮安采风时创作，窦娥临死前许下心愿“要楚州大旱三年”，“楚州”正是淮安的老地名。中国四大名著都与大运河密切相连，《西游记》的作者、明代文学家吴承恩是江苏淮安人，生长在大运河边，常听南来北往故事。少年时吴承恩喜听淮河水神、僧伽大圣的故事。《淮安府志》记载，他“敏兴而多慧，博览群书，为诗文下笔立成”。

悠悠运河水，滋养一方灵山秀水，孕育座座城市的历史与厚重、文化与繁荣、精致与儒雅、昌盛与兴旺。运河流淌，文化积淀，东西通衢、南北融合，铸就了底蕴深厚、熠熠生辉的运河文化。

（原载《新华每日电讯》2023年9月8日）

# 一等奖

# 大运河畔：承载诗歌记忆的千古名城

陈小玲

如果说大运河构成沿岸城市的外在形象框架，那么，浓浓的诗情便是这些城市的文化灵魂所在。自古以来，这一座一座的运河之城，集山水之灵性，人文气息浓厚，不知得到多少文人墨客的眷顾，抒情言志、怀古咏物，写下了许多脍炙人口的不朽诗篇。诗歌，使得运河城市有着不同于其他城市的独特精神基因。

——题记

## 扬州之婉约

扬州早已在我内心成为一个亲切的地名，因为查阅资料时了解到，现在的福建漳州一带——我所生活的城市古属“九州”之一的扬州。这也让我多了一份探究心理。“九州”，作为中国的代称由来已久。《尚书·禹贡》里的九州，是指冀、兖、青、徐、扬、荆、豫、梁、雍诸州，但当时九州的区划应该是自然地理的区划，而不是行政区的划分。我正是心怀柔情来到扬州。掠过街头一座座高高矮矮的楼房，琼花的白、黑灰瓦屋深浅的黛、雨雾润泽过的烟雨中的青，扬州特有的色彩在眼前轻轻飘荡，欣喜地沉浸在这色彩中，看见什么自然都容易觉察诗意。

当玉色无瑕的琼花挂满翠绿色的叶丛中，扬州的婉约就显露出来了。黄昏，在人群走开时，独自站在东关街附近的一棵琼花树下，仰头凝视，只见满树繁花，风吹过，便有细细的花瓣飘落下来，落在下面的古井边，清新安谧。岁月深长，自然会有传说。琼花是一种洁身自好、不屈从权贵恩宠的烈女花。相传琼花是扬州独有的名贵花木，当年隋炀帝不远千里，大征民工修凿运河，一心要来观赏琼花。但当运河开成，乘龙船抵达扬州之前，琼花就被一阵冰雹摧残了。随着各地农民起义爆发，隋政权崩溃，隋炀帝死于扬州，因而有“花死隋官灭，看花真无谓”的说法。据说隋炀帝曾三下扬州观琼花，但每次都扫兴而归……隋炀帝是否真到扬州看琼花不见正史，但典出《隋唐演义》第四十七回“看琼花乐尽隋终，殉死节香销烈见”故事的流传，随时而兴，随时而动，只是合着审美的，才给人以更多的想象。井中显着琼花的倩影，俯视，我的影子也在其中。井中世界便只有我与琼花相融，清清静静的让我思绪幽幽。花开依旧，人生几何？

扬州建成已有2500年历史，南临长江，北望淮水，中有京杭大运河纵贯南北，处于长江与大运河交汇点上，西通长安，南达苏杭，是南方的重要交通枢纽。可以说扬州是一座与运河同龄的城市。1800公里长的京杭运河开挖，第一锹就是在扬州。吴王夫差开凿的邗沟，也就成为大运河的起始河段。扬州的命运注定与大运河的兴衰紧密相连。在京杭大运河走向繁盛的唐代，扬州是一座举世闻名的大都市。据阎守诚《运河访古》介绍，“那里商贾云集，店铺栉比，各种货物，从高档的珠宝绫罗到日常生活用品，精美华丽，应有尽有。那里不仅山水风光，明媚秀丽，而且有数不清的酒馆、茶店，有身怀绝技的艺人、手艺高明的厨师和充满浓郁地方色彩的美味佳肴，可以供人们尽情地吃喝玩乐，尽情地享受挥霍。无论是白天，还是夜晚，扬州的生活总是沉浸在一派热闹、繁华、喧腾的气氛之中”。在京杭大运河欣欣向荣的元明清三代，扬州也一直处于繁荣与发展中，而真正使扬州命运发生逆转的，是另一种现代交通系统对大运河的取而代之。正如现代作家郁达夫在《扬州旧梦寄语堂》里所说：“自大业初开邗沟入江渠以来，这扬州一郡，就成了中国南北交通的要道；自唐历宋，直到清朝，商业集中于此，冠盖也云屯在这里。既有了有产及有势的阶级，则依附这阶级而生存的奴隶阶级，自然也不得不产生。贫民的儿女，就被他们强迫做婢妾，于是乎就有了杜牧的青楼薄幸之名，所谓春风十里扬州路者，盖指此。有了有钱的老爷，和美貌的名娼，则饮食起居（园亭），衣饰犬马，名歌艳曲，才士雅人（帮闲食客），自然不得不随之而俱兴，所以要腰缠十万贯，才能逛扬州，以此。但是铁路开后，扬州就一落千丈，萧条到了极点。从前的运使、河督之类，现在也已经驻上了别处；殷实商户，巨富乡绅，自然也分迁到上海或天津等洋大人的保护之区，故而目下的扬州只剩下了一个历史上的剥制的虚壳，内容便什么也没有了。”

或许因为扬州经历繁荣与萧条的交替，其城市固有的思想、情感、记忆等文化审美功能才获得表现的可能。自古以来，扬州就是文人墨客鸾翔凤栖之地，刘禹锡、欧阳修、杜牧、李白、杜甫等诗人都留下了千古不朽的诗篇，使扬州增添了几许灵动。扬州八怪之一的黄慎有诗云：“人生只爱扬州住，夹岸垂杨春气熏。自摘园花闲打扮，池边绿印水红裙。”李白的一句“烟花三月下扬州”，道出了扬州的不尽风流；杜牧的“十年一觉扬州梦”以及张祜的“人生只合扬州死”……扬州的楚楚动人，扬州的婉约，想必在一部《全唐诗》里得到淋漓尽致的表达。欧阳修眼中的扬州：“平山阑槛倚晴空，山色有无中”；关汉卿唱的扬州：“十里扬州风物妍，出落着神仙”；晏殊感叹扬州：“无可奈何花落去，似曾相识燕归来”；辛弃疾感怀的扬州：“望中犹记，烽火扬州路”。扬州的温柔，扬州的凄绝，也都在一部《全宋词》里寻得见。

就着唐诗宋词的韵律，我寻幽访古到了瓜洲渡。瓜洲渡有一种宽泛的生活内容和丰富的情调与色彩。唐代高僧鉴真曾从这里起航东渡日本；幼年时看过的连环画《杜十娘怒沉百宝箱》故事也发生在这里。《杜十娘怒沉百宝箱》见于明代冯梦龙编撰的拟白话小说集《警世通言》，是“三言”中脍炙人口的名篇。李甲是浙江绍兴府人氏，“自幼读书在庠，未得登科，援例入于北雍”。后来与杜十娘相识，两人走水路从京城回来，“再说李公子同杜十娘行至潞河，舍陆从舟。却好有瓜州差使船转回之便，讲定船钱，包了舱口……不一日，行至瓜洲，大船停泊岸口，公子别雇了民船，安放行李。约明日侵晨，剪江而渡”。在瓜洲不幸结识孙富，最终出卖了杜十娘，杜十娘万念俱灰，投江自尽……凄美的爱情故事像风，像自然的箫声，在时间深处传递。

在这里——京杭运河下游与长江交汇处，任凭微风吹拂，深深地呼吸着春天的气息，我有感于心，情不自禁咏出白居易的《长相思》：“汴水流，泗水流，流到瓜州古渡头。吴山点点愁。”

…………

诗歌的托举，让扬州蕴含着美感与抒情的特质，婉约是它的底色。山隐水迢的扬州在诗里一次一次被塑造。

## 镇江之豪放

在漳州市漳浦县深土镇灶山上有一炼丹处，相传东晋道士葛洪曾隐居于此，采药济世，炼丹著说，被尊称为仙祖。当地百姓在灶山最高峰处建仙祖庙，每年农历八月初八进行祭祀。中国四大发明之一火药就是葛洪在炼丹粗备时发明的。葛洪自号抱朴子，有《抱朴子》等著作，炼丹术配方是现代火药的原始配方。他是江苏镇江句容人……在镇江发现漳州元素，让我思绪连连。

镇江地处长江与大运河交汇处南岸，与扬州隔江相望，有“天下第一江山”之美誉。当我站在谏壁船闸闸桥上，目光所及是待渡的过往船只，运煤的、运沙子的、运建筑材料的，场面壮观；俯视是一艘艘巨轮驶过。如今，谏壁船闸依然是大运河上“江南第一闸”——经长江南上北下的重要交通枢纽。船闸工作人员详细讲解了镇江历史上的漕运地位、水运背景以及五口通江的演变。京杭大运河镇江段全长42.6公里，是运河历史上最早开凿的地段之一。镇江的兴起、发展和繁荣与长江密不可分，更与运河休戚相关。作为江南运河的入江口，镇江具有得天独厚的江运、水运优势。江浙太湖流域的物资经江南运河到镇江港中转输往各地，北方的物资也经江北运河过镇江港转输东南江浙一带。港口的地位和作用，使镇江早在唐宋时期就成为东南重要政治、经济区域和军事重镇。

历史上的镇江，有京口、朱方、丹徒、润州等诸多别称，随着经济的发展，人口的增多，很快出现星罗棋布的街巷。它们坐落于通衢大道，或分布于运河沿线。“斜阳草树，寻常巷陌，人道寄奴曾住。”感受镇江的豪放是从一条不起眼的巷子——尤唐巷开始的。尤唐巷有一段不寻常的佳话。据《丹徒县志》记载，尤唐巷原为油炭巷，相传这里原来住着尤、唐两户人家，尤家建造房屋时，唐家提出要让三尺滴水地，因而两家起了争端。当时，尤家有人在京城为官，唐家有人为地方官。尤家给在京做官的亲戚写信，想借势压一压唐家，不料得到的回信只写了四句话：“千里家书只为墙，让他三尺又何妨。长城万里今犹在，不见当年秦始皇。”尤家接信后主动让地三尺。唐家深为感动，建房时也同样让地三尺。这个故事一下子让镇江多出几分豪情。

在镇江的历史深处，不仅有先民的寻常生活的豪放，更有金戈铁马的家国情怀。

镇江地势险要，地理位置重要，自古就是兵家必争之地，这让其有了更多的豪迈气息。有人说：镇江是东吴孙权的治所；是杀得苻坚风声鹤唳草木皆兵的北府兵的故乡；是祖逖中流击楫慷慨激昂之处；是刘寄奴气吞万里如虎的根据地；是北方人民大举迁徙、南北民族大融合的首选渡口；是韩世忠梁红玉大破金兵的古战场……无数英雄豪杰、文人墨客，面对滚滚长江，面对悠悠大运河发出无限的感慨。

南宋时，北方落入少数民族政权手中，南方士族中有一部分爱国人士一心想要收复中原，镇江成了抗金的前线。晚年的辛弃疾被委任为镇江知府，负责备战北伐。在此期间，他写下了《南乡子·登京口北固亭有怀》："何处望神州？满眼风光北固楼。千古兴亡多少事？悠悠。不尽长江滚滚流。年少万兜鍪，坐断东南战未休。天下英雄谁敌手？曹刘。生子当如孙仲谋。"写尽了北固山的雄峻与大气。

"九州生气恃风雷，万马齐喑究可哀。我劝天公重抖擞，不拘一格降人材。"晚清诗人龚自珍过镇江时，为道士"赛玉皇及风神、雷神"撰写了青词，用双关语意呼吁清朝皇帝重用优秀人才，拯救国家。感情真挚，有真知灼见，脍炙人口。

…………

镇江是南北交通水运的枢纽，舟船来往频繁，自然而然形成众多的渡口，其中以西津渡最负盛名。"蒜山无峰岭，北悬临江中"。"蒜山渡"也就是"西津渡"，是当时镇江通往江北的唯一渡口。从西津渡登船可达对岸的瓜洲。相传秦汉时期江面有40里宽；到了唐代，江面仍有20里宽。由于江阔浪险，唐诗人孟浩然在《扬子津望京口》诗里感慨道："江风白浪起，愁煞渡头人。"我从灰色石墙中间的昭关过街石塔下缓缓走过，去感受夜色中西津渡的魅力。昭关过街石塔是元朝武宗海山皇帝下令建造的，与北京的南口、居庸关及卢沟桥建造的过街石塔一起，被称为元代最著名的过街石塔。眼前的昭关过街石塔，是唯一保存完好的。安详的过街石塔为这一条有着千年历史的古街平添了悠远的禅意。唐代小山楼、宋代观音洞、明代待渡亭、清代救生会、近代英国领事馆……仿佛历史在同步跟从。近代英国领事馆引发我的兴趣。查阅资料了解到，它是19世纪后半叶的拱券廊式建筑。1842年6月，英国侵略军发动了“扬子江战役”，目的是攻占镇江，以切断运河漕运，扼住清政府的咽喉，不承想遭到顽强抵抗。恩格斯了解可歌可泣的镇江保卫战后，在《英人对华的新远征》一文中指出：“英国人克服了这些困难，逼近镇江城的时候，才充分认识到：驻防旗兵虽然不通兵法，可是绝不缺乏勇敢和锐气。这些驻防旗兵总共只有一千五百人，但却殊死奋战，直到最后一人。……如果这些侵略者到处都遭到同样的抵抗，他们绝对到不了南京。”1861年，镇江成为长江沿岸第一个开放的通商口岸；1864年，英国在镇江设置领事馆。1888年，英国人攻击中国商贩，被激怒的镇江人火烧领事馆。现在所看到的领事馆，是1890年清政府赔款重建的。置身优游自适的和谐气息，很难想象，就在这风光旖旎的风景里，沉淀着这样一段不堪回首的历史。

镇江是南来北往的必经之地，文人墨客常聚于此，留下许多名传千古的诗词。苏东坡曾前后10多次到镇江，赋诗填词100多首；李德裕三任镇江刺史前后达10年之久，写下了“多景悬窗牖”等许多诗篇。辛弃疾任镇江知府期间，写出了千古名篇《永遇乐·京口北固亭怀古》：“四十三年，望中犹记，烽火扬州路。可堪回首，佛狸祠下，一片神鸦社鼓。凭谁问：廉颇老矣，尚能饭否？”北伐壮志激荡，爱国主义情怀充沛，如今读来尤有浩然之气。辛弃疾与苏轼并称豪放词派代表人物。号称“天下第一江山”的北固山，北面大江，东望焦山，西望金山，视野开阔，激荡心胸。可以想象，站在山上，很容易喟叹与感怀。苏东坡、辛弃疾、柳永、陈亮、陆游、范仲淹等，抚今追昔，他们留下了许多经典诗词。

镇江经受住无数次血雨腥风的考验，虽少了江南城市的温婉细致，却有唐代王湾《次北固山下》里的诗句“潮平两岸阔，风正一帆悬”描述的豪放气势，因唐风宋韵浸润而风情万种。

## 淮安之包容

我从小对周恩来总理无比敬仰。小时候家里客厅墙壁上，悬挂着用玻璃框镶着的一张奖状及一张照片。奖状内容是福建省话剧《龙江颂》参加在上海举行的华东区话剧观摩会演，被选为进京参加全国话剧观摩演出大会，荣获中华人民共和国文化部1963年以来的优秀话剧创作奖；照片画面是1964年福建省话剧团在中南海紫光阁汇报演出了《龙江颂》后，我父亲作为作者受到周恩来总理等中央领导同志亲切接见。奖状及照片如今在福建漳州龙江文化生态园龙江风格主题展示馆永久展出。淮安——周恩来总理的出生地，想不到会有机会来这里追访。当我走过，接近这片土地上才有的自然和人文景观，似乎在情感上和认知上多了一些意味。

仅是周恩来的出生地这一点，淮安就牵动了几代人的情愫。参观周恩来纪念馆，是每一个到淮安的人都想做的事情。纪念馆在古城淮安北门外夹城内的桃花垠，馆区由纪念岛、宽阔的水面和湖四周环形绿地组成，庄严肃穆。缓缓步入展厅，迎面耸立的是约3米高的周恩来铜像。周恩来身着大衣，微笑着注视前方；半圆形的汉白玉浮雕《祖国山河》环抱着周恩来铜像；浮雕上面是圆形大理石雕墙，雕刻着78朵海棠花，寓意着周恩来总理走过了78个光辉的春秋。在周恩来生平陈列馆，重温了周恩来在淮安的12年岁月及周恩来为新中国奋斗的一生，回味悠长，深深感受到伟人的博大胸怀与人格魅力……

作为地名，“淮安”很容易让人感受到这座城市的胸怀与格局。追本溯源，“淮安”地名的出现和历史上的侨置郡县有关。“永嘉之乱”后，北方汉族人民为逃避战乱，纷纷南渡江淮，这种迁徙一直持续到南朝。北方汉族人民在南方定居下来，为表示不忘故土，就在落脚的地方打起原来郡县的旗号。南齐武帝永明七年（489年），历任南朝宋和南朝齐两朝的著名将领、光禄大夫吕安国向齐武帝奏称：在山阳境内虽然侨置了北兖州，下设东平、阳平两郡，但两郡都只是名义上的郡。这两郡的数个北方衣冠士族带领百姓，远离故土，不畏艰险，从异族的统治下南迁，胸怀收复失地、重返家园的愿望。请准许在山阳、盱眙两界间割不大的土地重置两郡，使两郡均有实土，也使这些衣冠士族和百姓心有所依。南齐武帝萧赜恩准了吕安国的建议，在山阳和盱眙两界间割土重置两郡，由侨置郡改为实土郡。阳平郡下设泰清、永阳、安宜、丰国四县；东平郡下设寿张和淮安两县。淮安县位置大概在洪泽区和清江浦区交界一带。虽然设立后不久被废，但“淮安”这个地名于是就出现在历史记载中。淮安县的设置体现了南朝政权对南迁士族和百姓的包容和体恤。

淮安是一座很包容的城市。相信提起古代智者晏子曾经说过的“橘生淮南则为橘，生于淮北则为枳”这句话，一定耳熟能详。那是因为淮河是温带水果与亚热带水果的分界线。淮安因为逶迤而来的淮河穿城而过而显得特别，横贯东西的秦岭淮河一线被认为是我国南方北方的自然分界线；是800毫米等降水量线、1月份0度等温线、水田与旱地的分界线；华北平原与长江中下游平原的分界线；长江流域与黄河流域的分界线……在春秋战国、魏晋南北朝、五代十国、宋金等许多历史时期，淮河还往往成为南北割据的分界线。杨万里在《题盱眙军东南第一山》吟道：“白沟旧在鸿沟外，易水今移淮水前。川后年来世情了，一波分护两涯船。”

淮河具有划分南北的特征，又有兼容南北的特点。无怪乎南宋诗人王信在《第一山》里发出“谁将淮水分南北”的感叹。淮安大闸口一带，是运河在淮安城的中心地带。大闸口北的石码头，在水路作为重要交通方式的时代，往来客旅官商，皆需在此下马换船或下船换马，即所谓的“南船北马，舍舟登陆”。《史记》载：淮安在夏朝即有“陆则资车，水则资舟”之便。东周时，燕齐通向吴楚的陆路，穿过淮安，称作“善道”。秦朝修“驰道”有两条经过淮安境内。公元前486年，吴王夫差为了争霸中原，开凿古邗沟，长150余公里，沟通江淮。长江流域的军旅乘船北上，到淮安下船后上车马；黄河流域的军旅乘车马南下，到淮安下车马后上船，“南船北马”汇聚淮安的局面开始形成。公元587年，隋为兴兵伐陈，从淮安到扬州开山阳渎。隋炀帝即位后，都城由长安迁至洛阳，开凿了自洛阳经淮安至扬州的大运河，沟通了海河、黄河、淮河、长江和钱塘江五大水系，淮安由于地处南北之间，位于大运河与古淮河交汇处，扼淮牵运，成为历代南漕北运的重要枢纽。唐初，成为全国四大盐场之一，盐运开始兴旺。随着运河水运发展而来的是南北人口的汇聚以及经济、文化的繁荣。“夹岸数十里，街市栉比”“淮郡三城内外，烟火数十万家”“酒酣夜别淮阴市，月照高楼一曲歌”。淮安逐渐发展成为运河沿线的一座名城，有着白居易在《赠楚州郭使君》所说的“淮水东南第一州”的美誉。

明清时期，中央的漕运及河道机构设在淮安。明永乐年间，为确保粮船运输安全，妥善治理河患，平江伯陈瑄在淮安地界设置四道大闸，清江大闸口就是其一，在当时是漕粮运输的必经之地，享有“南北襟喉”的美誉。这一大闸口是目前大运河上保存最为完好的古闸。当时的朝廷，确立了以内河为主的粮运制度，除山东、河南粮船可不经过淮安入京外，其他地方的粮船都要经过淮安城北上。大闸口别有一种不可言说的意义，这意义不止于其本身有着对历史的链接，更在于因为它的存在，这片土地才格外繁荣。借运河而兴，淮安后来与苏州、杭州、扬州并称运河沿线“四大都市”，有“运河之都”之称。

对于淮安人而言，里运河就是母亲河，它潺潺地流，流淌得如此超凡脱俗，清江闸与中洲岛一带已被辟为“里运河文化长廊”。夜幕降临，两岸灯火一盏一盏亮起来了，坐在古色古香的船上，看着河道两岸人来人往，“吹面不寒杨柳风”，十分惬意。江面波光粼粼、流光溢彩，“黄金水岸”“十里金粉”“水舞间”“田园水乡”“运河泉”“榷关怀古镇”一一从眼前掠过，里运河越流越远了……南船北马的文化碰撞交汇，漕运中枢、盐榷重地的古老故事，赋予淮安南北融合的城市特质。宋朝词人秦观在《泗州东城晚望》里对淮安进行了生动描写：“渺渺孤城白水环，舳舻人语夕霏间。林梢一抹青如画，应是淮流转处山。”淮安是水做的，水做的淮安沉稳内敛，开放包容。

## 结　语

运河的沿岸城市因为有了水的流动而丰饶；因为有了诗歌的贯穿而灵动。也许真正能唤醒湮没在岁月中隋唐大运河的，是诗歌。这一座一座城市的诗歌，凝结成一枚一枚珍珠，镶嵌在大运河文化带上，耀眼而鲜活，坚定着我们的文化自信。

（原载《闽南日报》2023年5月31日）

# 情义镇江

龚保华

入镇江，别样心情。

镇江有情。深情满溢，漫了金山。

镇江有义。仗义救生，义薄云天。

镇江有江。北固望远，水天一碧。

镇江有河。运河至此，融入大江。

在这里，情与义交织、江与河交汇。

情义恸天天何镇，不废江河万古流。

## 镇江之情，轰轰烈烈，感天动地

镇江的情，从白娘子许仙人妖绝恋、滔滔大水漫金山的故事中走来。只因为在人群中多看了你一眼，千年修炼，一朝动心。情牵一瞬的游湖借伞，市井寻常的相伴相随，不畏生死的盗仙草，到最后伤心绝望的水漫金山……然而，故事萦回到多情的镇江，似也为镇江之情所动。所以，当我一踏进镇江金山，听到的第一句话就是："在此，我们应该要为法海正名。法海其实是一位慈悲得道的高僧。"来到无论近观远眺总见寺而不见山、向有"金山寺裹山"之谓，与瓜洲、西津渡成相依之势的"江心一朵美芙蓉”金山，在这禅宗四大名寺之一的所在，寻至法海禅师苦修之处，观法海禅师慈眉善目的修炼法相时，默默信夫斯言——在人们熟知的白蛇传故事中，法海是一个不讲情面、棒打鸳鸯的角色。但是不是因为到了镇江，一切，都呈现了最爱金山的张祜笔下的淡淡模样：“一宿金山寺，超然离世群”。镇江之情，情深似海，这一往情深让法海也变了模样？是不是发生了故事之外的故事，连法海也有了古道柔肠，心生柔软，以致法外容情了呢？可能，镇江的法海也叹息这一番慈悲，不忍辜负了镇江古称之一的“润州”如玉之温润吧！

镇江的情，从梁红玉擂鼓战金山那猎猎的旌旗、铿锵的战鼓声声中走来。那响彻天际的战鼓，不仅催发着将士们的血性，更催生了那传颂未来的诗篇《满江红》——一员当时还寂寂无名的小将在战场上只杀得酣畅淋漓、热血沸腾，直奔敌军主帅首级而去，惊得敌帅弃营奔逃。这员小将，他姓岳，单名一个飞字。这画面，恰适那句“乾坤屹立独能一柱砥中流”！

镇江的情，从苏东坡金山留玉带、妙高台赏月起舞弄清影的三分醉意中走来。那般的诗情画意，那般的脍炙人口，那般的何似在人间……江南城市的精致与优秀的古典源流在这里完美结合。

镇江，怎一个情字了得！

## 镇江之义，浓墨重彩，彪炳史册

镇江的义，从宋代救生性质的官渡船、明末的救生“红船”、清朝初年京口救生会的“义渡红船”走来——一个义字重千钧，洒泪泣血传到今。从民间的慈善之举到官民合力形成有规模的救助组织，这里的水上救助持续发展出一条清晰优秀的传统脉络。静观镇江那世界最早的水上救助组织遗址——历经时光洗礼的救生会，实实令人赞叹、感佩。

镇江西津古渡救生会，可谓现代水上救助的发源地。镇江救生会于1165年创建，直到1923年，整整存续了758年。这在全国甚至全世界都绝无仅有，可谓举世无双。救生会正门上题有“救生会”石刻，于清光绪二十一年（1895年）立石。镇江，是世界上最早开展水上义渡和救生的城市。宋朝时，镇江沿岸渡口已星罗棋布，但渡船死伤事件时有发生。江面开阔，江水汹涌。据《镇江志》记载：“每遇疾风卷水，黑浪如山，樯倾楫摧，呼号之声惊天动地。”南宋乾道年间（1165—1173年），作为南北水上交通漕运枢纽的西津渡，已创设了水上救生组织，开展水上救生慈善事业。这些首次进入史册记载、具有官渡和救生功能的救生组织，正是救生会的雏形。时任镇江郡守蔡恍建造大型摆渡船，各船分别竖立“利、涉、大、川、吉”作为标志，摆渡船既渡人又救人，这也是首次见诸史册的官渡和救生性质的渡船。此后，这一义举代代相传。这让孟浩然诗中“江风白浪起，愁煞渡头人”的状况，有了改观。此后经年，西津渡口的一系列变革，对改变当时长江水域事故频发、保障百姓的生命财产安全发挥了积极作用。明朝正统年间，巡抚侍郎周忱打造救生专用船，并招募水手“济渡救生”，这是真正意义上的长江水域救助专业队伍。

镇江的义，从京口义士蒋豫与后人苦心经营京口救生会、蒋家一门七代为救生会的存续倾尽家财、历140多年呕心沥血、义字当先的时光中走来。清朝年间，蒋豫与各界同仁全力振兴京口救生会，在他的感召下，侠肝义胆的镇江百姓纷纷捐钱捐物，修造红船，使救生会得以传续。随着历史的发展和时代的进程，京口救生会的“红船”逐渐退役，完成了它的历史使命。

这，是一条延续传承、荡涤人心、极具人性光辉的大义慈航！试想，那带有骄傲标志的“红船”救人时，船夫敲响大铜锣，渡口各船都要让道，那是怎样一个动人心弦的震撼景象！救生会遗址北面石墙上镌刻的当年捐资善士们的姓名，令世代铭记、青史留名。目前，这里已成为中国镇江救生博物馆，展示着近800年间义字书写的人间大爱。

镇江，怎一个义字了得！

## 有情有义，情深义重，情义镇江

镇江的情义，从辛弃疾诗句的大气磅礴中走来："何处望神州？满眼风光北固楼。"城市山林，大江风貌。长江和京杭大运河在这里交汇，长江与运河用一横一竖的巨笔，大写形成了美丽恢宏的"黄金十字水道"。看长江和大运河"十字"交汇口、沟通长江与南北运河的咽喉、素有"江南第一闸"美称的谏壁船闸，心潮澎湃，顿生诗兴豪情。大江东去，惊涛拍岸，千堆雪如云。如今，入选江苏省"最美运河地标"的谏壁船闸，正以昂然的英姿，为千年古运河绽放新时代新活力而继续"守""放"自如。

镇江的情义，从古润州街上明清时期的建筑遗迹、飞檐雕花窗栏的"飞阁流丹"中走来。女作家韩素音曾赞叹道："漫步在这条古朴典雅的古街道上，仿佛是在一座天然历史博物馆内散步。这里才是镇江旅游的真正金矿。"我曾在镇江西津渡一处展示路面边久久站立，一眼、千年——路面上，清晰地按层次标注着：原始栈道（唐以前）、唐代路面、宋元时期路面、明代路面、清代路面……一层层、一步步……看，历史的印迹；听，历史的足音；思，历史的脚步……这悠悠无语的时光隧道，是前人留给我们警世的不言无字笺。那是运河两岸的过去，而我们正立足当下。大运河至此汇入长江，涛声依旧，声声在耳；征帆已远，那是未来。

诚然，镇江2500多年来的建城史，就是一条大江大河多声部合奏的壮丽史诗、傲岸合唱。据说梁武帝登上北固山时，曾亲书"天下第一江山"六字。看长江和京杭大运河在此汇就的中国"江河立交桥"坐标，望这当年的吴楚要津，怎不胸怀江河，赞一声——天下如此江山！

据说，苏东坡曾在西津渡蒜山松林中隐居过一段时光。在镇江的日子里，他对这诗意的生活满意得紧，到了“乐不思蜀”的地步。他挥笔写下《蒜山松林中可卜居，余欲僦其地，地属金山，故作此诗与金山元长老》，诗云：“金山也是不羁人，早岁闻名晚相得。我醉而嬉欲仙去，傍人笑倒山谓实。问我此生何所归，笑指浮休百年宅。蒜山幸有闲田地，招此无家一房客。”而北宋熙宁八年（1075年），王安石在镇江，船头回首金山和西津渡口时，留下了那首脍炙人口的《泊船瓜洲》：“京口瓜洲一水间，钟山只隔数重山。春风又绿江南岸，明月何时照我还。”诗人去远，盎然的诗意却从那滔滔的江水中，流淌至今。

往事越千年，岁月有新韵。千年运河唱晚，那是历史上的繁华走笔，而新时代的运河，则是江南的丝竹汇入雄浑的组曲。2015年11月，镇江市获得中国十大活力休闲城市称号。据悉，接下来镇江将在文化创意方面，更加打好“运河牌”，开发运河特色文化，发展好运河文化新业态，充分展示大运河文化带丰硕成果。以这里的运河景观为载体，丰富沿岸生态系统，使运河风光更加斑斓壮美。让流淌千年的大运河大河奔流向未来，绵延、延伸、伸展……努力将美丽的大运河打造成新兴繁荣的经济走廊、风光宜人的生态走廊、生生不息的文化走廊。

多情多义的镇江啊！

以天地之真情、人间之大义，在这里情义交织；以自然之壮美、人工之伟力，在这里江河交汇——此情，此义，只可留传，只应流芳……

情义千秋，江河不老。

（原载《吉林日报》2023年5月27日）

# 大运河词

王存政

在我的心里，中国大运河不仅是波澜起伏的人工之河，也是源远流长的文化之河，更是饱经沧桑的生命之河。它兼容并蓄，历千难万险而百折不回，有悲喜，有苦乐，有寄托，有魂魄。不久前，我随团沿大运河江苏段行走了六天，从镇江而至扬州、淮安、宿迁，对这条沟通海河、黄河、淮河、长江、钱塘江五大水系，流经京津冀鲁苏浙豫皖八个省市，“经纬中国、运通华夏”的大运河，对这条世界上使用时间最久、里程最长、辐射面积最广、牵涉人口最多的大运河，有了切近的认知。行程结束以后，想写点什么，却迟迟不能动笔。扪心自问，我确实没有能力、没有魄力抒写大运河，我写不出“楼船夜雪瓜洲渡”的气概，写不出“春风十里扬州路”的欢快，写不出“淮水东边旧时月”的深情，写不出“淮阴春尽水茫茫”的孤寂，写不出“浮云一别后，流水十年间”的感慨……时日挨延，只能够稍稍汇拢这一路上记下的和运河有关的字词，做一些归集整理。在寻章摘句的过程中，我愈益感觉这些字词朴素而又单纯、丰盈而又凝重，里面有文化、有历史、有人物、有风物、有物质、有信仰……当我在键盘上一字一字地输入这些字词的时候，大运河，就流淌在我的眼前——每一道波纹，都云涌不止；每一声喧响，都回音不息。

——题记

## 邗沟·夫差

关于大运河的第一个词，叫邗沟。下令开凿邗沟的人，叫夫差。

春秋战国时期，诸侯林立，争斗不休。吴王夫差将欲北上伐齐。为了缩短军需路线，方便运兵运粮，夫差决定在长江北岸蜀冈高地筑邗城，由邗城始，开凿一条水上通道。《左传·哀公九年》中记载了此事：“秋，吴城邗，沟通江、淮。”

《左传》，是中国古代第一部叙事完备的编年体史书，相传为春秋时期左丘明所著。（鲁）哀公九年，即公元前486年。

邗沟，南起自今江苏扬州市东南边古邗城以南的长江，向北绕经武广湖（今武安湖）、陆阳湖（今渌洋湖）、樊良湖（今高邮湖）、博芝湖（今博支湖）、射阳湖，向西北经山阳口（今淮安市）到末口，入淮河。

古人造词十分用心。比如形容当初开凿邗沟的场面，谓“举锸如云”，宏大的场面和气势轰然而至，神形兼备。这条连接众多湖泊、线路曲折迂回、全长400余里的人工渠道，又有邗江、韩江、邗溟沟、中渎水多个名称，后也称邗沟东道、里运河、淮扬运河等。

夫差没有想到，为了进攻，为了征战，“一船矛戈一船兵”，这条滥觞于军用地图、披斩芦苇和蒿草、串连原始湖汊的运河，会成为未来的中国大运河的开端。

## 艅艎·艨艟·舳舻相衔

开通邗沟之后，吴国紧接着在更北的地方开凿沟通淮水、泗水、沂水、济水，串连鲁国、宋国的黄沟。公元前484年春，吴王夫差率大军北上，在艾陵（今山东莱芜东南）全歼10万齐军。

春秋战国时期，吴国水军的战船，在诸侯列强中是最有名的，“不能一日而废舟楫之用”。夫差北上所乘坐的指挥船称作艅艎。艅艎体形高大，船头通常以鹢首（一种似鹭的水鸟）做装饰，可谓重器典范。它设有两层甲板，主甲板和上层甲板都可作战，其上另建有阁楼用于瞭望和指挥。

艨艟，是一种具有良好防护的进攻性快艇，“以生牛皮蒙船覆背，左右前后有弩窗矛穴，敌不得进，矢石不能败”；当时，还有名为三翼、桥舡等的船只。

早在新石器时代，中国先民已经开始制作筏和独木舟，所谓“刳木为舟，剡木为楫”。秦汉时期，位于现在江苏、浙江一带，出现了专门造船的工场——船宫，船宫里的工人叫木客。及至元明，中国造船技术长期居于世界领先水平。1973年，在江苏如皋马港河故道，发现晋代建造的双体舫船，这是迄今所见最早利用水密隔舱技术的船只。水密隔舱，即在船身内部由如同“防水壁”的舱壁，区隔出多间互不相通的独立舱室。当船舱遭遇意外、少部分破损进水时，水密舱壁使其他尚未受波及的隔舱还能提供船舶浮力，减缓下沉风险。南北朝时期梁国《宋书》中，就有“八艚舰”的记载。水密舱壁是中国古代造船工艺上的一项重大发明，它起着加固船体的作用，方便船体修复、货物装卸和管理，提高了船舶的抗沉性能和远航性能。

水密舱、平衡舵、可倒桅、使帆技术、铁钉铁锔连接技术的发明与应用，丰富了运河舟楫的类型。在千百年接续扩展、延伸的大运河上，为着满足军事攻战、辎重转输、交通水运的需要，不断改进更新的一代代战船、商船、客船，以吨位大、坚固耐用而乘风破浪，各领风骚，享誉世界。

唐末五代时期，为皇家所用的水殿黄船，水上仪仗、禁卫的安福舻，官吏和商贾乘坐的做工精致的站船、沙飞船，以及差役船、西漳货船、遮洋浅船、防水箬叶篷船、丝网船、钻风船、摆子船等，舳舻相衔，千里不绝。

宋代时有一种名叫三吴浪船的木船（同类型最小的叫塘船），穿梭在浙江、江苏两省河湖间，数量以十万计。其舱内坐室在前，卧室在后，配装窗户，从船体两侧船板至船篷都用优质杉木。船小、体轻、性活是浪船的三大特点。旅客一般都搭乘这种船往来，代替车马步行。

漕舫是漕粮押运官乘坐的船只，是每一支漕运船队的头船。漕舫上面有总指挥、扈从，还有船夫、庖厨及杂役等一二十人。漕运规矩，“龙去凤回”，即满载粮食往京都开的漕舫上挂“龙旗”，卸载回来时挂“凤旗”。后来，舫成为在园林水面上建造起来的船型建筑物，供人们游赏休憩、宴饮娱乐。舫在陆地，或有荡漾于水中之感。

忽然，就想到古人的一首短歌：“沧浪之水清兮，可以濯吾缨；沧浪之水浊兮，可以濯吾足。”

## 漕运·水闸·堤坝

古代交通，不能与近现代相比，其时，多采用水陆并济的方法，“陆运为转，水运为漕”，合称“转漕”，以“懋迁有无，和籴粮米，通济物资，利济灾患”。自邗沟肇始，经历各个朝代疏浚、修整和拓展，特别是隋炀帝大业年间的三次大规模开发，开凿通济渠、永济渠，以洛阳为中心，连通江南和涿郡；宋建都开封，漕粮分由汴、黄、惠民、广济四河输入，合称“漕运四河”；元世祖忽必烈集十余年之功，开通济州河、会通河、通惠河，至公元1293年，大运河实现南北贯通，全线通航，元代欧阳玄著文夸赞：“东至于海，西暨于河，南尽于江，北至大漠。水涓滴以上，皆为我国家用。”明清两代，在淮安专设漕运总督衙门和河道总督衙门，掌管漕运事务，统理河道水务，不断新建、改建、修葺水工设施，终使大运河成为享有“千樯万艘、辐辏云集”“运合万方、河合天下”盛誉的交通大动脉。

中国大运河以世所罕见的时间和空间尺度，证明了人类的勇气与智慧，是人类历史上超大规模水利工程的杰作。

大运河遗产构成系统，由水源工程、水道工程、工程管理设施、附属衍生工程等组成。其中水源工程包括引水渠和水柜，所谓水柜，是指坝、闸、堤防构成的蓄供水系统。水道工程包括河道、河道航深控制工程也即拦河布置、河道水量节制工程也即顺河布置。大运河河道，或由人工挖筑而成，或利用天然河流改造而成，如南运河在自然河道基础上增加了人工作弯，起到“以弯代闸”的功效。按照具体功能，又可分为用于通航的主航道、支线运河、城河、越河，用于调控水量的引河、减河。拦河、顺河工程包括闸、坝、堤防、涵洞、码头等；工程管理设施则有浅堡、水志桩、提水机械与机具、过坝绞关等；附属衍生工程就更多了，如桥梁、纤道、漕仓、驿站、浅铺、船与船厂、衙署，等等。各具特色的高水平工程规划，出现在不同的水资源和地形地质条件的区段，综合解决了汇水、引水、节水、行船、防洪难题。例如淮安市境内的清口枢纽，历史上是黄河、淮河、运河交汇之处，历代能工巧匠，在复杂的水系格局下兴筑不断，其49平方公里的范围内分布着53处各种类型的文化遗产，以设计复杂、智慧高超、技术先进、地位独特而闻名于世。

好吧，我们且从某一运口启航——所谓运口，“运船出入之口也”——出越河，入引河，由减河返程。那么，越河、引河、减河，到底又是什么河呢？

越河，一说月河，二级支流之谓。淮安市内有条越河街。明永乐十三年（1415年），平江伯陈瑄重新疏浚在宋朝时已存在的沙河，更名为清江浦，在清江浦上架设了四座闸，以图控制桀骜不驯的水流。为保漕运，明万历十七年（1589年），在里运河北侧挖掘越河一道，长444米，在越河上架设越闸，冀以分流。

引河，用以导引河水而开挖的河川支流。早在《史记·河渠书》中即有载："朔方、西河、河西、酒泉皆引河及川谷以溉田。"

减河，为分泄河流洪水而开挖的河道。其目的在于剎减水势，防止洪水漫溢或决口。减河可以直接入湖、入海或在下游重新汇入干流。

水闸，调节水流之用。又分为板闸，砖闸，以及用作临时挡水或检修闸门之用的叠梁闸，等等。

船闸，中国是世界上最早发明船闸和建造多级船闸的国家。船闸的雏形是斗门，斗门出现之前靠堰埭助运。南朝宋景平元年（423年），扬州附近运河建造了两座斗门，是大运河工程上最早的闸门。北宋雍熙元年（984年）修建的真州闸，是世界上最早的复式船闸，比西方最早建造的荷兰船闸要早约400年。再后来，为了解决船队翻山问题，从元代开始建造世界上最早的梯级船闸，到明代，大运河上梯级船闸已达38座。依靠这些梯级船闸，有序提升水位又渐次降低水位，浩荡的运输船队得以平稳地翻山越岭。

水无常势，须得修建具有导流、壅水、溢洪、排沙功用的堤坝。堤坝是防水、拦水建筑物的总称，但堤、坝和堰三者是有区别的。简单表述，堤是沿着河道修筑，如洪泽湖大堤；坝是拦截河道修筑，如淮阴朱龙坝；坝拦截河道而坝顶不过水，堰顶溢流过水，如两处世界灌溉工程遗产四川成都都江堰和浙江宁波它山堰。运河上的堤坝最初是土建的，后来在土泥中掺加草料和树枝，形成草土坝。再后来，人们将石灰、糯米汁、桐油混合搅匀，加灰土而成具有极强黏合度、抗压度的"三合混凝土"。根据材料区分，有土坝、草土坝、土石坝、浆砌石坝、木笼装石坝、木坝、砖坝、竹络坝等；按照用途，除一般所说的大堤、河堤，又有在堤防系统中发挥主要作用的缕堤、拦阻溢出缕堤的洪水的“二线”遥堤、有如沙方格以固定泥沙的格堤、建于险要处以巩固缕堤的月堤；坝又分为龙门大坝、挑水坝、减水坝、越坝、车船坝，有一种滚水坝，其实是溢流堰。不同地方，还把各个类型的堤坝分别叫做堤岸、埭、垸、坊、遏、碣，等等。

史载，当年使用了木桩以加固运河夯土大堤，堤外辟有官道，官道旁植以树木。例如从隋唐大堤顶面即发现分布有密集的木桩遗迹，尽管木桩已朽，但年轮依然可以分辨。事实上，明代即在洪泽湖大堤先后建造“仁、义、礼、智、信”五座减水坝，赋予堤防以特殊的寓意。

……一代代人事更替，一代代王朝兴亡，运河边的芦苇绿了又黄、黄了又绿，不由人想起镇江金山寺的题壁诗句：“千帆过尽暮天碧，惟见白云时往回。”

## 仓窖·仓廒·天下粮仓

漕运前后持续近2500年。有转漕就有仓储。运河沿岸，逐渐衍生出名目繁多的官仓（正仓、太仓）、内仓、常平仓、恩丰仓、预备仓、义仓、社仓、盐仓……早期，建造仓储采用的是“穴地为窖”“两席夹糠”模式：从地表向下深挖6至9米、直径10米左右的仓窖，反复修整、夯打窖壁、窖底，点燃棘草烘烤，直至烤焦成质地坚硬的红烧土；将草木灰摊在窖底，在窖壁上涂抹青膏泥，在窖底、窖壁上铺砌木板；木板之上，铺一层席，席上垫草、谷糠等物后再铺席，用两层席夹一层糠之法，确保隔湿防潮；仓窖存粮至一定高度后，同样用“两席夹糠”之法覆盖，最后以土盖顶密封。

后来，各地兴建砖木结构的仓廒，仓内条石墁地，穿斗式梁架，房屋坡顶设覆斗形天窗以供采光。《徐州广远仓记》碑拓片记载了广远仓始建、修缮、兴盛和凋敝的过程。当时，运河沿线各路州县建有诸多转运仓，例如句容际留仓、镇江大军仓、常州太平仓、无锡亿丰仓、江阴和丰仓、苏州大德仓，以及永丰仓、丰积仓、丰储仓、泰定仓、平定仓、常丰仓、丰衍仓、富义仓……这些转运仓的名称，寄寓了美好的生活愿景。

有一则历史故事：唐朝安史之乱后，藩镇割据，运道受阻。唐德宗时，因为漕粮没有按时到达长安（今西安），禁军发生哗变。不久，时任镇海军节度使的韩滉从润州（今镇江）运来漕粮，获快报消息的唐德宗急忙跑到东宫告诉太子："米已至陕，吾父子得生矣。"由此可见大运河对于唐朝统治安危的重要意义。

南粮北运上千载，大运河舟楫领航，帆樯万斛，财源滚滚。明清时代，大运河是全国最主要的商品流通干线，漕运已发展成维系国家命脉的漕政。漕运总督节制万余漕船、数十万漕军。清朝年财政收入约7000万两白银，通过漕运可实现5000万两；清政府在全国设立49处税关，一年关税收入500万两白银左右，大运河税关占50%至60%的比例；专司税收的淮安榷关，年常关税居全国各榷关之首，被誉为"天下第一关"。

"东南四十三州地，取尽膏脂是此河。"在当年，说"天下财赋半运河""仰给在此一渠水"，绝非虚言。

## 河工重地

耳边，仿佛传来雄浑的河工号子声："搭锚！唻嗬！喂嗨！喔喔！"

开河的主体是人，转漕的主体也是人。就说凿渠挖沟的河工，也有细致的分工：堤夫、堡夫、挑夫、溜夫、坝夫、浅夫、闸夫、桥夫、泉夫、河夫、湖夫、塘夫、捞夫、停夫、浚船长夫……

在治水过程中，前人们创造出多样的河工器具，其中著名的工具有木龙、清河龙、驱泥引河龙、混江龙、天平架、浚河车、铁笆、铁篦子、牛犁，还有观风测水的相风鸟、水则（水志）等。且说河工根据不同需要所打的绳结，就有水手结、杠棒结（抬扣）、蝴蝶结（板凳扣）、双环扣……正所谓畚锸如林，修防有法，“不以徙移废其家，不以泛滥息其志”。

而服务于治水与日常生活，又形成手工匠作系列，如石匠、木匠、泥水匠等。再细分石匠加工工序，开凿石料作石板、石砖、石梁、石础、石柱。在运河沿岸古镇，现在还不时会见到不同图案的古石窗画屏，工艺手法有立雕、浮雕、透雕，体裁又分为单幅雕、组雕、连环雕……水蕴匠心，成就天工勋业。

## 治水名人·林工铁镉

我想要列出一长串治水名人大家的名单。尽管，这是一份难能完备的名单：

吴王夫差始凿邗沟，魏惠王魏罃挖掘鸿沟，汉光武帝刘秀通阳渠、建砥柱栈道，魏武帝曹操开睢阳渠奠定永济渠基础，晋武帝司马炎修筑三门峡水道，隋炀帝杨广集十数年之功乃成隋运河，元世祖忽必烈下令开凿济州河、会通河、通惠河沟通南北大运河全线，以及陈登、乔维岳、沈括、郭守敬、白英、姚斌、宋礼、陈瑄、刘大夏、金纯、万恭、陈潢、李仪祉等勋业功臣。仅明清时期就有名传后世的河道总督潘季驯、靳辅、张鹏翮、高斌、黎世序、蔡士英等，为疏河治水履冰临渊、殚精竭虑。

我想要单独列出一个人的名字，专意记下关于他的一段文字——

清道光四年（1824年）冬季，风暴大起，洪泽湖大堤决口，冲出一个27米深的大塘。洪泽湖水位下降后，黄河水又倒灌进来，泥沙淤塞导致漕运中断，朝野为之震动。时任代理江宁布政使、因服母丧丁忧在家的林则徐被夺情起用，身着素服走上重修大坝的工地。他宵衣旰食，茹苦任事，指挥河工终以6万多块重达千斤的条石，筑成长737米、高9米、顶宽33米的周桥大塘条石挡浪墙。

导游引导着去看个别石墙破损处暴露出来的铁锔。在建造大堤挡浪墙过程中，为了增强条石之间的稳固性，在两块条石齿槽连接处，镶嵌有“工”字形铁锔，浇上由糯米汁与石灰搅拌而成的砂浆，使条石与条石牢牢地黏合在一起，严丝合缝，不留豁隙。铁锔上，铸有标明工程负责人的铭文。如当年是林则徐负责修建的，此处铁锔上铭文为“林工”。铁锔镶嵌于墙体内部，表面看不到，因此，铭文没有表功扬名之用。如若此处工程若干年后损毁倒塌，墙内铁锔呈现世人，该谁担当，一目了然。这是对工程负责、“铁证如山”的最好的诠释。

根据指引，我们找到一块局部已剥落的条石，透过缝隙能够看见里面的铁锔。遗址公园管理方特意在一旁立了一块刻有“担当精神”字样的石碑，其上嵌有一块锈迹斑斑的铁锔样品，可以清楚地看见铁锔上“林工”二字。

这道雄伟壮观如“水上长城”、被联合国教科文组织评价为可以“媲美金字塔”的挡浪墙，已经屹立了近二百年，充分显示了我国古代水利建设的高超技艺，其筑堤成库规划和直立式条石挡浪墙坝工程技术，代表了当时世界水利工程的最高水平。更令人钦敬的是，它早已超越了最初的防洪职能，而表现出对历史担当、为千秋万代负责的精神。这一壁嶙峋青石，古朴、端直而又有苍凉的质感、气韵，它一定还将如铁壁铜墙般巍然屹立于天地之间，如丰碑高耸于人们的心里。

我还特别想要向千百年来千百万河工纤夫这个群体表达由衷的敬意——赤日炎炎的夏季，他们的脊背被暴晒炙烤脱了皮；寒风凛冽的冬天，他们挖土清淤在滩涂冰泥里。每逢节庆大事，他们都要虔敬地尊奉习俗，敬香、敬牲、献谷、献酒、祭诵、祭橹，他们真心敬信，舍得出力，付出汗水、泪水、血水，但是，他们没有留下名字。

帆影遥遥，运河汤汤，天地无言，逝水苍茫。

## 《清明上河图》·《马可·波罗游记》·进士之乡

李白、刘禹锡、骆宾王、温庭筠、白居易、苏轼、黄庭坚、米芾、范仲淹、杨万里、梅尧臣……数不清的名士大家往返运河，水韵激荡，纵笔诗画，豪放婉约，化成人文。北宋时期的大画家张择端作有一幅国宝级传世名画《清明上河图》，描绘的是北宋都城、运河城市汴京（今开封）恢宏而生动的生活场面，明朝大画家仇英也绘有一幅同名的重彩画作，刻画了明朝中期运河水乡苏州的繁荣景象。两幅长卷巨作，一样的车水马龙，亭、台、楼、阁、轩、榭、枋、廊、庐、庑、馆、堂林立，市井烟火气息浓郁。有方家指出，创作时间相隔400年的两幅《清明上河图》，代表了风俗类题材画作的最高水平。

人们称大运河为“古代文化长廊”“民俗陈列室”，确实其来有自。一脉清波，融会古今，催生了富有特色的流域文化，融入人们的生活里。仅苏北地方的传统音乐戏剧舞蹈技艺，就有洪泽湖渔鼓、泗州戏、苏北大鼓、柳琴戏、淮海戏、童子戏、淮红戏、工锣鼓、天岗锣鼓、霸王锣鼓、洪武花棍舞、潼河龙舞、苏北琴书、大兴旱船等，入列国家级、省级非物质文化遗产。

浮槎泛泛，使节煌煌。不少外国使臣、传教士舟行南北，如意大利传教士利玛窦、英国使臣马戛尔尼、荷兰使臣约翰·纽霍夫、朝鲜使臣朴趾源等。意大利旅行家马可·波罗在中国生活了17年，沿运河到访过诸多城镇。他记述在中国旅行经历的著作《马可·波罗游记》，激起了欧洲人对东方的热烈向往。西方地理学家还根据书中的描述，绘制了早期的“世界地图”，对以后新航路的开辟产生了巨大影响。明代第一个行经京杭大运河全程的朝鲜官员崔溥，回国后以日记体写下《漂海录》，书中有许多关于大运河的记述。还有一位琉球国朝京都通事郑文英，清乾隆五十八年（1793年）在赴北京行途中病逝，落葬于淮阴清口彤华宫（火神庙）边。

扯得再远些。在中国，有两处地方安葬着古代外国国王的墓地。

第一处在江苏南京铁心桥镇。明永乐六年（1408年），浡泥国（今文莱）苏丹（国王）麻那惹加那偕王室、陪臣150多人前来友好访问，同年10月病故于南京。明成祖朱棣遵其“希望体魄托葬中华”的遗愿，以王侯之仪礼葬。

第二处在山东德州。明永乐十五年（1417年），苏禄国（今菲律宾苏禄群岛等及马来西亚、印度尼西亚部分地区）共执朝纲的东王、西王和峒王三王，率眷属及侍从340人访问中国，在回程途经大运河重要港埠德州时，三王中权势最大的东王巴都葛叭答剌病逝。明成祖朱棣以藩王之礼安葬东王，亲撰碑文，并赐谥“恭定”。后来，东王长子回国继任王位，王妃和另外两个儿子留在德州守墓并定居，其后裔在清朝获得中国国籍，取姓安、温。

桨声帆影，汇通南北；河长水远，润泽千秋。因运河而兴的城镇数不胜数，明清两朝，仅淮安地方，从清口到末口，夹岸五十余里，即有淮城、河下、板闸、清江浦、王家营、西坝、杨庄、马头等多个城镇，商铺林立，行人络绎，“送往迎来，岁无虚日”。杰出者如周恩来故里淮安河下古镇，历代皆有名人：秦汉时期军事家韩信，文学家枚乘、枚皋父子；唐代诗人赵嘏；宋代抗金巾帼英雄梁红玉；明代文学家《西游记》作者吴承恩，抗倭状元沈坤，朴学大师阎若璩，考据学者吴玉，名翰林程晋芳；清代医学家吴鞠通，数学家骆腾凤，女作家邱心如，围棋国手梁魏今，以及被尊称为皇帝御先生的礼部尚书汪廷珍、李宗昉等。仅明清两代，河下就出过67名进士（其中有状元1名、榜眼2名、探花1名）、举人123名、博学鸿儒词科5名，素有“三鼎甲齐全”“进士之乡”美誉。

河下古镇有一家历经二百多年、只做经典淮扬菜的老店文楼。它的特色菜品文楼汤包、文楼涨蛋、开洋蒲菜、软兜长鱼等，脍炙人口，名闻遐迩。食客可以叫一桌鲜得刚刚出水的“水八仙”素菜：水芹、茭白、芦根、雪藕、茨菇、荸荠、莲子、芡实；也可以饱享鱼、虾、蚌、蚬、蟹、螺、蛙、蛇“荤八仙”，盘碗之中，河鲜湖鲜皆神仙。相传，清高宗乾隆南巡途经河下，便装暗访，进得此楼。恰见当地宾客以赌对为乐。乾隆自认文韬武略，更有大学士纪昀在侧，胜筹在握，便跻身其中。只听一垂髫女子出一上联：“小大姐，上河下，坐北朝南吃东西。”君臣苦思良久，竟然哑言无对，遂于之后赐此楼曰“文楼”。数百年间，无数人冥思苦想，也续得无数下联，但是，至今尚无工整有致、得真昧者。

在宿迁，另有一则为当地人津津乐道的故事：

1657年出生于宿迁的徐用锡，先后中科举人、名登进士。清康熙五十一年（1712年），徐用锡任翰林院侍读，教授皇家弟子，曾经做过皇孙爱新觉罗·弘历的老师，后因事免官归里。弘历登基，年号乾隆。乾隆一次下江南时驻跸宿迁，传报徐宅将要登门探望。徐用锡闻之，想起在翰林院时，由于治学谨严，对年幼贪玩的小弘历曾予严厉体罚。一次，徐用锡正拿着戒尺追罚，恰被弘历的母亲钮祜禄氏撞见，钮氏十分生气，道：“读书是君，不读书也是君。”徐用锡答：“读书尧舜之君，不读书桀纣之君。”钮氏听言，觉得甚有道理，于是向徐用锡致歉——难不成皇帝要来“翻旧账”？徐用锡吓出一身冷汗，急令家人高搭灵棚，披麻戴孝，谎称自己暴病身亡。乾隆驾临徐府，见老师突然过世，心中悲痛，即要上前祭拜。因为是装死并未入殓，徐用锡于灵榻上听得真切，心想，如果乾隆真的拜了自己，事情就闹大了。他急忙折身爬起，扑跪在乾隆面前请罪，说明装死原委，请求治罪。乾隆听了，哈哈一笑，不仅没有责怪徐用锡，反而赞赏他当年严教有格、训导有方：如果不是先生早先谆谆教诲，朕哪会有至今日之长进呢？言罢，君臣、师徒重新使礼，共叙往日情谊。

其后，乾隆诏令徐用锡进京，授翰林院侍读。为求裨益后世，徐用锡以耄耋之年参与纂修史册。后终因年事太高，致仕还乡。乾隆四年（1739年）徐用锡去世，葬于新沂马陵山西麓，碑镌“清侍读徐公用锡之墓”。

## 永保安澜·永镇此邦

行行止止于近70公里长的洪泽湖大堤，道路两边，柳树、榆树、梅树、桂树、楝树、榉树、槐树、杨树、桐树、椿树……嘉木连绵，“怀杨”“同春”，浓荫如盖，一派繁茂。

在运河沿岸、堤防遗址，看到多处古代石碑石刻，包括工程记录碑、御题谕旨碑，篆有“绩奏安澜”“永保安澜”“普颂安澜”“金堤永固”“底绩宣勤”字样的吉祥祈愿碑，以及刻着赤日祥云、风恬浪静画面的吉祥图案碑。这些石碑石刻，历经风侵雨蚀，虽已字迹斑驳，却铭记下世代百姓祈盼风调雨顺的心声，蕴含着历久弥坚的治水文化精神。

为了维护政权稳定，清朝康熙、乾隆两位皇帝曾分别六下江南，指授治河方略，督察治水工程，探访地理民情。康熙四十年（1701年），还以生铁铸成九牛二虎一只鸡，用以镇水除害。如今，虎、鸡已无踪影，仅存五头个个重约2.25吨的铁牛。牛身肩肋处铸有阳文楷书，谓“维金克木，蛟龙远藏，土能制水，永镇此邦”。

乾隆皇帝是中国历史上写诗最多的人，他一生写了四万两千多首诗，几与《全唐诗》相埒。如果从1711年9月25日出生开始计算，到1799年2月7日离世，他平均每天都要写一首诗还多。在位于洪泽县蒋坝镇南端的江苏省三河闸管理处，有一处洪泽湖治理碑廊，六角碑亭间，立着一块乾隆三面题诗碑，雕刻着乾隆三次经由淮安考察高家堰时所写的三首诗，“济运南输北，安流清汇黄”“藏功即在回巡后，防患要于未事前”“亦云救弊补偏耳，恒念有孚勿问焉”。有学者认为，乾隆最好的一首诗也是写大运河的：“门前一带邗沟水，脉脉常含万古情。”

是的，再次写到邗沟。已经延续2500多年的大运河就是从邗沟引水成章的。中国大运河全长3200公里，系由长2700公里的隋唐大运河、1797公里的京杭大运河、239公里的浙东运河三条运河的主河道构成。再说得细一点，隋唐大运河以洛阳为中心，南至余杭（今杭州），北至涿郡（今北京）；元朝定都北京，在隋唐大运河基础上，裁弯取直，截掉洛阳段，直接取直线连接北京与杭州，遂称京杭大运河；浙东运河又名杭甬运河，西起杭州市西兴街道，东至宁波市甬江入海口。浙东运河最初开凿的部分为始建于春秋时期、位于绍兴市境内的山阴故水道。西晋时，开挖西兴运河，之后与曹娥江以东运河连接，形成西起钱塘江、东至东海的完整运河。

清咸丰五年（1855年），黄河改道，运河浅梗，河运日益困难。随着铁路运输、近现代商业经济和金融业的发展，漕运已非必需。光绪二十七年（1901年），清政府颁令停止漕运。

历史上，黄河以“善淤、善决、善徙”闻名，多次改道“夺淮”，涌入苏北淮河水道，怒湍迅悍，冲堤垮桥，毁田淹地，生灵涂炭。但是，漕运废止并不意味着运河生命的完结。新中国成立之初，即力行“治水安邦、兴水利民”。1949年秋冬季节，苏北行政公署组织开展“导沂整沭”，打响了新中国成立之初大规模治水的第一仗，到1952年洪泽湖大型控制工程三河闸等工程先后开工建设，从根本上扭转了其衰败的态势。如今，淮河流域已经形成“蓄泄兼筹”防洪体系和一河入江、四河入海的排洪工程体系。“国家森林村”、宿迁市蔡集镇牛角淹村是黄河故道生态富民廊道重要节点村居，在这个村广场的宣传栏上，有一篇《牛角淹赋》，详细陈述了水患之悲、水利之欣，“一迁再迁，家园屡毁而屡建；鼓勇弥勇，气力愈消而愈遒”。现在，大运河不同的区段依然发挥着重要的交通、运输、行洪、灌溉、输水等作用。特别是自山东济宁以南至浙江杭州的航道，被称为“黄金水道”，每年的航运量在3亿吨以上，相当于3条京沪铁路的运量。

2014年6月，中国大运河被联合国教科文组织列入世界遗产名录。2500多年间，世界各国先后开凿了500多条运河。运河，就是人类顺应自然、改造自然，与自然和谐共生的体现。目前，共有包括中国大运河在内的6条运河，因为承载着“见证人类文明历史的价值”，而被认定为世界遗产。其他5条运河分别是：法国米迪运河（1996年列入），比利时中央运河（1998年列入），加拿大里多运河（2007年列入），英国庞特基西斯特水道桥与运河（2009年列入），荷兰阿姆斯特丹17世纪运河区（2010年列入）。

2019年2月，我国印发《大运河文化保护传承利用规划纲要》。

2022年4月，断流百余年的京杭大运河重新恢复了全程通水，一时间激起多少人泛舟大运河、拨篙开航泊船归岸的热切向往。

…………

水边蒹葭摇翠，河畔杨柳葳蕤，稻麦拔节，鸥鹭翔集……行走在大运河畔，望着一河碧水静静地流淌，心旷神怡，心生安详，感觉这条大河原本不是人工所为，而是天生就在那里，就该在那里，和它周围的一切，原本就是彼此的一部分，就是有生命的、还在不断生长的历史文化的生态长廊。

“绵绵长飘三万尺，疑是银河降人间。”生生不息的源头活水，涓滴皆从心头流过。

（原载《宁波日报》2023年6月26日）

# 大运河，请听我说

刘　君

## 一

下午三四点的金山寺，有光在墙上跳舞，可以看见树影婆娑，也可以听见光雀跃着，窃窃私语。

顺着迤逦台阶，抬头处俏丽巍巍的高塔，在高大的寺院黄墙和数层汉白玉护栏以及玲珑高挑的飞檐间静穆安详。

登上金山寺顶，整个镇江城在眼前展开，与风相拥，一派神清气爽。远远的焦山，北固山，更远的长江对面的瓜洲，京杭大运河与长江在此交汇，江水滔滔，烟波浩渺。

来不及感叹，听见有人吟唐代王湾的《次北固山下》，“客路青山外，行舟绿水前。潮平两岸阔，风正一帆悬。”记忆库立刻弹出儿子天天上中学时的一件往事。

当时初一的孩子们在学这首古诗时，发现课本插图与诗意不符。

诗中的“风正一帆悬”，老师解释为，“无风帆才能正，‘悬’是帆直直地挂着”，而课本插图中，船帆被风吹得鼓鼓的，孩子们认为这与老师的解释有出入。

孩子们写信给出版社的编辑，编辑很快就回信了。他为插图的错误致歉，并大大肯定了孩子们的质疑精神——尽信书不如无书。他鼓励孩子们进行批判性阅读，只有经过自己的怀疑、思索和鉴别，才能把书本中的东西变成自己的东西。

正在读初三的天天在学校论坛上看到这两封信之后，给初一的孩子们和出版社的编辑各写了一封信，表达自己不同的看法。

他认为“船帆被风吹得鼓鼓的”没有问题，从他所学过的物理知识来看，就算无风的天气，船随水流前行，帆只要张开，就会在船的前进方向上受到空气的阻力而发生形变。

天天的同学们看到这几封信之后，又展开了讨论，如果风力和帆所受到的阻力相同，那船帆也可以如同静止一般直直地挂着。他们又用实验模拟再现了这一“奇观”，并很为古人的细致观察所折服。

而此刻我忍不住给远在大洋彼岸的天天打电话，他年少时的一桩“旧案”，如今可添一个新的解释。

“风正一帆悬”，是只有这里才会有的风景啊。

如果在曲折的小河里行船，老要转弯，这样的景是难得出现的；如果在三峡行船，即使风顺，但水流湍急，这样的景也是难得出现的。唯有这里，大江大河交汇处，水面平静又宽阔，才有了和风劲吹、船帆端挂的盛景。诗人停留一晚，再醒时已是破晓时分，远方的那一轮红日正冲破残夜，缓缓升起。当阳光把一切照亮，发现已是江春入旧年了。

而眼下也正是春天的景象。这个春天来得太晚，各种各样的花还是后知后觉地开了，路边汀兰，墙上野花和塔边的樱树，天空蓝得让人想要飞翔，阳光沾着温暖从树叶中落下来，经过时，它们就像蝴蝶一样停在肩膀上……

## 二

我们是在傍晚时分走进西津渡的。就是王安石“京口瓜洲一水间”的那个渡口。李白来过，王安石来过，苏东坡来过，马可·波罗也来过。如今它已没了渡的功能，清代的小码头在地下沉睡。

西津渡依山而建，上下三层。迂回的老街上，镇江特色的锅盖面，还有陶器，金银器，工艺品，书画等各种小店，年代久远的朴素的复杂的精致的各有千秋。灯光如昼，月亮在遥远深蓝的天幕上，瞧着地上这一团热闹。

元代石塔，上书“昭关”二字。从塔下经过，多了穿越的仪式感。观音洞，为了祈求平安。救生会已有300多年的历史。53坡，来回走了一遍，数了两遍，真的是53级台阶，没错！

走着走着，脚步会不由自主地慢下来。江南的惬意，应该是刻在了骨子里的，不然为什么，西津渡里的行人都如此悠闲。

古街上开出天窗，成全了我们“一眼看千年”的想法。透过玻璃罩，可以目测时间积攒的厚度。时间越久睡得越沉，唐前的沙土路在最底层，宋元的夯土路高出了两个台阶，明代的砖砌路，清代的石砌路，一层压着一层。虽然这些层级都已被掩盖，但所有的步履都叠印着西津渡的历史。

路遇一棵高大的泡桐，紫色的繁花掩映在夜色中，一阵风过，将花香送过来，还没喝酒，人就有点微醺了。

朋友强力推荐，如果你喜欢一座慢城，人口不太多，物价不太高，市区不太大，但又距离繁华的大都市不太远，那么镇江非常适合。她指着不远处一片璀璨的灯光说，在镇江面粉厂工作过的爷爷曾住在那里，语气里颇有些骄傲，镇江是近代工业的先驱，那时的金陵渡一定是运河边最热闹的所在。

那时的人们会像我们一样，寻一处酒吧，吐一吐心事吧。本都不胜酒力，却被啤酒的名字吸引，“诱惑”，苹果味、草莓味、水蜜桃味……每样都想尝试一下。楼下有人拿着吉他倚着吧台唱歌，旁边一桌年轻人，时不时爆发出笑声，而我们这边，相对安静许多。他们谈梦想诉说迷茫是青春，我们谈工作诉说人生难是生活。中间隔着一条时间之河，难以跨越。

回去时又见那棵泡桐，灯火阑珊里一串串花朵越发娇媚，我们在树下合影，镜头里的每一个人都在笑着，眼里有光。看照片才发现它几丈长的躯干并不是笔直的，且有许多刻骨铭心的沧桑疤节，从最粗壮的根部，一直留痕到最细小的末梢。

但谁会注意万般风情之下有过的迁就和委屈。你不问，它也不说。

## 三

每个人的生命中都有一条河吧。

我的乌鲁木齐河。每年春天，天山的冰川融化，雪水沿着北麓，携着冰凌，沙石，草屑，一路向南，穿越整个城市，开始一场未知的旅程。

在它身边，年少时的我总忍不住想，那些融化的冰川雪水，它们在冲下山的时候是不是也害怕过，挣扎过，犹豫过？

它们一路推推搡搡地向前，不安，兴奋，还有一点点迷茫——未来在哪里？不知道啊，可是一定要去。为什么一定要去？不为什么，我们生来就是一定要往前走的，不能停留，也不能回头。

而眼前汤汤流淌的大运河，我只是它千百年来一个匆匆的过客。从镇江、扬州，到淮安、宿迁……我看见一条在地上流淌的，绵延的河，也看见一条在古诗词中流淌的河，历经隋、唐、宋、元、明、清，在众多诗家词人的手中，这条河流出了它自己平仄相间的音韵，也流出了回味不尽的隽永。

在吴承恩故居边的小书店里，我买了一本《大运河》。作者李德楠是山东临沂人，在淮阴师范学院做副教授，主要从事历史地理学以及运河史的教学与研究。

他在书里细细讲述了大运河这个“东方奇迹”，使很多抽象的概念具象起来。他特别提到，大运河使两种在原则上针锋相对的伦理与审美文化——齐鲁文化与江南文化，在现实中得以接触、理解与融合。

一路上，大家聊天时也发现，生活在大运河岸边的人家，处处可见相似的印记。比如中元节时，在大运河里放河灯，这是天津，山东，以及江南等地都有的习俗。

大运河是一套水利交通系统，但更是关于“人”的沟通交流体系，它是遍布古代华夏大地的个人行走、谋生、游历体验的叠合。

苏轼回四川为父亲苏洵送葬之时，并没有选择走当年进京应考的蜀道，而是先沿大运河向东南到长江，再从长江溯江而上。

我也要记录下这一次行走。当来自天南地北的我们汇聚在洪泽湖畔时，正是落日时分。一边是平静的湖水，广阔的湖面上，一条金色的通道，直抵水天尽头；一边是保存最为完整的石工墙，条石甚大，石与石之间嵌着铁铆，石墙上遍布着细长的藤蔓。就这样，湖与堤形成一片和谐的同框，我们感叹，那些只属于大运河的风物，在这个飞速向前的时代，被这里人们保护得如此美好。

（原载《大众日报》2023年5月14日）

# 一条大河的声音

兰世秋

我出生在一条小小的河流边。小河清澈、舒缓、娟秀，繁星满天的夏夜，我躺在老屋的大木床上，闭着眼睛，河水淙淙，水波荡漾，外婆在一旁不知疲倦地摇着蒲扇，我就在这温柔的水声里入眠。

棒槌洗衣的“梆梆”声，风吹柳树的“哗哗”声，开闸放水时的“轰轰”声，小伙伴游水嬉闹的“咯咯”声……这是我熟悉的故乡小河的声音，如今仍时常出现在梦里。

这声音突然发生了变奏，我睁开眼，大运河，我从未触摸过的大运河，穿过缱绻的时光，透过泛黄的纸张，也将它的声音送到了我的耳畔。

## 一

暮春的浓艳飘溢在大运河百里画廊中，金色的阳光在洪泽湖的湖面欢快地跳跃。层层鳞浪随风而起，水鸟盘旋，鸟鸣声声。

位于江苏淮安的洪泽湖大堤亦称高家堰，是为抵挡淮河洪水、保障运河畅通而生。古往今来，这位1800多岁的长者，用从未停歇过的流水声诉说着风云变幻的往事，吟哦着“逝者如斯夫”的感慨。

古代江南民间有“倒了高家堰，淮扬不见面”之说，意思是高家堰一旦垮塌，淮扬一带就会被洪水淹没，堤防稳固与否直接影响着周边民众的生命和生活。

“唉……”站在大堤上，穿过浩渺烟波，我仿佛听到一声长长的叹息。

那是清道光四年（1824年）的冬天，连日暴雨导致洪泽湖大堤十三堡周桥段骤然溃决，洪水倾泻而下，冲成近27米深的大塘（俗称周桥大塘），里下河地区即成汪洋泽国。

彼时，林则徐正在福州老家丁忧，道光皇帝下旨命其赶赴洪泽湖救灾。一身孝衣、一脸愁容的林则徐领旨北上。

此刻，大堤内外遍地黄水，满目疮痍。唉，千年以来，洪泽湖大堤修了又决，决了又修，却一直未能让黎民百姓彻底摆脱洪涝之害。

在一声长长的叹息之后，经过六年的日日夜夜，清道光十年（1830年），一段长750米、堤顶宽33米的内堤建成，并以条石砌成外堤，以保安全。这是目前洪泽湖大堤石工墙原貌保存得最为完好、地面以上可见层数最多的堤段，被赞为“媲美金字塔”。

大运河博物馆里展陈着一枚镌刻有“林工”阳文的铁锭。当年，借鉴中国建筑的榫卯结构，这样的铁锭被镶嵌在条石连接处的齿槽内，两块条石通过铁锭的咬合变得更加坚不可摧。铁锭上的铭文记载了筑堤工程的责任单位、责任人的名字。“林工”就是指这段工程的负责人是林则徐。

封锭入堤，把名字也封在石墙里，不是为了流芳百世，而是可以明确负责人。这一封，也将千年叹息封入了堤中。

在阳光的照射下，一株大树在保存完好的石工墙上留下巨大的影子。我默默靠近它，“林工！林工！”我听到这样的呼声，那些年，工匠们扛着条石筑堤的劳动号子，仿佛也从这些石头缝里传了出来，震动着我的耳膜，震荡着我的思绪。

有着不被遗忘的“林工”声声，大运河才会如此生动鲜活地活在浩瀚的历史长河中。

## 二

如果一条河流是活着的，那么她还会有诗的声音、歌的声音和战斗的声音。大运河见证过战火的硝烟，也记录着诗情的浪漫。

离洪泽湖不远的黄花塘新四军军部纪念馆，一首七绝被投影在大屏上："柳岸沙明对夕晖，长天淮水鹜争飞。云山入眼碧空尽，我欲骑鲸踧浪归。"

1943年1月到1945年9月，新四军军部移驻黄花塘。

黄花塘西有绵延山丘，北有洪泽湖，春天菜花黄，秋天稻谷香。运河文化里，红色基因在这里留下了浓墨重彩的一笔。

老一辈无产阶级革命家刘少奇、陈毅、张云逸、罗炳辉等曾在这里指挥华中战场所属七个师、一个独立旅和一个浙东游击队，与日伪展开浴血奋战。

时光回溯到1943年春，陈毅初到黄花塘。面对美如画卷的大好河山和日渐好转的斗争形势，他心情舒畅，诗兴勃发，挥笔写下这首《淮河晚眺》。

晚霞辉映、柳绿沙明、群鹜争飞、天水连碧……他用28个字描绘出了一幅美丽的夕照图，抒发了誓夺抗战胜利的壮志雄心。

"光荣北伐武昌城下，血染着我们的姓名。孤军奋斗罗霄山上，继承了先烈的殊勋……"听，这是《新四军军歌》，战士们越唱越勇，互相鼓舞着，互相激励着。在这豪迈坚定的歌声里，我仿佛还听到了另一支清丽、婉转的小调，旋律优美、情感细腻，乐声委婉中带着刚劲，细腻中含着激情。

哼唱这支曲子的小战士名叫何仿，1942年冬，作为新四军大众淮南剧团的一名文艺战士，他在南京六合采风时，听到了《鲜花调》。轻快优美的曲调，让14岁的何仿惊喜不已。他花了大半天的时间，用简谱记下了曲子。

此后的岁月，这首《鲜花调》深藏在了何仿的心里。在黄花塘这小小的村庄，何仿或许也曾面朝美丽的洪泽湖和亲爱的战友们，哼唱过这首《鲜花调》。血与火是毁灭也是重生，经过大运河的滋养和岁月的凝练，也会变成和平与芬芳。

1957年，经过何仿改编，《鲜花调》更名为《茉莉花》首次公演。当“好一朵美丽的茉莉花”的旋律响起，旋即火遍大江南北，传唱海内外。

就在我准备离开的时候，一群幼儿园的小朋友手牵着手前来春游，一路叽叽喳喳唱着歌，牵着的小手还随着旋律晃晃荡荡，黄花塘的风里顿时有了童年的声音。听，“茉莉花呀茉莉花……”

## 三

夜如水，月如钩。运河岸边的盆栽茉莉正在抽枝长叶，孕育着花香，再过两三个月就会吐蕊绽放了。茉莉花的盛开多在傍晚，在花开的季节，淮安的夜将会是多么的美啊。

淮安的夜色里，或许会有花香的缺席，但永远少不了清江浦里运河的潺潺流水声。如唐代诗人岑参的诗句“水声还似旧来时”，花开是有季节的，流水却不分四季，不舍昼夜。两岸繁花似锦，商铺的叫卖声、琅琅的读书声，剧场里的丝竹声……和运河水流声汇聚在一起，混合成了运河人家的烟火日常。

淮安人陈白尘晚年曾回忆：“清江浦，给我印象最深的莫过于这条运河了。”

水青为“清”，水滨为“浦”。明永乐十三年（1415年），时任漕运总督陈瑄沿北宋沙河故道开凿了一条运河线上不平常的河道，这就有了清江浦古城的命脉——里运河。这条河对于运河全线淮安漕运的畅通意义重大，成就了淮安“运河之都”的美誉。

我乘着画舫，推开平静的里运河水，水波一层一层荡开，拍打着用青石垒成的河岸。“哗啦”“哗啦”，越秀桥，常盈桥，水门桥，长征桥……穿过一座又一座古老的、现代的桥，我努力辨认着桥墩上镌刻的诗行，如同穿越了古今。

曾经，两岸茶馆酒肆，卖花的卖艺的，车水马龙，热闹非常。岁月不居，时节如流，沧海桑田间，这里从舟楫如麻、帆樯如林，漕盐纷至沓来的港口，变为城市的一条内河，无风无雨，波澜不惊。

2013年，淮安启动运河文化长廊项目，数百个工程陆续开工：在文物遗址修复上不遗余力，修旧如旧；建设具有运河文化特征和地方文化气息的博物馆群；为市民打造亲水亲绿的开放式休闲空间……

如今，清江浦的运河古水闸还在，乾隆下江南舍舟登岸的石码头也还在；古老的清江浦又添了记忆馆，运河博物馆，戏曲博物馆……

里运河两岸，三步一景，悠扬的乐声飘来，画舫之外，桨声灯影，如梦似幻。

一条大河，除了激越的劳工号子、鼓舞人心的战歌，还得有热闹的市井烟火声，才是真正属于老百姓的河。如今，这条大河就这样带着人间烟火热热闹闹地活着，运河的故事还在徐徐展开。

夜已深，明早，我要去老街吃一笼热气腾腾的蟹黄汤包，我想听听它放进嘴里时那汁水入喉的声音。

（原载《重庆日报》2023年5月13日）

# 二等奖

# 行到盱眙，遇见了“第一山”

竺大文

## 一

到盱眙，遇见了一座山。这山居然是“第一山”，且还是米芾题的。

山并不高峻，十来分钟就能登顶。上去一看，有殿有堂，有摩崖石刻的保护廊。盱眙的地势，西高东低，也有一些丘陵。在当地，这座原来名为南山的小丘肯定不是最高的。同在县境内的黄花塘，当年新四军军部驻扎数年，依靠的就是附近有山丘作为掩护，想必不会太过平缓。

这就有些意外了。更有意思的是，检索一下，发现米芾的这个“第一山”差不多题遍了祖国的各地山水，峨眉、武当、庐山、华山，甚至杭州吴山的瑞石洞侧都有这款题词。

不过，只在盱眙，米芾还留下了一首诗：“京洛风沙千里还，船头出汴翠屏间。莫论衡霍冲星斗，且是东南第一山。”诗题就是《题泗滨南山石壁曰第一山》。显然，这个“第一山”是从“东南第一山”里摘取出来的。在山腰的碑廊里，读到各种大咖的加持，比如苏东坡，比如杨万里，他们纷纷附和米芾，以后索性让南山改名成了第一山。

韩天衡美术馆馆长顾工，曾有一文，通过层层追溯，推理出一个结论：其他各地，都是古人羡慕米芾在盱眙南山的题诗，又缺乏版权意识，拷贝来给自己的家乡用了，时间还基本集中在晚明。比如，华山的碑上，坦率地承认："南宫此刻向在盱眙，摹刻于兹永壮名岳。"

可问题还没解决，按照记载，米芾路过盱眙题诗的这一次，已经年近50，其一生所游名山大川多矣，即使局限在东南，这座南山何德何能，经得住他这么夸呢。

这又有两种推测，一种是说，米芾在南山见到一位杜宝臣，他的家中藏有唐刻的善本《兰亭集序》，米芾爱不释手，带着几个儿子，硬生生把这个帖子给临摹了下来。米芾推崇王羲之行书天下第一，爱屋及乌，也赞美书帖主人的所在为第一山。

这种推测颇有趣味，却不免求之过深，我倾向的，还是另一种，也是通常的说法。米芾沿河而下，两岸平畴，单调的风景使得旅人陷入了乏味的困顿之中，在盱眙，忽见此山，精神不由得为之一振。他弃舟上岸，大笔一挥，名之曰第一山，就算文人的性情之中吧。

这是在宋绍圣四年（1097年），米芾从开封出发，到江苏涟水县就任。对于习惯高铁的我们，很难想象当时的旅行速度，这段距离，就是花费上几个月也毫不足怪。

我更感兴趣的，是米芾所走的路线以及这座突兀而起的南山，所暗示的黄淮之间的这片土地，它们曾经的模样和演变。

米芾走的乃是汴水，也就是隋炀帝的通济渠。他引洛阳附近黄河的水，行向东南，穿过安徽，到泗州注入淮河，正是隋唐大运河的开端。

唐人杜宝所撰的《大业杂记》记载：通济渠水面阔四十步，可通龙舟，两岸为大道，种榆柳。自东都至江都两千余里，树荫相交，每两驿置一宫，为停顿之所，自京师至江都，离宫四十余所。这不就是米芾诗中所言的"船头出汴翠屏间"吗？

## 二

一座小小的南山，居然让米芾惊醒，连衡山都快比不上了，更可见这个区域的舒缓平展。事实上，在大致被称作苏北或淮北的这个区域，在唐以前，是全国最重要的产粮区。

“江淮熟，天下足”，这句谚语并非无中生有，而淮河流域甚至比长江流域更为富庶。唐代诗人张籍的《泗水行》里这样描绘，“春冰销散日华满，行舟往来浮桥断。城边鱼市人早行，水烟漠漠多棹声。”

想起了这趟旅途中，之前在扬州，在中国大运河博物馆，在第一个展厅里见到过的高大的神兽，是麒麟，是辟邪。这些被想象出来的生物，那么雄壮、厚实，并且傲然，和通常认知中南方的婉约如此不同。那是比唐宋更早的南北朝时期，几乎没有地面遗存，除了这些神兽。而这些神兽的造型，是否也在宣示，当时江淮一带的富足，是怎么也掩藏不住了。

顺便说说，博物馆的这两件是复制品，真身一直伫立在丹阳平野上，守护着南朝已不知所在的帝王。这一次来不及去丹阳郊区，倒是后来回到南京，在另外一个南朝石刻集中的栖霞区，寻访到了多个，一样挺胸凸肚，神完气足。不过它们的待遇相差很大，有的配有专门的美丽的公园，有的在社区草坪上，有的在学校里，最可怜南朝开国刘裕的两只，关在马路边的棚子里。

如果把时间再往前推，淮河流域更是英雄辈出，秦末汉初的项羽、韩信、刘邦，风云际会，几乎都在此起家。后来在宿迁，我们还见到了项王手植槐，相传是2200多年前项羽离开家乡时亲手栽种。这大槐树枝繁叶茂，树冠直径约有10米之广，更可奇的是，每年依然发芽开花。

与这样灿烂的过往对比，不免让人一声长叹，众所周知，到了民国时期，苏北成了贫困、落后的代名词。这种巨大的变迁，既有天灾的原因，更是人祸所致。

运河的开凿，固然是打通了南北的动脉，却也是对于南方的抽血。唐朝有一位大臣李敬方，一度被贬，到浙江临海当过台州司马。他写过一首《汴河直进船》，一针见血："汴水通淮利最多，生人为害亦相和。东南四十三州地，取尽膏脂是此河。"这里的"生人"，就是"生民"，唐朝讳"民"而改"人"。可见，早在唐时，东南地方就被横征暴敛，由淮入汴，供中原统治者之用。

就在米芾那次经过泗州题诗之后，恰好30年，发生了靖康之变。北地逐渐沦落，淮河成为前线。当然，这时不再需要通过通济渠，向中原地区输送粮食了，河道开始逐渐淤积。

南宋建炎二年（1128年），为抵御金兵南下，东京留守杜充在滑县西南人为决堤，这一带顿成沼泽之国。更严重的是，导致了在之后700年间黄河夺泗入淮。淮河被粗暴的、携泥沙而来的黄河侵占了下半截，时间一长，下游河道淤高，大量河水徘徊不去，硬生生在此漫出了一个洪泽湖。

曾经让米芾昏昏欲睡的汴水则日久湮废。也是在扬州中国大运河博物馆，这里最大的一件展品，就是整块的汴水河道剖面，不过是取自运河另外一端的开封。

剖面从下到上，是唐宋元明清不同历史时期的地层，由左向右，则是一条条蜿蜒的白线，标出了不同年代里汴河河床的走向。唐代，河道很深很宽，河道底部白线呈现"锅底"形。此后河道逐渐变窄变浅。到了清代，曾经繁盛的汴河成了小水沟，再后来完全淤积成了陆地。

其实，南宋诗人楼钥也可印证。金大定九年（1169年），他随舅父汪大猷出使金朝，把途中所闻写成《北行日录》。这时距离米芾题诗已经70年了。

他记录道："至此河益湮塞，几与岸平，车马皆由其中，亦有作屋其上（指在河底上盖了房子）。”又说“宿州一带汴河底多种麦”。这支使团不得不弃舟上岸，继续骑马而行。

至于那座第一山，原来因为在泗州之南，才被叫做南山。后来泗州陷入金人之手，宋人只能登临此山，一腔愁绪地眺望北面的城郭了。

## 三

这一次，中国报纸副刊研究会组织的“百名文化记者江苏行”，大致上就沿着运河走。从南京到宿迁，穿越的正是通常被称作苏北的地方。越走越分明感觉到，在这里，围绕着运河，围绕着水，历代的人们投入了多少的智慧和精力，甚至大量的生命。

大约我们是见惯了江南的运河，平缓地流淌着。其实，整条京杭大运河，由人力强行开凿，为了贯穿南北，它不得不从多个屋脊般的地形上通过，有着多次的起落。运河河底在鲁南段就高出苏北段大四五十米。它又不时和长江、淮河、黄河相遇，情况变得更加复杂。

回来后，借了几种书来读，印象最深的是南京大学马俊亚教授的著作《被牺牲的“局部”》，他用60多万字的篇幅讲述了淮北社会生态的变迁。因为战争，因为治黄，因为保护漕运和盐务，明清两代一直延续的错误决策，使得这个局部被牺牲了。生活在这里的人们，从慷慨悲歌、问鼎逐鹿的社稷栋梁，一度沦为被人耻笑的泼妇刁民。

第二任港督戴维斯，当年经过淮安，他胆战心惊地写道：“我们的轮船在运河上漂流时，向下看，可以看到破败不堪的城墙。一个令人不寒而栗的想法是，运河河岸发生了任何变故，都一定会对这座城市造成毁灭性影响。”

事实上，从明清直至民国，水灾对于当地来说，早已经司空见惯。康熙十九年（1680年），一场特大洪水，就把与第一山相呼应的泗州城，整

个地沉入了水底，成为洪泽湖的一部分。

这天，我们乘坐大巴也来到洪泽湖。湖水一望如镜，波澜不惊，早已换了人间。先是参观三河闸，然后沿着70公里的大堤行驶。堤身宽大，除了道路，都是浓密的树林，偶然能瞥见其中有悠闲的散步者。车辆始终笼罩在大片的树荫里，密集的枝丫，稍远处的湖水在空隙里闪烁。午后的我，在这种连绵不绝的绿色里，体会到了米芾式的舒适的困意。

大巴最终停在了一个叫周桥大塘的地方。清道光年间，这里被冲出了一个近400米宽、深24米的大塘，堤东的盐城、高邮、泰州数县尽被水淹。那还是冬天，湖面上的巨浪裹挟着冰凌。

据记载，洪泽湖水位下降后，黄河水又倒灌进来，泥沙淤塞清口导致次年漕运中断，近1800艘漕船不能北上，朝野为之震动。江南河道总督张文浩被革职发配伊犁，两江总督孙玉庭被革职留任。因服母丧在家丁忧的林则徐被夺情起用，身着素衣走上了周桥大塘的工地。

这段短短750米长的工程，当时足足用了6年。今天，高达9米21层的直立式石工墙仍巍然屹立，条石之间严丝合缝，针扎不进。当地的导游特别提示我们去看个别石墙破损处暴露出来的铁锔。这是一种形似领结的生铁构件，可以把两块石材紧密地连接起来。林则徐要求，在铁锔上刻上每一段负责人的名字，包括他自己的。

果然能找到“林工”的字样。铁锔镶砌在墙体内部，外面是看不到的。刻上铭文的意图是，若再度决堤，就要查验铁锔上的铭文。林则徐不愧为清朝的干臣，早就采用责任制了。

我们又问，那这大塘，现在还能用吗？回答是，还能用，一旦洪泽湖水漫过大堤，这里可以缓解水势，但几乎不会用了，现在的洪泽湖不太可能再发生那样大的洪灾。其中的一个关键，就是我们参观过的三河闸。

1952年修建的总长近700米的三河闸，这是淮河入江的第一道闸门。

前一年，毛泽东发出号召，“一定要把淮河修好。”当时，在1.5平方公里的土地上汇聚了16.4万名建设者，调动了32万吨物资器材，仅用10个月时间就建成使用。直到今天，三河闸仍然是淮河上规模最大的节制闸。

新华日报著名的摄影记者晓庄，在1953年5月前后，花了半个月时间拍摄三河闸和它的建设者们。我曾经采访过她，请她在每10年中选出一张照片，说说其中的故事。老太太的经历实在太丰富了，那次她并没有选择拍摄三河闸的照片。

不过，差不多70年后，她在接受新华日报“交汇点”客户端记者王宏伟采访时，仍然记得工程建设场面的壮观，“那年我19岁，以前从来没见过这么大的人工建筑，从取景框里看去，到处是密密麻麻的人，他们日夜施工，工地上永远一片鼎沸。到了晚上，照明使用探照灯，从住地远远望去，黑暗中的那片亮光特别醒目，给人热血沸腾的感觉。”

三河闸建成运行后第二年，就经受了1954年洪水的严峻考验，它的设计流量为8000立方米/秒，实际泄洪量却达到10700立方米/秒，苏北里下河地区在特大洪灾中躲过一劫，这是洪泽湖形成以来的头一回。

不仅是三河闸，这一路，我们见到了各种治水设施，壮观，坚韧，甚至充满想象力。比如，就在洪泽湖以东30公里，淮河入海水道与京杭大运河相遇了。运河之水凌空而行，从淮河身上跨过。

这被当地人称为“水上立交”，他们南北向地为运河修建了长125米、宽80米的混凝土渡槽，支撑渡槽的是横跨淮河入海水道的15孔涵洞，为东去的淮河水留下了通道，兼具泄洪、灌溉、发电等功能。这条半空中的运河航道，每年的船舶通过量近2.9亿吨，是运河全线最繁忙的河段之一。

米芾当年往涟水赴任，离此并不远，会经过这里吗？如果见此奇景，又该吟诵出怎样的诗篇？

回来后，在网上翻检各种信息，又得知，多家考古队联合进行的古泗州城考古发掘项目已经完成。由于淮河治理成功，洪泽湖水位下降并稳定，它居然已经不在湖底，而是又退回到了陆地，淤垫在乡野泥土之下。其所在位置距离盱眙县城只有1公里，距洪泽湖却有12公里之遥。

初步的勘探，已经勾勒出了城郭的轮廓，包括汴水的遗址。这座沉睡三百载的古城，还几乎完整地被泥浆包裹着，仿佛一座地下的庞贝城，现在揭开的只是百分之一。

说不定呢，再过几年，再去登第一山，能眺望到逐渐拂去面纱的古汴水河道，还有曾经那样繁华的泗州古城。

（原载《浙江日报》2023年5月21日）

# 大运河：流动的盛宴

戴 维

“一条大河波浪宽，风吹稻花香两岸。”这条大河，我下意识地把它想象成流淌千年的大运河。

我就生长在运河边。那地方叫宝庆桥，原是杭州湖墅地区的一座小石桥。上世纪末道路拓宽，宝庆桥桥身埋入了地下。不过查阅古籍，你会发现，乾隆六下江南，宝庆桥作为五次接驾的御码头，曾烜赫一时。

溯运河北上数百公里，江苏宿迁也有一座乾隆五次驻跸的龙王庙行宫。在皇帝和后妃就寝的院落，植有柏、柿、桐、椿、槐、杨六树，讨的是“百世同春”“百世怀杨”的好口彩。当我站在古树下，铭牌告诉我，眼前这棵枝繁叶茂的柏树已有1200岁高龄。

怎么可能呢？1200年前，正是安史之乱后分崩离析的晚唐。当初，唐玄宗整顿运河漕运、仓储，使江南粟米可直抵长安，大唐迎来了繁盛的开元盛世，大运河“绣口一吐，便是半个盛唐”。

唐末，运河断绝，朝廷得不到江南的物资供应，连士兵的衣粮都无法筹措，崩溃也就在须臾之间了。

水，有踪迹吗？运河的涛声，应答着；漾起的波纹，指引着。而人，试图在历史的长河中，寻找运河乃至华夏的文明密码。

2023年4月，中国报纸副刊研究会举办的“行走大江大河　书写水韵书香”百名文化记者采风活动来到江苏。我们一路北上，追随大运河的脚步，在镇江、扬州、淮安、宿迁四地采风。

一般认为，人工的总是逊于天然。但大运河，这条伟大的河流确实是人力所为。9年前，世界遗产委员会对它的定义和评价是：“中国大运河是世界上最长、最古老的人工水道，也是工业革命前规模最大、范围最广的工程项目。它促进了中国南北物资的交流和领土的统一管辖，反映出中国人民高超的智慧、决心和勇气，以及东方文明在水利技术和管理能力方面的杰出成就。”

中国大运河并非单一河流，而是数条不同时期人工河道的总称。

公元前486年，吴王夫差开凿邗沟。到隋代，先有隋文帝重修邗沟，再有隋炀帝倾举国之力开凿大运河。

隋唐大运河全长2700公里，它不遵循江河东流入海的自然规律，而是灵捷地将自然河道和前人开凿的人工运河相连接，成为通达中国南北的黄金主道。这是相当有想象力的做法。

至元代，大运河迎来了黄金时代。

在水利专家郭守敬的主持下，运河截弯取直，形成贯通南北、全长1794公里的京杭大运河。

在宿迁的运河湾公园，矗立着一位古代官员的塑像。他叫靳辅，是清代治河名臣，终于在1688年使运河和黄河分家。

靳辅治河功绩显著，却被罢免。四年后，康熙再次任命靳辅，可到任半年，他便去世了。

宿迁是唯一拥有隋唐通济渠、元代黄河故道、清代中运河三个不同历史时期主航道的城市。亏得靳辅治水有方，古老的大运河得以安然过境。

到乾隆六下江南时，这里已被赞为“第一江山春好处”。

明清进士，江浙为最。每到大比之年，全国各地的考生赶考。江南的士子乘着打着“奉旨赶考”字样小旗帜的船只，沿运河北上。比起步行、骑骡马、坐轿，水运无疑是较为舒适的出行方式。

淮安的河下古镇，保存了一座明代状元府。主人叫沈坤，是淮安历史上第一位状元。

离这不远的地方，是《西游记》作者吴承恩的故居。沈坤和吴承恩，是总角好友。嘉靖三十九年（1560年），沈坤被冤杀在狱中。有人说《西游记》是吴承恩写给亡友的，沈坤就是取真经的唐僧。

但沈坤一生最大的业绩不是读书做官，而是上马杀贼。这里的贼，是倭寇。他一位文臣，却能拿起刀枪抗倭。我倒觉得，沈坤更像具有反抗精神和十八般武艺的孙悟空。也许吴承恩对老友的纪念，意在于此。

“十年一觉扬州梦，赢得青楼薄幸名”“二十四桥明月夜，玉人何处教吹箫”“烟花三月下扬州”，扬州就是文学中的巴黎，是唐朝的花都。

但也别忘了，明清时期通俗小说代表，冯梦龙的《三言二拍》、施耐庵的《水浒传》、曹雪芹的《红楼梦》等都取材于淮扬之间。

无论大运河带来了多少商业的繁华，造就了多少富庶的城市，如果透过现象看本质，我们更在意的是，大河和平原的交融，让这里的风土更具有多样性和包容性，让这里的人民更具有融合和适应能力。

时至今日，大运河仍赓续着华夏的水运文明。

镇江京口区的谏壁船闸，地处长江与京杭运河的十字交汇口。这是一条重要的水上高速公路，连续十年船舶通过量超亿吨。

我记忆深刻的，是运河船家安置在船头的那盆金灿灿的油菜花；是日落未息的洪泽湖大堤上，人和自然带着光晕的剪影；是在镇江疾走，由手机导航指引，快步走向“苏古斋”书店，马上就要邂逅赛珍珠纪念馆的兴奋；是夜晚的西津渡，游人攒动，我几乎被裹挟着，敲着手机改稿，一边迈开双腿，就能前行；是金山寺的法海洞里真的供着一尊唐朝和尚的塑像，那个被嘲笑多年的管闲事和尚，在历史上是一位得道高僧……

千百年来，我们被运河的水喂养着，浸泡着，滋润着。大运河不仅是两岸人民共同的乡土，共同的乡愁，也是奔赴美好生活的物质途径和精神纽带。它是一条故乡的河流，它是通向远方的河流，也是一席包罗万象、潜滋暗长的流动的盛宴。

（原载《杭州日报》2023年7月14日）

# 运河听涛

赵　阳

春风扑面，涛声激溅，两岸如画屏，向我们涌来，又向身后流去。沿运河南下，如踏入一条时光之河。一边顺流而下，河中百舸争渡，河畔物阜民丰；一边逆流而上，历史风云扑面，时代记忆纷呈。

用一条运河贯通两江三河，连通北国和江南，这是独具中国智慧与气魄的伟大创造。自公元前486年，吴王夫差挖下修凿邗沟的第一锹土至今，这条充满活力的水路，流淌了2500多年，在广阔的时空中铺展开波澜壮阔的历史画卷。

一条大运河，半部华夏史。翻开这部奔腾的史书，涛声浩荡，承载着中华民族于艰难困苦中迸发的智慧与勇气；河魂水韵，澎湃着激昂的歌，也流淌着炽热的血。

## 一

1941年1月15日凌晨，青弋江章家渡口。暴雨初歇，涛声激越。一支刚从血战中突围出来的新四军部队正在河中艰难跋涉。行至河水齐胸处，战士们奋力将身负重伤的政治部主任袁国平高高抬起。埋伏在北岸的敌军发现了他们，机枪扫射过来，鲜血瞬间染红了河面。

到达河对岸，100多人的队伍只剩下三四十人。从昏迷中醒来的袁国平，挣扎着下达了最后一道命令：你们不要管我，赶紧突围，替我向党组织汇报。说完，他趁大家不注意，摸出别在腰间的手枪，对准自己的头部扣动了扳机。牺牲时，他年仅35岁。那一刻，战士们悲痛不已。他们清楚地记得，在之前的动员大会上，袁国平曾语气坚定地说："如果有100发子弹，99发射向敌人，最后一发留给自己，决不做俘虏。"最终，他把生的希望留给了战友，践行了自己的誓言。

在震惊中外的皖南事变中，新四军军部及所属皖南部队9000余人仅有2000余人突出重围。后一部被打散，大部牺牲和被俘。军长叶挺被扣押，副军长项英、副参谋长周子昆突围后遭叛徒杀害，政治部主任袁国平在突围中牺牲。

也许正是因为共产党人心头有最深刻的痛苦，所以他们的生命里才会有最大的勇敢和最炽热的情怀。从袁国平的一封家书中，我感受到了这样的勇敢和炽热。北伐战争时期，袁国平在寄给母亲的照片背后写了一封短信。信中说：愿拼热血头颅，战死沙场，以博一快……万一凯旋生还，异日与阿母重逢，再睹此像，再谈此语，其快乐更当何如耶！在袁国平看来，只要革命需要，生、死都是快乐的事情。

"东进！东进！我们是铁的新四军。"在激昂的《新四军军歌》声中，1943年1月10日，新四军军部到达运河边的黄花塘地区。从此，黄花塘成为华中抗战的指挥中心，直到1945年8月抗日战争结束。陈毅、张云逸、罗炳辉等在这里指挥新四军坚持敌后抗日斗争，粉碎了日伪军的"扫荡""清乡"，巩固发展扩大了华中抗日根据地。

一个春日的傍晚，陈毅漫步于长淮大堤上，春风徐来，晚霞辉映，柳绿沙明，群鹭争飞，天水连碧。面对日渐好转的斗争形势和美丽如画的大好河山，他心情舒畅，诗兴勃发，写下了《淮河晚眺》："柳岸沙明对夕晖，长天淮水鹭争飞。云山入眼碧空尽，我欲骑鲸跋浪归。”

“我欲骑鲸跋浪归”，何等豪迈的情怀！诗人程步涛的诗句似乎勾勒出了那样的画面——“号声与涛声一起激溅，旗帜飞越河流，队伍也飞越河流，春天便降临了。”是的，春天已经降临了。粼粼碧波间，血与火的交响已变奏为和平的乐章；和煦的阳光下，野菊花为当年血染的土地铺上一层明亮的绚丽……

## 二

涛声震耳，如巨兽咆哮，一泻千里。1824年的冬天，连日暴雨导致洪泽湖大堤溃决，里下河地区被洪水淹没。正在丁忧期间的林则徐临危受命，前来修筑堤坝。为了让新修的大堤更加坚固，林则徐以“条石垒砌、铁锔卯榫”。一块块铁锔深嵌条石间，确保着堤坝连环相扣，固若金汤。为明确责任人，他命工匠在每一块铁锔上都刻上“林工”二字。这是一份郑重的承诺，这样一来，一旦堤溃锔现，由谁负责，便“铁证如山”。在周桥段大堤，我抚摸着那条737米长的坚固石工墙，它历经百年，仍严丝合缝，坚固如初。“林工”两字刻入铁中，刻下了一份担当，也刻下了真正的不朽。

当洪涛再次袭来时，挡住洪水的不只有如磐的堤坝，还有如钢铁般榫卯于大堤之上的血肉之躯。运河两岸的百姓曾一次次在自家门前见证那一幕——那是一条血肉长堤，年轻的士兵们如中流砥柱挺立于洪涛之中，脸上挂着铁一般的坚定，骨骼中有钢一样的坚强。那年7月，大运河遭受百年不遇的洪灾，扬州通扬运河河闸崩塌，洪涛如惊雷般撞击着人们的心。危难时刻，一句“解放军来了”，奏响了战洪乐章中的最强音。经过800余名官兵的昼夜鏖战，一座高出运河水面的拦洪大坝成功合龙，险情得到控制。

千百年来，大运河的漕运史便是一部可歌可泣的治水史。走在运河的河堤上，脚下的一砖一石分明由一代代中国人的忠诚、勇敢、智慧、坚韧凝结而成。坚固的河堤护佑着水清河晏，民族的精神血脉也像河流一样，虽蜿蜒曲折，终奔涌向前。

## 三

绿草茵茵，繁花似锦，碧水荡漾，画舫凌波，穿行其间，宛若在画中游。宿迁市牛角淹是一个千年古村落，曾因洪灾形成牛蹄状水塘而得名。而今这里建成牛角淹村欢乐田园旅游景区，成为运河文化带上的一道动人风景。行走在美丽乡村里，也走在它的历史纵深中，昔日的洼涝地变身“幸福高地”，依靠的是人们创造美好生活的愿望和改天换地的壮志。

在牛角淹村开满油菜花的田野上，矗立着一尊雕塑，一个小战士高高举起手中的军号，正向着天空吹响。这名小号兵叫王广平，正是在这片土地出生长大的孩子，曾任淮北军分区第4团第3营第6连司号员。1946年，国民党军队进攻亳州。战友先后牺牲，19岁的小号兵一个人坚守阵地五天五夜，炸死敌军数百人。最后，所有的手榴弹都投光了。当他听到增援部队赶到的呼喊声，使尽全身的力气站起来，想再次吹响冲锋号，不料却被一发炮弹崩起的石块击中，壮烈牺牲。

悠长的汽笛声远远传来，一艘艘千吨级货船缓缓通过船闸，将满载的货物运向远方。千里通波，百舸争渡，是运河作为经济动脉的价值所在、活力所在。而作为民族精神的血脉，泱泱运河历惊涛，经险滩，激流勇进，百折不回，正在更广阔的中华大地上奏响磅礴的奔腾之歌。

逝者如斯，涛声依旧。泛舟河上，两岸灯火万家。轻风拂来，听取一片悦耳水声。

（原载《解放军报》2023年7月7日）

# 运河流经地，即是诗意江南

赵宗彪

## 一

大运河，是人工之河。按《辞海》的说法，即京杭运河，简称运河。它的南终点是杭州。事实上，到了杭州之后，运河向东一横，又悄悄地延伸了水道的触须，形成了浙东运河。浙东运河的尽头，就是被诗仙李白称之为“龙楼凤阙不肯住，飞腾直欲天台去”的天台山。那是我的家乡。

山与水的交融，当然产生艺术。运河之水，将唐代的诗人们引向了山水神秀的天台山，最后走出了一条“浙东唐诗之路”：录入《全唐诗》的两千多位诗人，其中五百八十多人曾到过或吟咏过天台山，他们是李白，是杜甫，是孟浩然，是贾岛，是一批批求仙访道、寄情山水的诗人，以致后来有了“一座天台山，半部全唐诗”之说。诗人们从长安出发，从运河南下，从钱塘东行，跋山涉水，向着天台山寻求自己的梦想。其中一位，索性就住进了天台山，一住七十年，活到一百多岁，留下了三百多首白话诗。人们不知道诗人的姓名，因为他住的这座山终年积雪，叫寒山，于是就以此山命名了诗人。

千年过去，到了上世纪60年代，美国“垮掉的一代”的嬉皮士们，在遥远的东方寒山的诗中找到了知音，就将寒山作为自己的偶像。

## 二

运河的灵魂是水。

水，是生命之源。水，是文明赖以存在的血脉。世界上所有的古代文明，都诞生于江河之滨。地球上百分之七十以上的人口，也居住在江河湖海之畔。

水从天而降，代表着神圣、洁净与希望。古代重大的祭祀活动，都有以水沐浴的传统。我们现在向外太空探寻文明，一定程度上也是在寻找水源：有水的星球，才有生命存在的可能。

江南雨水丰沛。

汉乐府中的《江南》，开满了田田的莲花。江南，是地理名词，更多的是文学的意象。唐诗宋词里，在白居易、苏东坡的笔下，江南已然是人间天堂。

江南，是历代文人用诗词和文章铸造的人间桃花源，代表着富饶、文明、高雅、温婉、精致，是美好生活，是神话中的栖居地。在中国，无论雪山高原、戈壁沙漠还是东北平原，凡是生活美好的地方，人们都称之“江南”。

通往“江南”最便捷的路，就是大运河。

运河所经之处，更是“江南”中的“江南”。

## 三

为了参加中国报纸副刊研究会今年4月“行走大江大河　书写水韵书香”的采访活动，我从浙东运河的末端天台山出发，北上探访大运河的江苏段，分外亲切。因为我的祖先，在12世纪初，为了躲避北方的战乱，也曾沿着这条运河，从北方南下，寻找适合生存的土地，最后定居天台山。无论是当年，还是现在，运河水流经之地，都是繁华之处。

苏东坡说“大江东去”，既是他的豪情，也是对中国江河流向的总体概括。南北流向，并且沟通海河、黄河、淮河、长江、钱塘江五大水系的，只有大运河。

离开故土，即是游子。作为江苏的游客，我第一个想到的古人，是江阴的徐霞客，这位明代的游圣，他的知音却是台州人、名臣陈函辉。相同的性格，共同的志趣，使两人成为挚友。徐霞客比陈函辉大三岁。他给陈函辉写信，询问何处奇景可游，陈函辉向他推荐了山水神秀的天台山。于是，二十六岁的徐霞客立即从老家江阴起身，于1613年5月19日来到台州，开始了一生的漫长旅行，《游天台山日记》即是《徐霞客游记》的开篇之作。5月19日这一天，因此被确定为中国旅游日。

徐霞客三游天台山，曾经下榻陈函辉在台州府城的“小寒山”楼，两人“烧灯夜话”。徐陈之间，写了交谊诗四十余首。徐霞客病危时，特请陈函辉为其作了4500字的墓志铭。陈函辉称徐为“石友”，即金石之交的铁哥们。该《墓志铭》后收入《徐霞客游记》中，是研究徐霞客生平的重要资料。现在天台山的游客中心广场，矗立着八米高的徐霞客石像，就是为了纪念这位游圣。

陈函辉曾为江苏靖江县令六年，后任南明鲁王的兵、礼两部尚书，都因耿介直言而辞官。他赋诗“生为大明之臣，死为大明之鬼”，抗清失败后，在云峰寺自杀殉明。

## 四

这次江苏运河的采访之旅，从南京开始，一路向北，经镇江、扬州、淮安而止于宿迁。一周的行程，如行走于历史的时空隧道之中，精彩纷呈。

镇江的土地，在唐代即与台州有关。台州有据可查的第一个进士项斯，就曾在镇江任职。会昌三年（843年），台州诗人项斯听说国子祭酒杨敬之"性爱士类"，便带着自己的诗作进谒。杨敬之阅后，大加赞赏，赠诗云："几度见诗诗总好，及观标格过于诗。平生不解藏人善，到处逢人说项斯。"项斯"由是显名"，"诗达长安"，并于第二年登进士第，被任命为润州丹徒（今镇江）尉。"逢人说项"成为文坛千古流传的一段佳话。项斯后来死于丹徒任上。

在镇江，我去探望了一个外国人的故居，参天古木之下，一座三层的小洋楼。故居的主人叫赛珍珠，一辈子热爱中国的美国作家，她一直称镇江是她的"中国故乡"。1938年，她因为一部反映中国农民的长篇小说《大地》而荣获诺贝尔文学奖，她是美国文学史上第三个诺奖获得者。在她的故居前，我流连了半个小时，画了五六张速写。

在扬州，我早上6点即去叩响朱自清故居的大门。这位1948年去世的大作家肯定不会想到，全国性的"朱自清文学奖"，不是在他的故乡扬州，而是落地在仅仅客居不到一年的台州临海市，可见台州人对他的喜爱。

在淮阴，我们夜访了汉赋大家枚乘的故里。成语"一发千钧"，即出自枚乘笔下。

也是在淮阴，我们拜谒了《西游记》作者吴承恩的故居。这位文豪有没有到过台州不知道，但他却将一个台州人写进了《西游记》第七十一回：行者假名降怪犼，观音现像伏妖王。其中的关键人物紫阳真人，为了保护西牛贺洲朱紫国皇后的清白，将旧蓑衣变作新霞裳给她穿上，即身生毒刺，让下凡为恶的黄毛怪（也就是观音的坐骑）三年无法近身。这个法力无边、道心慈悲的紫阳真人，就是宋代的台州人，道教南宗的创始人张伯端。

宿迁是采访的最后一站，我们访问了项羽故里。这位叱咤风云的英雄，我更愿意将他看作一个诗人。他的《垓下歌》仅四句："力拔山兮气盖世，时不利兮骓不逝。骓不逝兮可奈何！虞兮虞兮奈若何！”一唱三叹，悲愤难抑。放在中国的诗歌史里，毫不逊色于专业的诗人们。这位自刎于乌江的三十一岁贵族，在宋代遇到了知音李清照，才冠千年的女诗人专门为项羽写了绝句：“生当作人杰，死亦为鬼雄。至今思项羽，不肯过江东。”李氏作品，此诗最契我心。

项羽有一谋士叫范增，称亚父，是项羽的智囊。他因背生毒疽而死。台州则传说，当年的范增，并未死去，而是南下隐居于天台的九遮山，死后被当地百姓奉为神灵，建庙祭祀，永享香火。在每年农历的二月十四，传说中的范增生日，当地还会举行盛大的庙会，周边数县的香客万余人都会赶来祭拜观礼。亚父庙始建于后周显德四年（957年），至今已有一千多年。

人们景仰亚父，事实上是为项羽抱不平，为这位失败的英雄惋惜。

## 五

旅行就是不断与山河对视，与古人对话。旅行是目光向外探寻，心灵向内追问。每一次的旅行都是阅读和反思。此次的采访旅行，是江苏段的运河。运河串起了历史与文学。文学有时是实录，有时候则是想象。想象，有时候比真实更真实，更符合人心。就像运河，一直在创造着现实中的江南，也抒写着人们心中无比美好的江南。

事实上，如果继续北上，在运河的两岸，肯定会遇到与江苏相似的故人、古迹，找到更长的历史投影。

大运河，不断给人呈现更加精彩的世界。

（原载《台州日报》2023年5月30日）

# “运”“河”共生，千年韶华里的“曲水流觞”

陈炜芬

一条大运河，半部华夏史。

淌过2500余年的漫长时光，京杭大运河一路向前，在烟波浩渺的1797公里水路中，串联起钱塘江、长江、淮河、黄河、海河五大水系，与气势磅礴的长城一道，在广袤的中国地理版图上，书写出一个大大的“人”字。

水流汤汤，通南北，连古今，向未来，奔涌不息。

“运”“河”共生，一眼千年，它是唐诗宋词的黄金水道，也是文人墨客的曲水流觞。从唐诗、宋词，到元曲、明清小说，从李白、苏轼，到马致远、曹雪芹，可谓是“水流之处，文道兴起”。

如果说长城是中华民族的脊梁，那大运河就是脊梁下流动的文脉。

今年4月，我们参加了“行走大江大河　抒写水韵书香”采访活动，从南京出发，沿着古运河一路向北，看运河串起的天下粮仓，游运河孕育的锦绣河山，“且听且吟且凝望”。

## 西津渡，“流动的遗产”唤醒沉睡文化

怎样的夜可称为良宵？

我在唐代张祜的七言绝句《题金陵渡》中找到了答案：

金陵津渡小山楼，
一宿行人自可愁。
潮落夜江斜月里，
两三星火是瓜洲。

一千多年前，张祜漫游江南，在金陵渡口的小山楼上临江远眺，以诗描绘出一幅斜月高天、星火闪烁的夜景图。

诗中的“金陵渡”，便是镇江的西津渡。

西津渡古街，始建于六朝时期。三国时，西津渡叫“蒜山渡”，是兵家必争之地。唐代曾名“金陵渡”，宋代以后才称为“西津渡”。在古代，这里是连接南北陆路交通的重要渡口，与扬州的瓜洲隔江相对，是北方人南下渡江第一站，也是张祜踏上润州（今镇江）的第一处所，还是马可·波罗从扬州到镇江的登岸地。

而我与西津渡的相遇，也是在如诗中所描绘的这样一个夜。

夜访西津渡，以长约千米的古街为轴线，纵穿东西，蜿蜒横亘，串联起六朝至清代的历史遗迹。

漫步在古街深巷，宛若步入一幅古朴素雅的水墨画。脚下铺设着绵延千年的青石板路，其上嵌着模糊不清的独轮车辙印，诉说着前朝旅人的忙碌，昔日交易的繁华。此时，一番景象在脑海中浮现而出：在陆路交通不发达的古代，西津渡，这个商旅云集的渡口，有夕阳下袅袅升起的炊烟，有熟识与陌生的火热谈笑，有他乡与故乡交织的悠悠乡韵……“粮艘次第出西津，一片旗帆照水滨。稳渡中流入瓜口，飞章驰驿奏枫宸。”清代诗人于树滋所写的诗，道出了此地人来舟往的盛景。

南来北往，东西荟萃，日夜奔流不息的大运河，将四方乡音、万家乡愁集结在渡口，沉淀在静静发酵的光阴里。

古街两旁，青砖黛瓦、翘角飞檐，每一处，都是镇江历史的“文脉”所在。

津渡文化、租界文化……当不同类型的历史文化扑面而来，历史的厚重便被一次次掀开：“英国领事馆”是全国保存最完整的租界西洋建筑群之一，“昭关石塔”是全国唯一保存完好的元代过街石塔，“救生会”是世界第一个水上救生组织展馆，“小码头街历史风貌建筑组群”是全国文保单位……“处处是文化，满眼皆历史”，许多古建筑样本在江苏乃至在全国都堪称“孤本”。

我国著名古建筑专家罗哲文曾这样评价西津渡：“是绝无仅有的古渡遗存”，“它留下的历史信息和文化内涵，是不可代替的”。

沿着古街一路往西，一座建于清朝的待渡亭便出现在眼前。

待渡亭，顾名思义就是古人迎来送往或者小憩避雨时等待摆渡的场所。传说，当年乾隆皇帝也曾经在此停留并垂钓。在待渡亭对面，屹立着唐代诗人张祜的雕像：清癯瘦削、右臂微抬、满目迷蒙，“似与渡口对望”。

在东侧券门“飞阁流丹”，至西侧券门“同登觉路”之间的这段路，聚集了唐宋元明清的建筑，当地人称这段路为“时光隧道”，也就是景点“一眼看千年”。它展现着千年来各个重要朝代的路基断面，而历史的堆积层，已被玻璃罩精心保护起来。站在此处，我们欣赏“千年古渡，千年老街”的古老遗迹，领略穿越千年、如活化石般的文脉传承风貌。

如今的西津渡，不再有渡。

白天看一眼千年的历史街景，夜晚游览人来人往的西津大市——这正是古街古渡里，朴实的“人间烟火”。

此时，屋檐上挂着的灯笼，闪烁点点红光，古街变得朦胧而神秘。而我，仿佛回到了舟楫交织、人声鼎沸的古代。

## 扬州三湾，以有形的物质空间承载运河文化 IP

漫步扬州三湾，微风徐来，水波不兴，一部煌煌运河史由此开篇。

公元前486年，吴王夫差为北上争霸，以水路沟通江淮，在此挖下修凿邗沟的第一锹土，大运河便有了起始河段。扬州，也因此成为中国大运河的“生长原点”。

环顾四周，开阔的河面，蜿蜒的河道，丰富了我对运河的想象。

运河三湾，亦是如此。

在中国古文里，“三”通常不是确指三个，而是一个虚数，泛指数量多。作为水工文化的历史遗存，运河三湾之“三”，则是个确数，是真正的三道湾，即宝塔湾、新河湾、三湾子。

三湾的产生，离不开明代扬州知府郭光复。

扬州城自古北高南低，上游的淮河水，泱泱而来。途经扬州城南二里河一带时，迅疾而汹涌，来往船只被冲撞得晕头转向，不是阻滞就是搁浅。大禹治水之后，降低流速的理性做法通常是疏导，裁弯取直便是惯常手法，只不过，智慧的扬州人反其道而行之。

明万历二十五年（1597年），知府郭光复舍直改弯，增加河道长度和曲折度，以抬高水位，减缓水流速度，从200米直道变成1800米的河湾。从此，这里静水流深，通航顺畅，留下了“三湾抵一坝”的佳话。

都说运河“急湍甚箭，猛浪若奔”，唯独在扬州，曲折迂回，盘桓逗留。

三湾水流舒缓了，文人墨客、富商高僧便乐在此处舍舟登岸。于是，扬州开始频繁占据诗词中诸如“烟花三月”“春风十里”“二分明月”等美好字眼。

有水便有桥，三湾的桥颇有特色。

临水栈桥曲折绵延，华灯初上时，意境悠长。立在天然湿地风光之中的琴瑟桥和几乎与运河同龄的锦瑟桥遥相呼应。小河道里，一南一北的两座标志性桥梁就更值得玩味了：

北端的剪影桥，远看就像一幅剪纸，以现代工艺展现了扬州非遗剪纸中拉花以透空的艺术，红艳而柔和，真切而形象。

南部的凌波桥，设计灵感来自扬州的水。桥体雪白，弧线优美，犹如长虹卧波。极喜欢凌波这两个字，行云流水间有各种各样的联想，契合扬州“水域共生”的深厚文化底蕴。

“北有瘦西湖，南有古三湾”，“运河长子”扬州，因水而兴、缘水而行。

如今的运河三湾风景区，保存着7只铁镬，形状似大铁锅。1400多年前，当地使用每只重达数千斤的铁镬倒扣堤岸镇水。整个扬州现存9只，其中7只存放在这里。7只古老沧桑的铁镬，3艘意气风发的帆船，重现了铁镬镇水和运河帆影的动人景观。

几百年来，三湾的变化就如同它的形态一样，迂回曲折、峰回路转。

2014年之前，三湾一带杂草丛生、厂房林立、环境杂乱，生态环境遭到严重破坏；2014年，扬州市启动三湾地区综合整治工程。

眼下的三湾，是鸟语花香、绿树成荫的湿地王国，是水清岸绿、鱼翔浅底的生态公园，更是文化传承的集中展现。

不远处，大运河博物馆“语笑嫣然”，如同一艘巨轮，“驻扎”在三湾古运河畔。

2021年6月16日，扬州中国大运河博物馆建成开放。这是国内首个全流域、全时段、全方位展现中国大运河历史、文化、生态以及科技面貌的“百科全书”式建筑。

颇为巧合的是，从博物馆打地桩的第一天，到开馆的6月16日，刚好

616天。

古运河三湾上游1.2公里处，是文峰寺庙的文峰塔，下游4公里处，是高旻寺的天中塔，加上博物馆的大运塔，便是“三塔鼎立”。从高空俯瞰三湾，“三塔映三湾”的文化景观，也深深打动了当初为中国大运河博物馆选址的每个人。

运河千年，船正帆张。

往后，三湾已无须遥想，脚一抬，便可抵达。

## 洪泽湖大堤，穿过浩渺烟波回首历史的“铁证如山”

当夕阳西下时，我和洪泽湖大堤，“边走边聊”。

余霞照射在波光粼粼的湖面上，洒下万点碎金。此刻，水天相接，分不清哪是天，哪是水。

初到洪泽湖，站在堤坝上的我有些恍惚，误以为历经千年的洪泽湖始终如一。其实并非如此。

在隋朝时，洪泽湖叫破釜涧。隋大业十二年（616年），隋炀帝杨广从洛阳乘龙舟游幸江都，一路干旱，经过破釜涧时，喜逢大雨，他一时兴起，将破釜涧改为洪泽浦。到了唐朝，才改称洪泽湖。

作为一座不折不扣的“地上悬湖”，洪泽湖的存在，完全依赖于湖东侧的洪泽湖大堤。

据史料记载，洪泽湖大堤最早修筑于1800年前的东汉时期，为广陵太守陈登所建，长约30里，当时名叫“捍淮堰”。明朝永乐十三年（1415年），陈瑄“增之以固淮”，此后，有人称它为“高家长堤”。明朝隆庆六年（1572年），官员陈文烛、王宗沐不忍百姓水灾之苦，克服重重困难，召集民众，将已坍塌的古堰增高、加厚、加长。“堤面广五丈，底广三丈，高丈许”“北自武家墩起，南至石家庄止，计三十里而遥，为丈五千四百”……这些记载说明，修筑这条长堤的最初目的是阻拦淮河水，使它不能四处泛滥。

在大堤修筑的同时，洪泽湖水位不断上涨，湖床高于两岸平地，已成“悬湖”。只有不断筑高大堤，才能防止东岸一泻千里。如此反复，最终形成现在的洪泽湖。也就是说，洪泽湖本质上是人工与自然互动的结果。

由此可见，洪泽湖，其实是一部流淌的水利史。

洪泽湖大堤，全长70.4公里，用石料人工砌成，是中国古代重大的水利工程之一，与四川都江堰并称“堰中双雄”。

洪泽湖大堤的修建及维护，在中国历朝历代都备受重视，在乾隆时期尤甚。乾隆六下江南，有三次就在此处的石碑题字，第一次是乾隆十六年（1751年），乾隆第一次南巡，41岁；第二次是乾隆第四次南巡；第三次是乾隆第六次南巡。在第六次南巡时，洪泽湖石工堤建成。在《南巡盛典》中可清楚看到，一代帝王六次南巡，六次抵达洪泽湖，且时隔33年在同一块碑上分三次题字，可见洪泽湖大堤的重要性，是不言而喻的。

要说意外收获，便是在美不胜收的洪泽湖边，带回了一个“铁证如山”的历史故事。

在虎门销烟之前，林则徐曾经任江苏布政使，上任第二年母亲病逝，他回家守孝。就在这一年，洪泽湖发大水，高家堰周桥决堤，道光皇帝命他戴孝赶赴现场，督修堤工。为保证工程质量，林则徐在使用的每一块条石上凿出一个齿槽，用生铁铸成两头大、中间小的铁锔。铁锔与齿槽一般大小，把铁锔放在齿槽之间，再浇上由糯米汁与石灰搅拌而成的砂浆，使得条石之间牢牢黏合，做到“水泼不进、针插不进”。同时，他在每一块铁锔上刻上自己的名字“林工”——若发生质量问题，便可作为证据，承担责任，故谓“铁证如山”。

如今，这段尚存的730米长的石工墙依然巍然矗立，石工墙内还有

“林工”铭文的铁锔。

2009年，《人民日报海外版》曾引用著名水利史专家张卫东的话，称赞洪泽湖大堤是“400年前的三峡工程”。

“一条河活起来，一段历史就有了逆流而上的可能，穿梭在水上的那些我们的先祖，面目也便有了愈加清晰的希望。”

这是作家徐则臣在文学作品《北上》中的一段话，也是我在此时此刻的心声与掌声。

（原载《丽水日报》2023年6月9日）

# 大运河：烟花三月（组诗）

阎　晋

## 镇江：西津渡夜记

“春风又绿江南岸，明月何时照我还。”

——王安石

晚风和渔火，这不离不弃的人间隐喻
是长江的左桨和右桨
江声陈旧。收拣前世的雨
宛如京口和瓜洲
隔岸接唱着欸乃的行旅诗

烟花瘦，白头暮。忽忆少年游
隐身在夜色里登高
金山、焦山、北固山
李白、苏轼、辛弃疾
这些兄弟一样的山

山一样的兄弟
安坐在待渡亭里
不为谁歌唱，也不为谁哭泣

沉默有巨大的力量
时间只有用青石街上的车痕
反复证明江河的走向
月亮圆满，无声地
照着祖国的心跳
石做的城池，早已破败不堪
而春天，又一次不可阻挡

西津渡四望，熙攘而苍茫
一街的楼台亭阁，成为微缩的家园
侧身在水泥钢筋的起伏里，或许
成为风景

这些被江水滋养的古乔木啊
在夜色的掌心，又绽出
花朵的明亮

## 宿迁：运河拐弯

“玉玺不缘归日角，锦帆应是到天涯。”

——李商隐

江、河、湖、海、汉、港、湾
这些造型一致，流淌着
共同精脉的汉字兄弟
济济一堂
活在苦难辉煌的黄淮大地

她们有时是水，有时是泪
有时是火，有时……
是血

与山岳的“挺拔明白”相对
她们，往往是俯下身来
袒胸露乳，身披烟火的
柔质的母亲

我的怀里抱满溪流、清亮和混沌
抱满粮食、钢铁和白银般的号子
也抱满杀伐、烈酒和古铜色的月亮

一生的命运
被整理、被挖掘、被淘洗、被束缚
我就是我，我就是大运河

运啊，就是命运的运，国运的运

是，行走在大地上的云

向海而生
远方不远，三千里波澜
我，向北向南

## 周桥大塘：兼怀林公

“苟利国家生死以，岂因祸福避趋之。”
——林则徐

一条河的命运，被反复修改
此刻正浓缩为洪泽大淖
春日的草木再次苏醒，显然
比曲折的108个拐弯
看起来还要灵动许多
江河安澜，本就是
幸福的颜色

民与水的恩怨、铁与石的纠缠
以及，那个打起铁来锵锵有声的人
这是我行走中经常遇见的一个汉子
——虎门销烟，伊犁戍边
就是在我的家乡，他也曾田畴蹒跚
恕我寡闻，一直忽略了他

失母后洪泽凿石的六年

束水攻沙，立石为闸
这个素衣白衫的人
用自己最硬的骨头
将石与石以铁锔连
有人把名字刻上纪念碑想不朽
他把名字铸在铁里要担当
——“林工”！
至今，深埋在大堤暗处的这两个字
仍燃烧着铁红色的火焰

每一滴水都仿佛史上来信
尘封的涛声，迈不过金山寺的门槛
江河澎湃，铁证如山

## 扬州：明月湖晨跑

“天下三分明月夜，二分无赖是扬州。”

——徐凝

一个异乡人的奔跑
无论如何，都是突兀的

琼花正好，湖水微蓝

半醉的扬州
刚把调色板打翻
行走半生的人啊
为月色扶住了杯盏

哪怕只是一阵微风吹来
明月湖也会战栗
正如花朵的柔弱，此刻
已席卷江南

多少沉重，已经放下
疼痛的肌酸，是生命里的盐
不知名的水鸟，在船头抚慰脚尖

只有明月成湖
才盛得下想象的盈亏和曲线
二分无赖，早把栏杆拍遍

早起的人
身轻如燕，侧身掠过了整个春天

## 淮安：水上立交

“淮水东南第一州，山围雉堞月当楼。”

——白居易

诸水聚散
被水洗过的水
在黄昏的视角里
托起负重的船

不舍昼夜的浪涛
反复敲出岁月的鼓点
也像，那些潜行的鱼群
拖着生活的尘烟
一再，致敬人间

这是东方，最繁忙的时间
淮水向东赴海，运河南北横贯
当一条水与另一条水十字相撞
天象、星斗、潮汐，大地、子民、堤岸
会掀起怎样的山川巨澜？

千百年来
黄、淮、运相爱相杀，死结纠缠
风里渗出了血，汗里吐出了盐

行走在水上的民族
在共和国的春天
又一次与自然和解

与技术为伍，与机械为伴
工业的设计，直抵人心
重新定义了远航的风帆

雄淮行地，大运经天
万物温暖，伏水安澜

这里，是中国
这里，是淮安

（原载《陕西日报》2023年4月20日）

# 寻梦大运河

胡俊杰

如果说长城是凝固的历史，那么大运河便是流动的文化。大运河留给我们的，是巨型文化遗产。

4月初，中国报纸副刊研究会组织了“行走大江大河　抒写水韵书香”百名文化记者江苏行采访活动，我有幸作为采风团成员全程参与。回京之后，脑海中时常闪现种种片段——河道上通过的千吨货船，“汪汪队长”趴在船头平静地对视游人好奇的目光；路边怒放的石楠花竭力散发某种奇特的气味；河下古镇的中年夫妻守在家门口，丈夫摆着摊，妻子不紧不慢地炸着馓子……这些细节将慢慢沉淀、消融于记忆，而随之凸显的，是大运河沿岸几座城市的魅力身影。犹如时间向着傍晚游走，夜深入梦，几颗明珠焕发璀璨夺目的光芒。

## 镇江：从“金山夜戏”开篇

明崇祯二年（1629年）中秋后一日，著名作家张岱从老家浙江山阴（今绍兴）出发，假道镇江前往山东兖州为其父祝寿。二更时分，到了金山寺，四野阒然。张岱是性情中人，突然来了兴致，挥手将随同的仆人召集到寺院大殿中，张灯结彩唱起了大戏，戏的内容，是“韩蕲王金山及长江大战诸剧”。半夜突然闹出这么大动静，全寺的人都跑来围观，一面打着哈欠，一面揉着眼睛。这个从天而降的戏班子究竟是何来路，没一个人敢问。唱罢，天蒙蒙亮。一行人乘船离去。“山僧至山脚，目送久之，不知是人、是怪、是鬼。”

张岱文笔好，讲故事极生动。原文中“月光倒囊入水，江涛吞吐，露气吸之，噀天为白”的描写，将“漂浮”在长江上的金山寺描绘得美轮美奂。文中“韩蕲王”即南宋抗金名将韩世忠，古戏曲中，有韩世忠夜访镇江金山龙游寺、借机侦访敌情的片段。张岱夜访金山寺，即兴上演了这么一出应景的戏。看戏的人，不得不怀疑自己是在做梦。

第一次读《陶庵梦忆》，我就记住了这篇《金山夜戏》，被张岱的闹剧逗乐了，长久回味着“曲终人不见，江上数峰青”的意境。这一次，到了现场才知道，金山寺早就不在水上了。

金山寺位于镇江。长江与运河在这里交汇。镇江多山，但以“京口三山”——北固山、金山和焦山最为有名。金山原是长江中的一座岛屿，被誉为“江心一朵美芙蓉”，后来由于长江主泓北移，金山逐渐与南岸相连，最后全部上岸。

金山很美。金山寺依山就势，大门西开，正对江流，各色建筑散布其上。这里的每一座古迹、每一泓清泉、每一方碑碣，都有一个神话传说、一段历史掌故。岳飞金山访道月、梁红玉亲擂战鼓破金兵、白娘子水漫金山寺……乾隆皇帝六次下江南都曾造访金山。

在镇江，虽然没能像张岱那样夜访金山寺，却感受了夜游西津渡的乐趣。从三国时期开始，西津渡就是著名的长江渡口。西津渡古街兴建于六朝时期，全长约1000米，整条街随处可见六朝至清代的历史踪迹。傍晚，青石板路上深深的车辙依稀可见，诉说这千年古渡往昔的繁华。待华灯初上，各色现代商铺灯火斑斓，青砖、灯笼、传统手工制品，自由穿插的古典元素，令人穿越于唐宋元明清，恍惚间不辨今夕何夕。

## 扬州：梦境重叠于平山堂

“故人西辞黄鹤楼，烟花三月下扬州。孤帆远影碧空尽，唯见长江天际流。”1200多年前的农历三月，李白与好友孟浩然在黄鹤楼依依惜别。春光明媚，春风缱绻，望着孟浩然乘坐的船帆渐渐消失在长江中，李白无尽怅惘，思绪也追随他到了琼花盛开的扬州。

宋仁宗庆历八年（1048年）的盛夏，时任扬州知府的北宋文坛领袖欧阳修，经常在平山堂宴饮宾客。位于扬州蜀冈大明寺内的平山堂，清幽古朴。凭栏远眺，长江对岸风光依稀可见，江南诸山含青吐翠，似乎向着堂前拱手作揖。欧阳修实在太喜欢这个地方了，常常在这里搞文化沙龙，高朋满座，诗酒唱和。

欧阳修发明了一种有趣而文雅的游戏。清晨，他派人到邵伯湖采来荷花千余朵，放置水盆中。行酒的时候，令侍女取来一朵荷花传给宾客，每传一人，便摘掉一片花瓣，摘掉最后一片花瓣的宾客，则被罚酒。众人玩得兴致勃勃，每每夜深，才意犹未尽地离去。如此，“坐花载月”的风流传为美谈。

宋元丰二年（1079年），苏轼由徐州知湖州，经过扬州时，太守鲜于侁在平山堂设宴招待。苏轼曾在欧阳修门下受教16年，彼时，恩师已故去7年。酒酣之际，苏轼无尽感怀，写下《西江月·平山堂》：“三过平山堂下，半生弹指声中。十年不见老仙翁。壁上龙蛇飞动。欲吊文章太守，仍歌杨柳春风。休言万事转头空。未转头时皆梦。”

风流宛在，是欧阳修的梦；深刻透彻，是苏轼的梦。两种梦境重叠在平山堂。

“腰缠十万贯，骑鹤上扬州”“天下三分明月夜，二分无赖是扬州”……无数美好的诗词、典故，诞生于扬州。沿着扬州文化的繁盛向前追溯，源头，是运河。

扬州是与运河同龄的城市。1800公里长的京杭大运河第一锹，是在扬州开挖的。随着京杭大运河全线贯通与旧河道的疏浚，处在南北运河与长江交汇处的扬州成为交通枢纽。漕运的发展、盐业的兴盛全面带动扬州的商业、手工业发展。

扬州没有忘记大运河的“恩典”。如今，在扬州运河三湾风景区，中国大运河博物馆造型惊艳，馆藏丰富，以高科技体验的方式，讲述运河传奇，续写着运河辉煌。

## 淮安：追溯汉大赋的源头

沿着时光轴回到汉代，淮阴的辞赋家枚乘是个很会讲故事的人。他以极美的文采，讲述了楚太子有病，而主人公“吴客”前去探望的故事。经吴客观察，太子的病，病因在于贪欲过度、享乐无时，不是一般的用药和针灸可以治愈的，只能“以要言妙道说而去也”。于是吴客当场发挥，以美妙的言辞，描述了音乐、饮食、乘车、游宴、田猎、观涛等事的乐趣，一步步诱导太子改变生活方式，最后规劝太子要学习探讨“要言妙道”，即用道德调理自身。只见太子先是“阳气见于眉宇之间”，眼神中慢慢有了神采，最后“霍然病已”，竟然痊愈了。

治病不用一汤一药，全靠着“吴客”的口才，堪称神奇。诚然，吴客的口才，即是作者枚乘的文才。

在这篇标志着汉大赋体制正式形成的《七发》中，枚乘以主客问答的形式，连写七件事，形成赋中的“七体”。比如在“观涛”一节中，他描述曲江潮的气势“鸟不及飞，鱼不及回，兽不及走。纷纷翼翼，波涌云乱，荡取南山，背击北岸。覆亏丘陵，平夷西畔……”层层递进，仿佛将人带到澎湃的潮水前。那气壮山河的威力和现场感，就连见过世面的楚太子都为之惊叹不已。病魔听了，闻风丧胆。最后一句，是我的想象。

再将时间切回2023年4月10日。我们到达位于淮安市马头镇枚乘书院的时间，已是晚上7点多。这里远离闹市区。借着点点路灯，我们一行人等走进这个幽静的院落。书苑分上下两个院落，高低错落，虽然规模并不宏大，却是典型的园林式建筑风格，古朴典雅。院落中的古银杏，已是820岁高龄。我抬头仰望它的时候，也顺便仰望到了深邃的星空。一棵古树，一片夜空，将我的思绪引向浩渺的宇宙。时空啊，真是个神秘的东西，我们离枚乘生活的时代，已经过去了2000多年，而此刻，我们这群来自天南海北“握笔杆子的人”，却以这样的方式与他相识了。

这一番感慨与深思，是“夜游”的馈赠。这里太静了。也仿佛只有在宁静的夜晚，我们才会将思想从那些纷杂的、吸引人眼球的事物中收回，去凝视自己的内心。联想到王子猷雪夜访戴、苏轼承天寺夜游遇张怀民，觉得这夜游枚乘书苑的经历，如梦似幻，定将被我永久珍藏于心底某个柔软的角落。

用餐之后，已接近晚上10点，我们继续按行程乘船夜游淮安。彼时，散步游玩的人群已经散去，里运河、清江浦归于宁静。两岸灯火璀璨，坐在船上，像是穿行于画廊中。美丽温婉的女导游将淮安的运河故事娓娓道来，我们一面迷醉于眼前的夜景，一面在脑海中展开“南船北马会淮安、满市霓虹夜未阑”的历史画卷，此情此景，恍兮惚兮，如水月镜花……

（原载《人民铁道》2023年5月4日）

# 品读大运河之“运”

廖慧娟

随着大运河的波流，由镇江、扬州、淮安、宿迁，一路北上……大运河三千里，江苏段犹如最美丽的诗篇，其自然风光之美、水利运用之巧、生态呵护之细、人文积淀之厚，令人惊叹。

江南4月草长莺飞的季节，应中国报纸副刊研究会之邀，以运河之名，我们与来自全国的百名文化记者相约江苏，参加“行走大江大河　书写水韵书香”的采风活动。随着对这条河了解的加深，其历史与现代、变迁与发展也发人深思、予人启迪。

## 因运而生

江河湖海，大多为造化之大手笔。大运河的诞生却与人密切相关。它是世界上开凿最早、规模最大、长度最长的人工河流。人工创造的奇迹，自然更与人有千丝万缕的关系。

大运河的“运”首先是运载之运，其最早的起源可追溯至公元前486年，为运兵运粮北上伐齐，吴王夫差开凿了邗沟。邗沟是运河的最早形态，此后古运河、隋唐大运河、京杭大运河，无论如何变迁，这条大河构建的水上交通、治理体系都令人称奇。

将全国水网作整合，完成纵贯南北的大运河在隋朝。大运河与隋炀帝，民间曾传闻甚广，说这个暴君为了去扬州看最美的琼花，不顾民生艰辛，大费周章地豪征数百万民众兴修大运河，结果加速了隋这个短命王朝的灭亡。但随着运河运输带来的便利，对隋炀帝修运河的评价也悄然发生了变化。唐人皮日休在《汴河怀古》的诗中委婉地写道，“若无水殿龙舟事，共禹论功不较多”，认为隋炀帝此举堪与大禹治水相媲美。

拨开历史的迷津，穿越历史的河流。当我们站在扬州的中国大运河博物馆，聆听大运河的前世今生时，不得不说句公道话，大运河的开通极大便利了调运南方物资供应北方，也有利于加强对南方的管理。撇开隋炀帝的其他功过不谈，其兴修运河之举可谓有利社稷，非关私心。

都说天地之间有杆秤，那秤砣是咱老百姓。也许历经岁月河流的淘洗，这秤砣才更能显示出真实的分量。

## 因运兴衰

一条大河，绵延1700多公里，串连着沿途的江河湖泊，驰骋奔驰了2500个春秋，深刻影响着河两岸城镇、村庄的命运。

大运河之运，关键在于运行。河道畅通，航运通达，人群逐水而居，继而商贾云集，贸易繁荣，城镇兴起……

“烟花三月下扬州”，在唐代诗人的笔下，扬州是花团锦簇的繁华富贵乡。扬州是因河而兴的一个典型城市。从隋唐开始，作为大运河的转运枢纽，扬州经济地位不断提升。到了清朝，由于盐务，扬州的繁荣更达到小顶峰，一些大盐商甚至“富可敌国”。扬州的东关街便是很好的见证，这条商业古街留有诸多历史遗存和人文古迹，至今依然商铺林立、行人如织，当地最具传统色彩的手工艺、特色小吃、老字号都能在这里得以一窥。

漕运繁忙，手工业、商品加工业繁荣的镇江，曾留下“舳舻转粟三千里，灯火临流十万家”的诗句。与运河相伴相生，南船北马汇合之地淮安，则流传着“清淮八十里，临流半酒家”，那些活色生香的河鲜，那些来自南北的稀缺食材，随着运河水悠悠汇聚，成就了淮安舌尖上的美味，也佐证着这座经济重镇曾经的尊贵地位。

大运河浩浩汤汤，承载的不只有国家经济、文化大动脉，它还一路遇着江、遇到河，承载着诸水聚散的复杂水势。一旦河道淤积，洪水如“脱缰天马窜凡尘”，则良田被毁、家园倾覆，河下黎民命如草芥、危若累卵。

因运而衰，说来令人唏嘘。苏北拥有广袤的平原，却在历史上相当长的一段时间，处于贫瘠的状态，其中重要的原因之一便是水灾频仍带来了毁灭性影响。

大运之水令人欢喜令人愁。这也曾是一条令人悲喜交加的河。

## 护运之人

沿着运河走，发现这一路最受欢迎的吉祥语便是安澜，这也是河畔人家千百年来的虔诚祈盼。

由于对洪涝灾害的畏惧，这一带的人们对河神是又畏又敬，动辄杀鸡宰牛祭之，有的地方甚至有过以活人祭河神的血腥传闻。龙王在当地也备受崇拜。在宿迁，便有一座皇家拨款修建的龙王庙，乾隆六下江南，五次驻跸于此。享受皇家的供奉，龙王地位之尊崇可见一斑。

还有一群人，在河畔人家的心里也犹如河神、龙王般地存在，却更可敬可学。他们便是大运河的护运之人——用智慧、心血、担当、毅力守护大河安澜。

这群护运之人中有普通百姓，如白英，一位运河民夫的领班，治水、行船经验丰富。由于治河有功，死后被追封为“永济神”和“大王”。

有水利专家，如潘季驯，他四次担任明朝总理河道之职。历时27载潜心治理河道。他主张黄河、淮河、运河同时治理，提出“束水攻沙”治河策略，通过加高高家堰堤防，形成洪泽湖水库，逼使淮河清水出清口，黄淮合流达到刷深黄河的目的，结束了黄河下游南流摆动漫溢的局面。淮扬运河也得以相对平安，保障了漕运的顺畅。潘季驯的综合治水体系和策略，代表了当时水利规划的最高水平，也一直泽及后代。

护运群体中有个名字似乎出人意料，细想却又在情理之中。那便是咱们的福建老乡林则徐。关于他虎门销烟的事迹家喻户晓，其伊犁戍守的经历，我们多少也有所耳闻。但他与大运河的这段交集，没有亲临洪泽湖大堤周桥大塘，知道的人并不多，也不会受这般震撼。

清道光四年（1824年），洪泽湖大堤因凌汛决堤，洪水在周桥处冲刷出一个深二三十米、方圆达数百平方米的大塘，后人称之为周桥大塘。当时，堤东百姓毫无防备，人畜死伤无数。正在丁忧中的林则徐被夺情起用，赶赴周桥负责决堤的修复工程。身着孝服的林公不顾自身的哀伤与病痛，与河工日夜奋战在大堤上，用半年的时间修复了时人认为绝无可能修复的决堤；并用六年的时间修筑了一条长达七百多米的内堤，将大塘紧紧围住，用条石砌成了坚固的石工墙，以守护河畔人家的平安。

今天，这面直立式的石工墙仍巍然屹立，条石间严丝合缝，针扎不进。当地导游特别讲解了一种刻有“林工”铭文的铁锔。这种铁锔是一种形如蝴蝶结的生铁构件，可以把两块石材紧密地连接起来。而在铁锔上刻上负责人的名字，乃林公创举。据说，铁锔深埋护堤墙内，只有被冲决才会显露出来。谁负责的工程段出问题，根据铁锔上的铭文就可以追责到责任人。林则徐带头把“林工”刻在了铁锔上，正是以身作则，立誓让豆腐渣工程逃无可逃。

有古人把名字刻在石碑上，期盼永垂不朽；他却把担当刻进铁锔里，唯愿护堤安全、护民平安。大运河水汤汤，期盼永垂不朽的，也许已被人民忘却。“苟利国家生死以，岂因祸福避趋之”的英雄却长留在人民心中，一如一枚枚“林工”的铁锔深藏在石工墙中，守护着心中的光明与挚爱。

## 时来运到

“春风又绿江南岸”，这句诗曾引发多少游子的乡思，又给多少羁旅客带去抚慰。

大运河真正走进春风里，是在新中国成立后，随着党和政府不断投入巨资加大对运河的整治力度，以及一项项巧夺天工的治水设施的建设，恣肆飞扬的运河水归了道，像被一双轻盈的手轻揉慢挑巧梳理，大运河奏响了新乐章。

行走在江苏这段大运河水枢纽最密集的地方，这种感受就越发具象。在“江南第一闸”谏壁闸，通过水上智能便捷过闸系统，一艘艘千吨级的货轮首尾相接，惬意游走于长江与运河水道间，驾船的人再不必为水位的落差担惊受怕，也不用为看老天爷的脸色愁肠百结。

在亚洲规模最大、蔚为壮观的淮安“水上立交”，京杭大运河与淮河入海道在此形成了十字交叉的景象——大运河水犹如天上来，在南北向的混凝土渡槽上款款流淌。渡槽下淮河水潺潺，一排排的涵洞，为东流入海的淮河留下通道。这是水与水立体交响，相逢一笑，各行其道，各奔前程……

欢畅运行的河流，带出了一片片宜人的景区：洪泽湖大堤上柳绿花红；三河闸水利风景区诸葛菜花开似海；清江浦桨声灯影、星河灿烂……如果每一条河流都有其运势的话，大运河无疑迎来了运势最旺、天地同合力的最好时光。

细品大运河之运，妙在运用。

2014年中国大运河项目成功入选世界文化遗产名录。如何把祖先遗留下来的这宝贵财富、流动的文化保护好、传承好、利用好，大河沿岸的城市都铆足了劲比拼着。

一个个科技赋能的活态博物馆，让人们沉浸式地感受运河的历史、文化；一条条文化长廊、旅游长廊、生态长廊，兼具高颜值与高品位；一场场夜游和民俗文化活动，让运河更加鲜活灵动、烟火可亲……

一路行走，窃以为若能将吴文化、淮扬文化、楚汉文化、金陵文化、长江文化与大运河文化更巧妙地融合，以文运促水运，让一城有一城的风景，一城有一城的韵味，一城有一城的创意，相信大运河将书写出更美的诗篇。

春风又绿江南岸，祝愿大河安澜、万物生长，河畔人家时来运到，与春长驻。

（原载《厦门日报》2023年6月4日）

# 大河奔流竞千帆

周湛军

千年运河，市镇勃兴。名都巨邑，风淳物阜，商旅辏集，天下通利。

千年运河，文化辉煌。诗人词客，沿流苦吟，赓续传承，华章迭出。

千年运河，因水兴邦。名臣巧匠，天工慧光，清波所致，造福黎庶。

春和景明，杂花生树。古运河上，千帆竞发，在激荡着历史与未来的波涛中，恭候着每一位探寻者。

## 一座古渡慰乡愁

“急鼓西津渡，残云北固楼。商人茅店下，沽酒话扬州。”在宋代诗人蔡槩笔下，西津渡就是商人云集的渡口。

青砖黛瓦，店铺迤逦；飞檐雕花，酒旗风舞。暮色里，西津渡仿佛走进时光隧道。

长江渡口镇江西津渡，大运河漕运节点，作为江南运河“北门”，是名副其实的“江南运河第一渡”。

“舳舻转粟三千里，灯火沿流一万家。”西津渡古街区，大运河繁华见证，是镇江“以水兴市”的代表。

故道石板，车辙深深，冷光悠悠，仿佛隐藏了时光。侧耳细听，辚辚车声、萧萧马鸣，似乎仍在岁月深处回荡。

西晋永嘉南渡，北方流民半数以上从这里登岸，江南人血脉中的集体乡愁，由此根植。

“金陵津渡小山楼，一宿行人自可愁。潮落夜江斜月里，两三星火是瓜洲。”这是唐朝诗人张祜的《题金陵渡》。

西津渡时称金陵渡。诗人张祜夜宿渡口，孤寂落寞，值此长夜，写出传诵千古的羁旅名诗。

古街上，立有张祜雕塑一尊。诗人抒怀挥袖，似乎仍在向行人诉说他的愁思。

“黯然销魂者，唯别而已矣！”自古渡口诗篇多，主要是别离的缘故。去亲为客，舟车劳顿，成年累月，行子断肠。若逢天灾战乱，前程莫测，更是思心徘徊。

千年大运河，人文胜迹繁多，渡口是运河遗存中的点点星光，散发着耀眼光芒。

漫步西津古街，昭关石塔总引得游人驻足仰视。这座过街塔，横卧小街之上，高仅数米，塔身玲珑，却气势巍峨。

石塔建于元代，是国内仅剩的一座过街石塔。塔形优美，若宝瓶，若华盖，皆佛家祥瑞象征。建过街石塔，代表护佑世人。造塔者慈悲，百姓穿行而过，以喻皆受佛法洗礼，得般若智慧。

西津渡紧邻云台山，历来为兵家必争之地，纷争频繁，先后有战百次，人命危浅，在此建塔是祈愿和平。

是机缘，还是巧合？紧挨石塔边，是一幢普通的砖瓦房，声名远播的西津渡救生会就设在此。

佛家有云，救人一命胜造七级浮屠。善良的镇江百姓，在此设立救生会，救命渡人，佳话频传。特别是发起人蒋氏一门七代接力传承，苦心经营救生会，激励着四方义士，前来舍己救人。

西津渡附近，江风白浪，险象环生，事故频发，俗称老虎口。历史上，宋代曾设官方救生机构。

自幼在江边成长，蒋元鼐目睹多少人间惨剧，决定领众创立救生机构。1703年，西津渡救生会成立，成为中国历史上第一个民办救生机构。

救生船船身刷醒目红漆，船头挂金色虎头，船上金锣高悬。一遇险情，金锣鸣警，旗帜飞扬，健儿奋楫，出没波涛，浪头救人，百姓盛赞。

救生会空前义举，不胫而走，极大激发民间慈善力量。乡贤士绅、贩夫走卒，都纷纷解囊相助，救生会力量日益壮大，救人船从最初的3艘，累计增加到35艘之多。

共渡慈航，人间大爱。救生会每一次救人行为，都是对百姓的一次慈善教育，把京口人急公好义的情怀传播到四面八方。

石阶幽幽，古道漫漫。西津渡诗词文化、宗教文化、救生文化，仍在叙说他们的故事。

## 二分明月映文脉

“天下三分明月夜，二分无赖是扬州。”古代文人对扬州总是情有独钟。

摩肩接踵，人流如潮。华灯初上，古运河边上东关街渐渐进入沸点。

东关街，扬州最古老的街市。街长仅千米，却铺陈出千余年的富庶与繁华，而这一切皆缘于古运河。唐时，东关古渡成扬州运河重要码头，东关街区已是扬州最繁华的商业街。

古运河汇融天下，哺育扬州多元文化。东关街每天上演着别样的市井风情，文学、曲艺、绘画、园林，一时冠绝天下。

四美酱园、谢馥春香粉、潘广和五金，观览一家家店招，忽见“冶春”二字，刻在一院落的门楣上，跟着众人移步，来不及细想。

冶春，意为游春。戏剧家孔尚任题“冶春社”，诗人王士祯赋《冶春绝句二十首》。这是扬州文人的“兰亭盛会”，集社瘦西湖虹桥茶肆。

清顺治年间，王士祯在扬州任推官，“昼了公事，夜接词人”，先后组织两次雅集，一时诗风流韵，独步海内。王士祯作为文坛领袖，虹桥修禊，海内唱和。

当然，今天的冶春，作为珍贵的文化遗产，被广泛运用到各种文旅项目上。

“虹桥修禊”绝非官家主办，应是民资襄助，这里扬州盐商是主要出资人。

一说盐业，盐城人心中有苦道不得。作为盐产地，巨额财富都随盐船汇流，成就扬州富甲天下。

明清时期，朝廷一改专制性卖盐，变为专制性收税，由此产生明清两朝最大的商业集团。

因运河而兴，因盐运而盛。一条街，一部盐运史。一粒盐，一碗苦咸汤。

“十里长街市井连，月明桥上看神仙。”元朝始，两淮盐运使司设立，衙门就设于东关街西侧。盐商园林、书院学堂、佛殿道观应运而生，东关街已不仅是一座商贸集市。

舟楫便利，东关街成盐粮转运枢纽，财富中心。一旦朝代更迭，这里又是血雨腥风的战场，一幕幕悲壮的故事，曾在这里不断上演。

“绿杨深巷，人倚朱门。”郑板桥这样描绘扬州。盐商豪宅满城，私盐小户满巷。杨柳婆娑，市井繁华。古运河边，东关街连着若干小巷，勾勒出一幅活色生香的广陵“清明上河图”。

东关街街南书屋，笔者出差时住过，今日再见，倍感亲切，才知是一座盐商园林。盐商马曰琯、马曰璐兄弟“不务正业”，变成诗人、版刻家。兄弟俩常常一掷千金，搜书藏书。街南书屋，横陈图史书千架。

马氏兄弟，痴迷藏书，见人就问书，见友就谈书，一有所得，或借抄或转购，兀兀穷年，不以为疲。更为可贵的是，马氏兄弟购书，不为私藏，束之高阁，而是向社会开放。

为便于会友研学，马氏兄弟筑“小玲珑山馆”。园林胜景中，论经史，考掌故，唱和诗，成就一批文人学士。其中，清文学家厉锷，盐商塾师，贫病交加，与马氏兄弟结识后，得益马氏藏书，撰写《宋诗纪事》百余卷。

马氏兄弟似一股清流，一改盐商穷奢极欲的粗鄙形象，为扬州地方文化作出不朽贡献。

## 三河安澜迎丰年

“风轻水缓两淮熟，云舒地润天下足。”这是高家堰大堤铁牛亭上对联。

“两淮熟，天下足。”民谚告诉我们，两淮的粮食丰收，关系天下安危。而两淮粮食安全，全靠高家堰。

黄河夺淮以后，淮河失去入海尾闾，水系紊乱，淤淀加快，决溢频繁，不断影响运河漕运。

为保漕运，明清两朝奉行“蓄清刷黄”治理策略，洪泽湖大堤不断延长培厚，湖底不断淤高。每至汛期，湖堤常常危如累卵，灾害频发。

高家堰，洪泽湖东大堤，每遇洪水，这里就是“险工危段”。“倒了高家堰，淮扬不见面。”民谚形象地描述高家堰崩堤后，淮安、扬州将是一片泽国，百姓沦为鱼鳖。笔者小时候，长辈这样形象地说：“我们盐城人头上顶着洪泽湖一锅水。”时有倾覆危险。

淮河、大运河、废黄河，三大河在淮安穿境而过。自古以来，三河的安危关系重大，事关两淮兴衰。处于上游的洪泽湖更是命运攸关，一遇水患，若高家堰告急，则上下震恐。

1824年，在江苏布政使任上，林则徐因老母病逝，正在家丁忧。高家堰塌堤，威胁运河漕运，十万火急，朝廷夺情，命林则徐素服修堤。

风劲，雨注；道泞，浪涌。林则徐在泥沼中跋涉，逐段勘察险情，修堤固圩。

为使条石墙体更加坚实牢固，在每层条石的拼接处，镶上铁锔，锔面上铸有铭文“林工”字样，意为该段工程由林则徐督造，终身负责。

铭文镶嵌在墙内，表面看不到，起不到扬名表功之用，类似明城墙建造。如墙体倒塌，追查责任，一目了然。这种做法，充分显示林则徐的担当精神。

“苟利国家生死以，岂因祸福避趋之。”林则徐一生践行诺言。

高家堰修堤，林则徐日夜操劳，身心交瘁，后因病回乡休养。当年，林则徐40岁，正值壮年。

今天，高家堰周桥大塘段，如卧龙般矗立在河堤外。这座条石砌起的堤墙，宛若城池，历经二百年沧桑，仍固若金汤。

林则徐一生，与水利有不解之缘。长江、黄河等多条江河，都有他治水的功绩。林则徐治水同时，着力革除河工积弊，惩贪除恶。

细雨微凉，蒹葭摇曳。1836年秋，盐城皮岔河来了一艘小船，老板50岁出头，客商模样，与人问答谦和有礼。

此人就是林则徐，时任两江总督、江苏巡抚，为督访秋汛，了解淮河下游河情，微服私访。从淮安东门雇船，悄悄东下，仅带一名随从张福。

7天时间，对盐城河道、地势、吏治、民情等，《巡河日记》作了详细记载。如民工挑河，每方土160至180文钱。考察之细，工作之实，令人钦佩。

林则徐察访县衙时发现，盐城小吏中已有吸食鸦片情况。

两年后，林则徐受命钦差大臣，禁烟运动开始，中国近代史掀开波澜壮阔的一页。

“洪湖实巨浸，高堰为障蔽。犹虞盛涨时，莫御汪洋势……”这是乾隆阅示河臣御碑内容。据史料记载，乾隆六次亲临洪泽湖大堤，现场决定治河方案。

然而，洪泽湖得到彻底治理，是在新中国成立后。千年水患一朝解决。去年，国家启动淮河入海水道二期工程，化水患为水利，让入海水道跳出泄洪束缚，成为通江达海的黄金水道。

灯火璀璨，浮影沧波。晚风徐来，船行清江浦里运河，盛衰兴废之感油然而生，古老的大运河仍在书写流光溢彩的未来。

（原载《盐阜大众报》2023年6月11日）

# 西津渡的文气侠气与烟火气

傅　洋

月色朦胧，当我站在灯火辉煌的镇江西津渡古街时，闭起眼睛静静地听了一会儿：是的，是这里了。此时，历史的声音穿越千年传来，我仿佛听到三国时东吴水师的金戈之声；听到永嘉之乱后，衣冠南渡登陆时的一声叹息；听到王安石扬舟北去，吟出著名的“京口瓜洲一水间”。但，又仿佛都不是。耳畔分明没有运河码头汩汩的流水声，传来的是古街商铺热闹的叫卖声，是如织游人的谈笑声，是春风簌簌拂过晚樱的声音。

西津渡，曾名“蒜山渡”“金陵渡”，是长江下游南岸的一个重要渡口，长江与大运河两条黄金水道在此交汇。经历了沧海桑田的变迁，古渡码头早已深埋于地下，不见舟楫之利、待渡之人。如今，这条街百余处历史古迹延续着千年文脉，救生会侠肝义胆的事迹代代流传，商铺热气腾腾地呈现着盛世繁华。我，从大运河另一端的北京，千里迢迢来寻找古渡往事，探访一条古街的文气、侠气与烟火气。

## 古渡沧桑“一眼千年”

西津渡古街依山而建，沿“五十三坡”拾级而上，灯火点点中，行路更添一分古意。即使在各式建筑林立的小码头街，人们也能一眼看到元代的昭关塔，它在一扇“同登觉路”的券门背后，位于古街的正中，也是我国现存唯一的过街石塔。

月光下，青石雕成的昭关塔气度庄严，泛着柔和的光。这塔怎么看着有点眼熟？是了，有点像北京的妙应寺白塔。一问才得知，果然，昭关塔的建造工匠刘高正是妙应寺白塔建造者的高徒后人，营造理念源自元大都。昭关塔的制式是当时常见的，但刘高的高妙之处在于，他并没有将塔置于庙宇之中，而是放在了西津渡古街的制高点。这座5米高的石塔矗立于渡口700多年，让过路人平添了亲近之感，也让长江上的往来渡船一望可见。

前行不远，游人正举着手机围观铺在古街路面上的一处玻璃罩，好奇而观之，其下果然大有玄机。玻璃罩下，高低错落呈阶梯状排列着从唐代至清代的路面遗迹。短短几米，却让人一眼看尽西津渡变迁的千年历史。年代最久远的路面遗迹已经1400多岁，然而从石缝间仍可见春风吹又生的嫩绿小草。这也像极了古渡口的命运，历尽沧桑，仍生机不断。

待渡亭，是古人等待渡船时休息的地方。唐宋以来，待渡亭屡毁屡建；清代，西津渡江岸北移，古待渡亭设在通江渡头的栈道上。如今翻修的这座亭，三面临空，一面倚墙，供文人雅客怀古凭吊。待渡亭另一侧立有石碑，上刻晚唐诗人张祜待渡时留下的《题金陵渡》：“金陵津渡小山楼，一宿行人自可愁。潮落夜江斜月里，两三星火是瓜洲。”

张祜之渡是愁渡，王安石之渡则是喜渡。那首“京口瓜洲一水间”的《泊船瓜洲》据传是王安石55岁再次拜相时，坐船过长江到扬州回首西津渡口所作，诗中有着春风得意的朗然。而在西津渡最为快意的文人要数苏东坡，他索性“不渡”，在西津渡蒜山松林中隐居了一段时光，称心到不愿离去。他在给金山寺住持的诗里写道：“问我此身何所归，笑指浮休百年宅。蒜山幸有闲田地，招此无家一房客。”

## 救生会渡人度心

昭关塔北侧，门额上“救生会”三个大字在夜色中亦清晰醒目。这是什么地方？同行的《新华日报》记者王宏伟是“行走的运河百科”，他将西津渡救生会的故事娓娓道来。

古来涉水皆险。六朝时镇江扬州之间江面开阔达40余里，汹涌江水时常吞没风浪中的行船。南宋绍兴六年（1136年），一艘渡船遇上风浪，46人无一幸免；明万历十年（1582年），一阵狂风暴雨瞬间摧毁了千余艘江船。

面对汹涌的江水只能束手无策吗？自幼生长在镇江的蒋元鼐不断叩问自己。清康熙四十二年（1703年），他召集15位贤士捐资在西津渡成立“京口救生会”，这是世界上最早的民办救生组织。5年后，救生会购得昭关晏公庙旧址作为会址，救生船也由3艘增加到35艘之多。乾隆初年，蒋家后人蒋豫重振京口救生会，他的儿子、乾隆年进士蒋宗海接任会董，规定了救活一人奖励千文的救生奖赏制度，还在西津渡古街设置了被救或落难之人的安置之所。在这里，受伤者会获得无偿的医治和照料，直至痊愈。

蒋氏一族历代依循着先辈的嘱托，接办京口救生会，济渡救生的历史长达近200年。其模式影响深远，各地纷纷仿效。

渡人之外，亦是度心。救生会毗邻观音洞，其义举正诠释了“共渡慈航”的菩萨心愿，给江上往来者以同舟共济的慰藉，正所谓佛经中的身布施、无畏布施。只是，救生会的每一位救人者都是肉体凡胎，他们用自己的生命守护着他人的生命，其人性的光辉穿越时空至今闪耀。

救人一命胜造七级浮屠。扶危济困，舍己救人，也是中国社会千年以来流传的侠义精神。西津渡的侠气，即从京口救生会来。

## 最是人间烟火气

把思绪从历史中拉回的，是街上商铺蒸腾出的烟火气。民以食为天，街上最多的铺子还是卖吃食的，最吸引人的莫过于镇江锅盖面。面铺鳞次栉比，临街的门大敞，铁锅里滚水沸腾，蒸汽弥漫中，老板娘麻利地抓起一团面放入锅中，再拿起一个小锅盖放置其上。锅盖明显小于锅身，几乎是漂在大锅里，颇似江上的小船。锅盖面的传说不一，但镇江此地，没有这个小锅盖，断然是煮不成面的。

看我出神，老板娘热情地招呼："来一碗？""成，来一碗。"这一碗锅盖面汁香味浓，熨帖肠胃。面铺窗台上，一对端着面碗的泥娃娃憨态可掬，让人看了不禁莞尔。这方土地，不管有过怎样的烽火狼烟、渡口离愁或航运兴衰，市井百姓最在乎的，还是炊烟里一碗面的幸福。

"泥叫叫"、古琴行、镇江醋，如今的西津渡古街正重现当年门庭若市的景象。我们顺着悬挂"李公朴故居"的示意牌穿过长安里，才发现，主街之外还纵横密布着许多小巷。巷两边皆是整齐的清水砖房，有民居，有艺术工作室。巷中朱漆长廊紫藤垂落，几只猫趴在电动车座椅上熟睡，本地居民悠闲地在夜色中散步。墙上的告示栏中，居委会张贴的本地政务、宣传通知，与不远处墙上历史古迹的介绍毫不违和。好一派生活气息！西津渡，保留了历史建筑，也保留了传统民居和原住民，是一座活生生的博物馆。

庄周梦蝶，蝶化庄周。在我们梦回千古时，不知张祜、苏轼或某位无名过客，是否也曾在西津渡口梦见过我们，梦见过今日的繁华。在此地，于时空交汇处，彼此相视一笑。

（原载《北京日报》2023年5月9日）

# 三等奖

# 在江苏，体验运河的山水人文

王晓阳

江苏，自古形胜繁华之地。

由北向南贯穿海河、黄河、淮河、长江、钱塘江这几大水系的就是著名的大运河，这是人工的努力。

公元前486年，吴王夫差在扬州开凿邗沟，中国历史上第一条真正意义上的人工运河横空出世，由此发端，不断开凿，穿越2500年时光，大运河在江苏流经徐州、宿迁、淮安、扬州、镇江、常州、无锡、苏州8座城市，与长江一道拉开了江苏最重要的水系骨架，滋养了江苏的千年繁华。

公元728年，唐代诗人孟浩然要去广陵也就是现在的扬州一带游历，出生在绵阳江油的唐代诗人李白为他写下了“故人西辞黄鹤楼，烟花三月下扬州”的著名诗句。

今年，在中国报纸副刊研究会和新华日报社的组织下，我们去江苏的时候也正是“烟花三月”，这次重点是看江苏的水，看那条叫大运河的大水，体验运河的山、水、人、文。

## 一

老子说“上善若水”，孔子讲“智者乐水”，人类离不开水，视水为德。

然而，水并不总是真美善的化身，安静时它是温顺的，狂躁时它是凶狠的，它在滋养人类的同时，又带给人类以大灾大难。人类与水的历史，既是相依存、相利用的历史，也是改造水、驾驭水、变害为利的历史，大运河就是中国人民改造水、驾驭水的最好见证。

在镇江谏壁闸，我们看到了运河的伟力。那天，春风吹拂，运河沿岸树枝摇曳，芳草萋萋。我们伏在运河边的护栏上俯视，恰好遇上每天中运河与长江水位齐平的时刻，无须开闸放闸和等待通行。千吨级的大货船从不远处的港口驶来，保持间隔，首尾相接，吐着水流，汽笛轰鸣，一艘接一艘，顺利依次经过船闸，缓缓从我们眼前驶过。

讲解员说，谏壁船闸地处长江与京杭运河这两条黄金水道的十字交汇口，顺着船行的方向望去，那边就是长江，再往下游是上海；而扭头望向船来的方向，那是运河，再远处就是扬州。来自苏、鲁、皖、沪、浙、鄂、川等13个省市的船舶常年从这里驶过，连续十余年船舶通过量超亿吨，2021年度船舶通过量首破2亿吨。讲解员背诵起清代诗人查慎行“舳舻转粟三千里，灯火沿流一万家”的诗句，她说，诗中描述的就是当年这段运河漕运的繁忙景象。

在洪泽湖，我们看到了运河的威力。远远望去，浩渺的洪泽湖波平浪静，风光旖旎。走近湖水，听到讲解，才感觉到湖水的气势和凶险。洪泽湖本身就是水与水互相搏击、人对水进行斗争与征服的结果，其间惊心动魄，充满艰辛。南宋绍熙五年（1194年），黄河夺淮入海，黄淮合流，水位抬高，使原本一个浅水小湖成为大湖。明清时期，因为治理淮河，为保障运河漕运，大筑高家堰即洪泽湖大堤，水位进一步提高，最终形成中国第四大淡水湖。

堵，从来都只是治水的应急之计，不是治本之策，再高的堤坝也挡不住巨大的洪水。1950年，新一轮治水工程启动，苏、皖、豫三省同时发起治淮行动。洪泽湖周边先后修建苏北灌溉总渠、三河闸、二河闸、淮河入海水道，迫使咆哮的淮河水东注黄海，南入长江，从根本上解决了千年以来的淮河水患，实现了毛泽东“一定要把淮河修好”的号召。

在洪泽湖东南角，我们看到了淮河进入长江的第一道闸——三河闸，这座总长近700米的闸体像一条长龙横卧洪泽湖口，用以调节洪泽湖入江的水量。据资料介绍，当年，在这1.5平方公里的土地上汇聚了16.4万名建设者，仅用10个月时间就建成使用，建成后第二年就经受了1954年洪水的严峻考验，创造了新中国成立后水利工程的一大奇迹。

在淮安“水上立交”，我们看到了运河的魅力。此处，大运河与淮河相交，运河之水从淮河身上跨过，凌空北上。所谓“水上立交”，实际上是长125米、宽80米的混凝土渡槽，支撑渡槽的是横跨淮河入海水道的15孔涵洞，这条半空中的运河航道，每年的船舶通过量近2.9亿吨，是运河全线最繁忙的河段之一。

站在高高的桥上俯瞰，两条水道十字交叉，却各行其道，在横跨淮河的运河航道中，南来北往的千吨级货船首尾相连，次第驶过。李白在《将进酒》中用“黄河之水天上来”的诗句描述黄河奔流而下的气势和人生如梦的感慨。此时，看到这个“水上立交”，我们立即有了“运河之水天上来”的联想。

## 二

积土成山，风雨兴焉，积雨成流，江河成焉。水与山总是相连，天下之水总是发源于山，山总是拦着水，似乎不愿意水的远行，而水总是要冲破山的重重阻隔，归向大海。于是，山只有终身守望，如舒婷诗下的神女峰“在悬崖上展览千年”。

我最早是在《白蛇传》的故事中知道镇江金山的，但当时记住的主要是白娘子的坚贞、法海的无情及水漫金山的畅快，至于金山的模样却不甚了了。我们登上金山时，阳光正好，极目远眺，滔滔长江早已北移，当年位于江中孤岛中的金山已与大片陆地连成一体，往昔那种“万川东注，一岛中立”“江心一朵芙蓉”的景象不复存在。我想，如果现在白娘子要利用江水来漫金山，难度可能要大得多了。但也许正是因为没有了水的阻隔，才使更多的人前来领略它“雄跨东南二百州”的魅力，“骑驴上金山”就曾盛行一时，成为镇江一道靓丽的风景。

山不在高，有寺则名。海拔只有40多米的金山的出名主要在于山上有座金山寺，也就是《白蛇传》故事中的金山寺。进入金山寺，抬头就看见一块写有“江天禅寺”的匾额，是清代康熙皇帝随太后来金山祈祷时亲笔题写。江天寺即金山寺，自古就是一座有名的禅宗古刹，始建于东晋，初名泽心寺，南朝、唐朝初称为金山寺。金山寺的庙宇依山而建，一座连一座，金碧辉煌，摩肩接踵，把金山裹得严严实实，无论近观还是远眺，总是见寺而不见山，呈现出“寺裹山”的奇观。

金山寺故事很多，在短短的时间里，导游津津有味地为我们讲述了法海的故事、梁红玉的故事、岳飞的故事……我们脑海里先后叠映着“白娘子水漫金山寺”“梁红玉击鼓战金兵”“岳飞金山访道月”等场景，领略到传奇的爱情、激烈的战斗、神秘的命运。导游在讲解中特别强调，应该为法海正名，他不是《白蛇传》故事中不讲情面、棒打鸳鸯的恶僧，而是一位慈悲的得道高僧。据说金山的得名也是因为法海，他在重建金山寺中挖出黄金，皇帝敕令将黄金用作修复寺庙之用，并命山名为金山。

淮安盱眙的小龙虾很有名，春季正是小龙虾上市时节，我们一进入盱眙县界，到处可见小龙虾的广告牌。然而，令我们想不到的是盱眙还有一座名山，比小龙虾成名要早得多，山名直接就叫作“第一山”。

在我心目中，泰山是有“第一山”之称的，可能是因为有“孔子登东山而小鲁，登泰山而小天下”的说法，它是当得起“第一山”的。而眼前这个“第一山”看上去并不高，估计步行几百步就可以登顶，它何德何能号称“第一”？

我们决定上山一探究竟。上得山来，但见远处淮水浩浩荡荡，近处田畴纵横交错，绿水青山，一派好风景。进入淮山堂，看见一侧是摩崖石刻，米芾题刻的“第一山”赫然在目，“第一山”的缘由就出自这里。第一山原名南山，现存的题刻有摩崖88块和碑碣78块，这些题刻记录了宋、元、明、清、民国等时期名家、政要的手迹，具有很高的历史文化价值，其正楷、草、隶、篆、行五体书法石刻艺术堪称国之瑰宝。

北宋绍圣四年（1097年），“苏黄米蔡”之一的著名书画家米芾前往江苏涟水任知军，他由当时的都城汴京（今开封）经大运河（通济渠）而下，沿途舟楫困顿，入淮时忽见奇秀的南山，精神为之一振，于是，弃舟上岸登山，不由得诗兴勃发：“京洛风尘千里还，船头出汴翠屏间。莫论横霍撞星斗，且是东南第一山。”并大书“第一山”三个大字。以后，苏轼、杨万里等路经此山，也纷纷附和米芾，苏轼在南山上写下了“人间有味是清欢”的词句；杨万里写下“第一山头第一亭，闻名未到负平生”的诗句。

山以人名。既然有这么多名人的加持，南山改名“第一山”似乎也就天经地义、自然而然了。

## 三

没有人就没有大运河，大运河是人类的奇迹，行走运河之间，我们充分感受到了人的活动、人的轨迹、人的心路历程。

在镇江，导游告诉我们，一定要去西津渡看看。镇江的对岸是扬州，西津渡与扬州的瓜洲渡遥遥相对，是两地来往过江的主要通道。如今，因为长江水岸线变化，西津渡距长江已有300多米，它的渡口功能已全部消失，成为商业街区和文化遗产，只留下石板路上深深的车辙印和尘封已久的记忆。夜幕下的西津渡人流如织，摩肩接踵，全没有往日作为交通要道和战略要冲的气势。

而在古代，要在镇江渡江却甚是不易，因为江宽水急，风险丛生。当时的江面有10公里宽，最宽时可达20公里，汹涌的江水时常吞没风浪中的行船和人。据记载，南宋绍兴六年（1136年），一艘渡船遇上风浪波涛，46人无一幸免；明万历十年（1582年），千余艘漕船和民船在江上沉没……唐代诗人孟浩然在《扬子津望京口》诗里感慨道："江风白浪起，愁杀渡头人。"

人命关天，济渡救人成为镇江历代官员的一项重要职责。民间救助也不甘落后，清康熙四十二年（1703年），蒋元鼐等15人捐资在西津渡观音阁成立"京口救生会"，据导游讲，这个"救生会"可能是世界最早的民办救生组织。该机构存续时间长达200年之久，堪称古代民间慈善事业的一个奇迹。其济渡救生的运作模式影响深远，各地纷纷仿效，其标志性的红船遍及天下。当晚，在西津渡昭关塔北侧的一幢楼屋的门额上，我们看见"救生会"三个大字依然在目，彰显着用生命守护生命的价值取向。

我对清末大臣林则徐的主要印象有两个：一是虎门销烟，展示了中国人民禁烟的坚定决心和觉醒意识；二是名言"苟利国家生死以，岂因祸福避趋之"，展示了林则徐爱国的勇气和决心。这次在洪泽湖大堤旁边的周桥大塘，则认识了作为治水能臣、水利专家的林则徐。

据《周桥大塘碑记》记载，清道光四年（1824年）冬天，洪泽湖狂风大作、巨浪滔天，终将周桥息浪港堤防冲垮，冲成了宽400米、深27米的大塘。第二年二月，因母亲去世在家丁忧的江宁布政使林则徐被夺情起用，身着孝服来到周桥大塘的工地上，承担修筑大堤的重任。

眼前，这段750米长、由约6万块条石修成的石工墙依然巍然矗立着，我们顺着大塘北侧下到石工堤脚，看到整个工墙用糯米石灰浆筑砌，筑工精细，严丝合缝，纸插不进。导游特别提示我们去看个别石墙破损处暴露出来的铁锔，这是一种形似领结的生铁构件，可以把两块石材紧密地连接起来，再浇上由糯米汁与石灰搅拌而成的砂浆，使得条石与条石牢牢地黏合在一起。林则徐要求，在铁锔上刻上每一段负责人的名字，包括他自己的，如果再度决堤，就要查验铁锔上的铭文看看是谁负责修筑的。我们在感叹他们匠心与精工的同时，也感受到了他们的责任与担当。

在淮阴区马头镇，我们夜访了汉赋大家枚乘的故里。到达枚乘书院时已是傍晚6时，已到了吃晚饭的时间，但我们一行仍然兴趣盎然，似乎并不感到肚子的饥饿。枚乘是西汉时期辞赋家，早年担任吴王刘濞的文学侍从，因在七国之乱前后曾两次劝谏刘濞而显名于世。

枚乘所作的《七发》在辞赋的发展史上具有重要地位，是汉大赋正式形成的标志性作品。所谓“七发”，就是说七事以启发太子，文章假托楚太子有病，吴客前往探视，以客主二人问答的形式铺写而成。《七发》除认同大一统观点外，还特别阐述了道家重生养生观点，认为穷奢极欲是致病的根源，从重生、养生的角度对王公贵族的生活方式作了批判。

在宿迁，我们走进了项羽故里。项羽虽然在楚汉相争中失败，但很多人更愿意把他看成一位英雄，一位失败、失意的英雄，司马迁写《史记》时把项羽列入《世家》，与秦始皇、刘邦等帝王平起平坐。

有的甚至把他看成一位诗人，因为他有一首诗叫做《垓下歌》，原文只有四句：“力拔山兮气盖世，时不利兮骓不逝。骓不逝兮可奈何！虞兮虞兮奈若何！”其豪迈奔放不亚于刘邦的《大风歌》，其悲愤难抑的心情则又过之。千年之后，一向眼高手高的宋代女词人李清照，对项羽赞叹不已，写下《夏日绝句》:“生当作人杰，死亦为鬼雄。至今思项羽，不肯过江东。”成为项羽的隔代知音。

## 四

我们同行中有人戏言，在大运河，脚踩的都是历史，风吹过的都是文化。诚哉，斯言！千年大运河不仅运载了成千上万南来北往的行人，而且得到了不少文人墨客的眷顾，他们抒情言志、怀古咏物，写下了许多脍炙人口的不朽诗篇。

运河的开通，让扬州一度成为繁华无比的城市，在隋唐时达到极盛，有“扬一益二”之说，扬州、成都成为全国最繁华的工商业城市，经济地位超过了长安、洛阳。“腰缠十万贯，骑鹤下扬州”成为当时人们的愿景。

扬州也是天下文人非常向往的地方，他们也为扬州留下许多著名诗篇。李白写的“烟花三月下扬州”为扬州做了千年广告；扬州在杜牧笔下最美，他写出了“二十四桥明月夜，玉人何处教吹箫”“春风十里扬州路，卷上珠帘总不如”“十年一觉扬州梦，赢得青楼薄幸名”等名句；徐凝的《忆扬州》对扬州大加赞美，称“天下三分明月夜，二分无赖是扬州”；张祜干脆就说“人生只合扬州死”。

镇江地处要冲，地势险要，自古就是兵家必争之地，也是文人触景生情、以诗言志的绝佳之地。南宋时，北方落入少数民族政权手中，镇江成为抗金前线，开禧元年（1205年），66岁的辛弃疾被委任为镇江知府，负责备战北伐。在此期间，他写下了《永遇乐·京口北固亭怀古》，回顾历史，缅怀英雄，对朝政、对抗金形势忧心忡忡。

辛弃疾站在北固亭上瞭望眼前的一片江山，脑子里闪过千百年来曾经在这片土地上叱咤风云的英雄人物，然而，江山依旧，英雄不再，“舞榭歌台，风流总被雨打风吹去”，只有那“斜阳草树，寻常巷陌”。作者总结历史教训，提醒南宋统治者吸取前人和本朝的历史教训。

最后一句“凭谁问：廉颇老矣，尚能饭否？”由怀古转入伤今，联系自己，联系当今的抗金形势，抒发感慨，表达奋勇争先，随时奔赴疆场杀敌的决心。

辛弃疾的这首词豪壮悲凉，义重情深，闪烁着爱国主义的思想光辉。全词用典虽多，却用得天衣无缝，恰到好处，体现了他驾驭语言的高超水平。明代杨慎在《词品》中说：“辛词当以京口北固亭怀古《永遇乐》为第一。”

北宋熙宁八年（1075年）二月，几上几下的王安石第二次拜相，他自江宁赴京，途经瓜洲渡，沿运河北上，写下《泊船瓜洲》一诗，被重新起用后的兴奋之情溢于言表。

王安石站在瓜洲渡口，放眼南望，看到了一水之隔的“京口”与“瓜洲”，以依恋的心情回望定居几十年的钟山，但钟山毕竟被“万重山”挡住了，因此诗人的视线转向了江岸。一句“春风又绿江南岸”，既描绘了江岸美丽的春色，又寄托了作者远大的政治理想。其中“绿”字极富表现力，把看不见的春风转换成鲜明的视觉形象——千里江岸，一片新绿，被后人赞为经典。

这是标准的以诗言志，王安石希望凭借这股温暖的春风驱散政治上的寒流，开创变法的新局面。当然，诗人也留有退路，尾句“明月何时照我还”，表达自己并不贪恋权贵，最终目标还是回到江宁，老于林下。

说到运河文化，决不能忘了还有我们四川另一位大家的身影，他就是苏轼。苏轼一生仕途坎坷，贬谪途中，不知在运河里上下了好多次。北宋元丰七年（1084年），因乌台诗案被贬黄州五年的苏轼，奉诏赴汝州就任。苏轼偕家属过金陵沿运河北上，于当年冬至到淮安。腊月二十四，苏轼在泗州知州刘士彦陪同下游南山（即淮安市盱眙县第一山），写下《浣溪沙·细雨斜风作晓寒》一词。

这是一首纪游词，上片写早春景象，下片写作者游山时品清茶素餐的风味。作品充满春天的气息，洋溢着生命的活力。在色彩清丽而境界开阔的生动画面中，寄寓着作者清旷、娴雅的审美趣味和生活态度，给人以美的享受和无尽的遐思。特别是最后一句“人间有味是清欢”最好，为众多人喜爱，台湾作家林清玄专门以此为题写过一篇文章。

我想，以苏轼坎坷的境遇，还能体会出人间的清欢之味，心胸真有大江般的旷达，境界真有大河般的高远。

（原载《绵阳日报》2023年6月17日）

# 春江、花树及其他

鲁钟思

烟花三月，行走在大运河沿线，所见的是长天一色山河依，烟波浩荡水流长。难忘金山寺的钟声、西津渡的古砖、皂河龙运城里的石狮子，还有古庙里被春风吹皱的阵阵铃声……

或许，有水的地方就有繁花似锦，有水的地方就有卷帙几许。即便寻常如一枚铁锔、一颗星、一棵树，也是回眸时的一朵浪花，涣漫的，终是那些不曾远去的历史。

## 林　工

看到传说中的“悬湖”洪泽湖时，日色已近夕阳，但见半江瑟瑟半江红，粼粼光影中，是一眼望不见尽头的寥廓。不远处，周桥大塘水坝上那排直立式条石墙巍然屹立着，如今已是周桥大塘遗址公园。

我仰起头，拼命地眺望着那一排高达9米、21层的条石墙，它好似沧桑的庞然大物，古朴凝重。说也奇怪，若仔细打量这些整齐有序的石砖，会发现它们材质极不规整，有的粗犷如火山岩，有的细腻如玄武岩，唯有周身密密麻麻刀削斧凿的印迹，好像在诉说着一段艰难岁月。

导游说，这些石砖来自全国各地，运来时，大小不一，材质迥异，全靠人力磨砺雕凿才成如今规整的样子。有时，会有一只小蜘蛛、小蚂蚁慌慌张张地沿着沟壑斧凿处掠过。很难想象，如今的湖水安澜在当时却是另一番场景——

1824年农历十一月的一天，洪泽湖里水势奔突，浊浪滚滚，不久后，周桥段堤坝崩塌，水患肆虐，堤东附近尽被水淹……祸不单行，待洪泽湖水位终于下降后，黄河水又倒灌洪泽湖，泥沙淤塞，导致漕船不能北上……危难之际，道光皇帝想到了林则徐。随着一纸令下，还在为母丁忧的林则徐身着便服，匆匆赶到了周桥大塘。

林则徐，正是我们熟知的那位虎门销烟的民族英雄，殊不知，他更是一位精通水利、不可多得的治水专家。在翰林院期间，青年林则徐就曾著专书《北直水利书》，他深知水利兴盛事关国计民生，切不可偷工减料，务必精益求精。将大塘围住后，林则徐用条石砌成外堤，以保障大堤的安全。这条750米长的洪泽湖内堤，林则徐和工匠们足足修了6年！即便以现代人挑剔的眼光重新审视，由糯米汁和石灰砂浆黏合而成的条石墙，砌筑工艺之精湛、黏合之牢也足以让人惊叹。

为了严把责任关，林则徐还做了一件极有魄力的事，他将自己的名字“林工”铭刻在大堤条石墙铁锔上，以一生的清誉为工程质量做担保！他日倘决堤溃败，镶嵌在墙体内、刻有“林工”二字的铁锔便会显露出来，那么林则徐生前死后都会为千夫所指；如果堤坝固若金汤，他“林工”则会深藏功与名，永远隐藏在条石墙之中，默默守护着大堤安全……

历史的细节往往隐藏在微小处。小小的铁锔，背后铭刻的是林则徐的一颗赤诚之心和家国情怀。如果说，虎门销烟时，是气吞万里如虎的一代名臣，那么眼前这个默默奉献的林则徐，则以凡人之躯，身体力行地践行了“苟利国家生死以，岂因祸福避趋之”！

正是：功在当下，造福千秋；铁证如山，力挽狂澜。

此时的悠悠春水，波荡的是不曾远去的历史。林工，无愧于林公，他以凡人之躯，筑起了一座运河精神的永恒丰碑。

## 星　月

好多年了，我没看到过那么多、那么亮的星星。

在淮安市淮安区西北隅的枚乘故居，或许因为是万籁俱寂的夜，或许因为远离都市灯火，这里星光殷殷，其灿如言。

枚乘，西汉时期辞赋家，与邹阳并称“邹枚”，与司马相如并称“枚马”，与贾谊并称“枚贾”。他的《七发》奠定了典型汉大赋的基础，其思想之深邃，文采之精妙，引人流连。随着人流，我们刚走出纪念堂，甚至还没来得及从枚乘的生平中抽离，随即就被院中朦胧的夜色吸引。

夜色中，纪念堂古建筑都被泼上了一层淡淡的墨痕，剪影般静默地伫立着。只有故居中央，灯火通明，人语稀微，一静一动，一暗一明。在院中参天古树的陪伴下，一抬头，就看见夜空里缀满了珍珠，兀自清亮着。此情此景，是我多年未曾见过的清澈幻影。

月光呢，竟也柔柔的，凤箫声动，玉壶光转，像开了美颜般迷离。千年前的枚乘是否也曾这样遥望过月色星辰？其实，大运河流经之处，淮安历史文化的星辰当如此刻夜色般璀璨，除诞生了汉赋大家枚乘，这里还是巾帼英雄梁红玉、文学家吴承恩、状元沈坤等历史名人的故土，更有“进士之乡”之誉……可眼前的这片星月，实在是太静、太清澈了，清澈得像我梦中的幻境。喟叹之中，竟一时分不清庄周梦蝶还是蝶化庄周，我看星辰还是星辰见我。

此番静谧明亮，在几小时后深夜里的清江浦，又因灯光烂灿，月光如水，桨声灯影里的夜游，反倒多了几分浪漫。

清江浦于1415年开埠，明清时期曾是京杭大运河沿线享有盛誉、繁荣的交通枢纽。此时皓月当空，随着画舫推开波浪，灯火辉煌的国师塔在夜空中尤显得庄严异常，看远处霓虹闪耀，春风沉醉，就连水色也跟着生香。

“襟吴带楚客多游，壮丽东南第一州。”当然，这里不只是运河之都，也记录了一代伟人周恩来从童年走向少年的成长。周恩来外祖父万青选，曾任清河县（治清江浦）县令。导游说，幼时的周恩来常常乘着我们乘坐的航线，去往外祖父家。后来，在陈家花园塾馆，周恩来的学问大有长进，他读遍了《东周列国志》《西汉演义》《三国演义》等。清江浦的学习生活，为周恩来打下了深厚的儒学基础；清江浦乡风淳朴，兼容并包，也深深地影响了少年的他。

清江浦上思悠悠。

那一晚，枚乘故居里的星、清江浦上的月，伴着风凉，就那样啪嗒一下落在了心里。

## 花　树

正是江南好风景，水波流转，远山如黛，一路楼台两岸花。

传说，隋炀帝为了能够一睹扬州琼花的美丽，要御驾亲征去扬州。因为路途遥远，便下令开凿大运河……传说说得有板有眼，历史学家听后直摇头。

大运河沿线的花与树，那么多，那么有趣。难忘扬州大运河公园里随风飘荡的晚樱，宿迁乾隆龙王庙里华贵的牡丹花，还有古街上谁家种起的紫藤花，丛丛簇簇，暗香浮动，让我想起了小时候看的《紫藤花园》……这些花啊，就那么恰如其分地生长着。

与运河周遭的宏大历史相比，花儿的花期总是短暂的。但花儿们还是执拗地一季一季地花落再花开，留下传奇，留下传说。不像有些古树，与山川俱荣，与岁月同在，好像仰仗着长寿，要让人连通或记忆些什么似的。宿迁城里就有两棵大树，一棵在项王故里，一棵在古老的酒窖。

那日走进项王故里，兜兜转转，终于看到了久负盛名、迄今已2200多年树龄的古槐树。温暖的春光照拂下，满目都是它翠绿的叶子、千曲百折的琼枝。古槐树努力向四周伸展，目之所及，尽是它想要触摸天穹摸索的模样。

传说，年少的项羽离家之前，亲手种下了这棵槐树。槐树寓意吉祥平安，更兼有思乡之情。随后，展翅高飞的项羽起兵反秦、兵救巨鹿、破釜沉舟、火烧阿房宫、楚河汉界……人们尊称他为项王，垓下一战后，项羽自刎于乌江，生命永远定格在31岁。

项羽的人生何其短暂，又何其绚烂，绚烂到在浩瀚的中国历史上也留下了浓烈的一笔。人们说他刚愎自用、残暴，却也赞叹他浩然正气、光明磊落和他凄美的爱情故事。最引后人称道的是项羽的那首《垓下歌》：力拔山兮气盖世，时不利兮骓不逝。骓不逝兮可奈何？虞兮虞兮奈若何！

31与2200，他和它的命运，穿越宇宙的幻海，在某一刻相互回望。透过这年年吐新的绿枝，2200多年的历史呼啸而过，刀光早已黯淡，鼓角已然远去，春树暮云，沧海桑田。眼下的古槐树被众多的铁箍和四根铁管支撑着，今已亭亭如盖。相对于永恒的自然来说，个体的生命何其短暂，即使是英雄豪杰，在奔腾不息的历史长河里也不过是一朵浪花，转瞬即逝；而爱与精神却是长存的，所以我们才会在今天依旧怀念项羽。

宿迁的另一棵“神”树就是洋河酒业院中的古黄杨树——醉杨。

黄杨树是一种十分有趣甚至有些调皮的树。据说，黄杨树每年只长高一寸，逢闰年再反缩一寸，也因为此种超乎寻常的秉性，流传着“千年难长黄杨木”之说。

酒厂里的这棵“醉杨”其形侧斜生长，宛若一名闻酒微醺的醉汉，故称为“醉杨”。在布满绵软湿润黑色“绒毯”的老酒窖前，醉杨旁逸斜出，姿态轻盈，新枝吐绿，乍看之下，很难将如此纤弱、矮小的它和240余年历史联系起来。然而就是这株黄杨树，在100多年前某天准备扩建槽坊时，居然在它身下意外地发现了九号地下酒窖，从而挖掘出了大量原酒。

黄杨树啊，多像一位尽忠职守的门神，外表其貌不扬，平日不声不响，内里却有着坚毅的信念。它的存在不仅仅是为自己开枝散叶，甚至还在用自己宝贵的生命，庇佑照拂深藏于地下的酒窖。时移世易，当年栽种它的人早已不在，而它仍怀着热望，带着信念和期待努力生长着，守住一份承诺，守护一方文化。

黄杨美酒两相宜，酒让人沉醉而快乐，就像大运河，融汇千种文化，万般姿态，流经哪里，就带来了无尽的传说和佳话。

水，至柔，至净，至容，至润。大运河和它沿岸的故事，仍是一部正在写就的诗稿，经典永流传……

（原载《吉林日报》2023年6月10日）

# 不可复述的美

李佩文

全国百名文化记者紧随大运河水流波涛一路北上的行走，其实是一场美的寻觅，美的邂逅，美的震撼、感染和抚慰，非脚眼脑笔力无以发现捕捉，非感官细腻灵敏无以复述复原。

## 一

如果要把真水无香比作柔弱无骨、温情脉脉和水做的骨肉的女人，我更愿意把这个极致的溢美词语送给脱胎换骨、千姿百态的运河水。

当我们来到镇江谏壁船闸时，群情一下沸腾了。

可能不止我一人第一次看到如此的庞然大物——千吨级的大货船。它们从不远处的港口驶来，保持间隔，首尾相接，吐着水流，汽笛轰鸣，一艘接一艘，依次经过谏壁船闸，缓缓从我们眼前驶过，驶向宽阔的长江与运河的交汇处，开始了一天的工作。回来时，货船上的水位线刻度不见了，盖着篷布的沉重船体吃水很深。

谏壁船闸是中国内河航运第一闸。人们挤在船闸两岸，有的登上跨河桥，只把目光和手机相机的灯光频频对准了这些南来北往战舰般英雄似的大船，全然没有注意船体下的河水。

水可载舟。支撑这重量级船队来回运动的，正是这浑浊而厚重的内河水。当千吨万吨重量压在它身上，当锋利船尖从它身上剖划而过，我分明感到了一种来自水的巨大的压迫感和疼痛感。然而，忍辱负重的河水没有叫一声苦，叫一声痛，它只知道用尽全力托浮起船体，确保它不被淹没沉溺。它知道，这是它的使命，这是它的职责，它逃避不了，也不想逃避。

更有最美调度人，风雨无阻把铮铮誓言镌刻在调度楼、河桥和闸壁上，勤劳而智能地调节着水情、水位、水势和走向，节制着水的脾性、表情和喜怒，让奔涌无羁的水驯服，让波澜不惊的水更加温柔隐忍，一起默默无闻、经年累月为水上运输生产效力，让船水合一为一道美的航运风景。

运河与长江、淮河、黄河总是不期而遇。当水遇上水，要么相爱，融为一体；要么相杀，一条被另一条征服、裹挟、湮灭。然而，当淮河水与运河水在淮安十字相遇时，水呈现第三种形态：井水不犯河水，互不打扰，只打个照面，挥一挥手，送上祝福，然后各奔前程。

淮水行地，运河经天。促成它们各自独流、相安无事的正是这座位于苏北灌溉总渠的亚洲最大淮安水上立交枢纽工程。上槽下洞的匠心设计，让淮河水自由自在地东流入海，让运河水无忧无虑地南北畅流。

站在立交桥头极目远眺，河道纵横，绿地如茵，入海水道大堤像两条巨臂，护卫着水上立交。此时一艘长长的大货船正从桥下缓缓驶过，就像航空母舰出征。而彩练当空舞的桥头堡钢索缆桥，晃晃悠悠，在半空演绎现代科技与古运河文化的相融相合。

这是水的婀娜多姿、万方仪态，这是水的立体交响、不同凡响。

水是真美善的化身，有时又是凶神恶煞的象征。康熙十九年（1680年），淮河一场特大洪水，把与盱眙第一山隔江相望的泗州城整个沉入水底，成为洪泽湖的一部分。清道光年间，洪泽湖决堤，周桥一带被冲出一个近

400米宽、24米深的大塘。

时过境迁、物是人非啊。当大巴沿着70公里长的洪泽湖大堤行驶，透过窗玻璃和绿意葱茏的行道树的空隙，可以看到无边无际、碧波荡漾的湖水的波光闪耀。

洪泽湖大堤由约6万块千斤重条石，用糯米和石灰浆筑砌，筑工精细，严丝合缝，工艺达到当时世界领先水平。这个大堤如一座水上长城，泽被千秋，护卫淮阴城不受淮水侵扰，发挥着蓄清、刷黄、济运、观赏多重作用。

当站在周桥大塘直立式高高的石工墙下，立感人的渺小，当想起因服母丧在家丁忧的林则徐被急召从福建赶来主持治水时，忽有一种悲壮。

750米长、9米高的一堵石墙，一筑就是6年。让人们感慨感佩的不仅是他的匠心与精工，更是他的责任与担当。当刻着铭文的铁锔榫卯般镶嵌在石缝间，就把筑堤治水人的忠义大道在这里牢牢维系。

有三河闸护卫洪泽湖安澜，现如今的周桥大塘几乎失去了水利功能，它更多的只是作为不可多得的历史遗存，接受众人的瞻仰、崇敬与膜拜。

是的，铁锔作证，“林工”作证，石墙作证，大堤作证，江河湖水作证，哪里有风高浪急、浊浪滔天，哪里就有中流砥柱、勇往直前，改革发展路上，哪里有关隘险阻、危礁险滩，哪里就有忠义勇毅、披肝沥胆之士，为缚苍龙，请缨出战！

一切的治水管水，都是为了变水害为水利。要让水，利于生产运输，也利于黎民生活。

明万历二十五年（1597年），为解决漕运交通搁浅问题，扬州知府郭光复舍直取弯，把原来百余米长的直线河道变成1.7公里的水道长廊，形成运河几字形的三湾景象。

琼花正好，湖水微蓝。沿着习近平总书记的步伐，在扬州瘦西湖外的三湾公园行走是赏心悦目的。缱绻的云，温柔的风，碧蓝的水，青青的草，湿地般的风光尽收眼底。不远处的大运塔高高矗立，与文峰塔、天中塔连点成线，塔影映三湾。据说，这里原是杂乱差的城中村，经过环境整治、生态修复和现代航运示范区建设，才变成了现在的鸟天堂、芦苇荡、杉树林、亲水道，成为世界文化遗产和4A景区。

“扬州是个好地方。”当文化的涓流流经历史的臂弯，古老运河焕发时代青春，平缓温柔又蜿蜒穿行的运河水，辉映着一座城市更加美好的未来。

夜游水城淮安里运河是激动人心的。

“红灯十里帆樯满，风送前舟奏乐声。”当年，康熙用这样的诗句描绘盛世清江浦的景象。当代淮安人把里运河打造成十里文化长廊，再现繁华盛景。

盈盈月色下，两岸华灯初上，夜色中清江浦一派璀璨光华，散发出更加迷人的韵味。精美画舫与灯影中的清江大闸、清江浦楼、国师塔等交相辉映，清江浦的兴盛之景、繁华之所、绚丽之美次第呈现。船移景易，一路古韵芬芳，俨然来到天街夜市，又像是千年古运河恍然回到眼前。

红色、蓝色、黄色、绿色，点、线、条、柱，此时的水是五彩斑斓的，是多姿多彩的，它晕染了万家灯火霓虹的暖，它辉映着两岸遗产建筑的雄，它烙印下千年运河文化记忆的香。它随着微风荡漾，它跟着画舫进退，它伴着游人欢欣。灯光照射下的河面波光粼粼，犹如镶嵌在淮安大地上的无数珍宝在闪烁。

水是运河亘古不变的血魄精魂，水是城市宝贵的资源禀赋。伏水安澜，万物温暖。

水，以百态存于自然界，在方而法方，在圆而法圆，或绵绵密密，或波涛汹涌，容纳万物，滋养万物，利万物而不争，故至善至柔的水自古以来为人们所追求，所歌赞。

一个“行走在水上的民族”和她勤劳智慧的人民，深谙并践行此道。

## 二

如果把一条条水比作书页，那么中国大运河博物馆、中国漕运博物馆就是一部记载其前世今生、关于水运水治的百科全书，章节众多，条目浩瀚，内蕴丰赡，意义非凡，百读不厌。

千年文明史，无水不成章。作为人类超大规模水利工程杰作，大运河以其世所罕见的时空尺度，证明了人类的智慧、决心和勇气。汇水、引水、节水、行船，一个个难题的解决；水源工程、水道工程，一个个工程及管理框架的建成，集中体现了中国传统水利科技成就。

清波一脉，中枢千载。一座淮安清口枢纽，半部中华河工历史。千百年来，历代君王重臣、能工巧匠，宵旰图治，以水兴邦。清波所至，造福黎庶，恩泽后代，功逾神禹。“与水为邻，天人合一”的人文精神之光，折射出“治水安邦、兴水利民”的家国思想。

由是观之，一部水波泼墨、心血挥洒的史书，承载着畅行南北的漕盐盛世、巧夺天工的邃密群科、润泽千秋的黎民福祉、江山社稷的碧彩华章。

书香书韵同样绵延、弥漫在美丽中轴线的点点面面。

枚乘书院——

赶到枚乘书院已是傍晚6点多，夜幕降临，华灯未上，天边几颗稀星无力。我们一齐打开手机手电筒，仿佛一双双渴望的眼睛，去虔诚拜会汉大赋的开山者、汉赋鼻祖枚乘先生。

因刘濞想起兵造反，作为吴王刘濞的文学侍从，又精通纵横家儒家道家兵家精义的枚乘便写了一篇讽喻性作品《七发》。赋中假设楚太子有病，吴客前去探望，通过分别描述音乐、饮食、乘车、游观、田猎、观涛六件事的乐趣，一步步诱导太子改变生活方式，并向太子引荐“方术之士”，使“命不久矣”的太子“霍然而愈”。作品的主旨在于劝谏贵族子弟不要过分沉溺于安逸享乐，表达了对贵族集团腐朽纵欲的不满。

“奇文醒世妙药石，高冷直言立盛世。”《七发》是汉赋发展史上一篇具有里程碑性质的作品。我们不谈文章的政治意义，不谈“铺采摛文”“体物写志”的内容呈现，我们只关心汉赋“散韵结合”“专事铺叙”的行文美、形式美。

可以说，任何一种重要文体的产生都与时代境遇有关，也是对前一种文体巅峰状态时的迂回、创新和超越，正如唐诗之后有宋词，宋词之后有元曲，元曲之后有明清小说，古典文学之后有白话文和新诗。这种避其锋芒的独辟蹊径，不能不说是一种文学智慧、文学美学，也是一种文学奉献。

《七发》引用《论语》《吕氏春秋》《楚辞》等经典著作的语句近三百处，而由《七发》产生并被后世文人墨客引用成典故或演变为成语的有二十余处。引用借鉴与创新演变从来都是相辅相成的。难怪刘勰在《文心雕龙·杂文》中说：“自《七乘》以下，作者继踵。”

正如没有李煜的“一江春水向东流”，就没有后来苏轼的“大江东去”、辛弃疾的“千古江山”。每一种文体都有其存在价值，也有其历史局限。这也启示我们，推动中华优秀传统文化创造性转化、创新性发展，是当下一个重要文化文学课题。唯其如此，才能保持经典文学、优秀品种的经久不衰。就像书院里这棵800多年的古银杏树，根深蒂固，开枝散叶，常翠常青，永立不倒。

第一山——

在江西，当年76岁的朱德元帅为井冈山题写“天下第一山”，而天下

“第一山”多矣。小龙虾之乡江苏盱眙“第一山”雄踞淮水南岸，原名都梁山、南山，因北宋书画家米芾赴任入淮时忽见此山奇秀，诗兴勃发写下“且是东南第一山”诗句，并勒书“第一山”碑而得名。

其实，中国享有“第一山”之名的大山不下二十座，其中立有米芾“第一山”石刻者就有十余座，如：山东泰山、河南嵩山、江西庐山、湖北武当山、四川峨眉山、陕西终南山、浙江杭州吴山、江苏南通狼山、四川富顺钟秀山……

仗着名气，依着性情，大书法家米芾恣意游之，一根狼毫把“第一山”任意题之，各山各地暗自窃喜，奉为至宝，巧借名人效应，顺意叫之，引得天下人便把一座座天下第一山心向往之、足抵达之。

我们不去理会米芾的任性，也不去评价各地第一山的争名，现在，我们只管去攀登海拔并不高的盱眙“第一山”。

台阶石就与众不同。褐色的石头立面坑坑洼洼，并不平整光滑，还有一个个气孔似的东西，像一块块陨石落入山间。人行其上，仿佛行走在月球表面。第一次听导游说这是火山石。看来，这是有故事、有历史、有成因的石头。

登高远眺，但见淮水浩浩荡荡，青山绿水交错相映，一片山光水色，渺渺茫茫，空阔无边。

走入淮山堂，犹如走入一个集大成的书画世界。

第一山现存的88块摩崖、78块碑碣，大多在这里陈列保护，像一列士兵，威风犹存，像一坛窖酒，历久弥香。

宋、元、明、清、民国名家政要的手迹，在这里崭露峥嵘。正楷、草、隶、篆、行五体书法石刻艺术，在这里铮铮作响。

苏轼、米芾、蔡元长、刘焘、杨万里、赵孟頫、余阕、李东、吴伯朋、李先芳、张鹏翮、陶澍等，还有翰林、大学士、总督、尚书等高官，在这里隆重集会，抱拳作揖，谈笑风生。

他们之中，就有32人列入《中国名人大词典》，鼎力推高盱眙第一山的历史文化高度。试问，同样的天下4A景区，同样的天下“第一山”，谁与争锋、谁与媲美？！至此，你还会质疑黄淮之间突兀而起却并不高峻的第一山的何德何能？！

文楼——

走近约2500岁的河下古镇，两侧古色古香的建筑群与石板路形成了一条狭长的时光隧道，仿佛穿越到千年繁华。

明清时期，这里曾出过67名进士、123名举人、12名翰林，素有“三鼎甲齐全”“进士之乡”之美誉。

“十里朱旗两岸舟，夜深歌舞几曾休。扬州千载繁华景，移至西湖嘴上头。”明代诗人邱浚在《过山阳县》一诗里这样描述了当年河下的繁华。

压舱石的故事自然印证船家的智慧。石板路也如同一条红线串起了古镇中珍珠般宝贵的古迹，一个个古迹背后又串联着历史上一个个鲜活人物：《西游记》作者吴承恩和吴承恩故居、“抗倭状元”沈坤和沈坤状元府、温病学家吴鞠通和吴鞠通中医馆、女中豪杰梁红玉和梁红玉祠堂……还有每一条古巷及其中的故事传说，都积淀为河下古镇的厚重深邃。

千年古镇，百年文楼。位于花巷街的文楼，始建于清嘉庆年间，为纪念“抗倭状元”沈坤而建。它虽没有江南三大名楼之范式，然近200年的三楹小楼“得古韵文化之熏陶，领淮扬美食之风骚”，更得帝王驾临，而名声大噪、名闻遐迩。

灰色的砖墙配上雕花花窗，走进这个古朴悠然的四方庭院式楼舍，让人仿佛进入了一个古代私家大院。这个文人雅士品茶饮酒吟诗的文楼，原叫友楼，改为文楼，一说是店东陈海仙家出了秀才，一说是乾隆皇帝下江南于此赌对后的赐名。无论哪种原因，作为饭店文楼的静谧文雅与喧嚣嘈杂的商业气息明显拉开了距离。

那天，乾隆帝南巡至河下，慕名亲临小楼，见楼上宾客正以赌对为乐，自感文韬武略天下独步，加上大学士纪昀在侧，便自信满满参与其中，与民同乐。未承想，一小大姐（未出阁的小姑娘）脱口而出的上联“小大姐，上河下，坐北朝南吃东西”，竟让君臣苦思冥想良久，依然哑然无对，一时传为佳话。

数百年来，一个村姑信口的一句上联竟无人能对，墙壁上，下联的位置就这样一直空着，像一段剧情的潜台词，又像一处历史的留白。

## 三

近日，新余江苏名酒总汇店广为发布的一则免费领酒广告，再次勾起我前不久参观洋河股份的浓香回味。

驶入背靠京杭运河的洋河新区，一下大巴车，空气中就飘来丝丝香甜的气息。待进入参观甬道，香味变得浓郁起来，在周身弥漫，连我这个鼻子不灵敏的也倍感香气扑鼻、香气四溢。整个厂区仿佛一坛刚刚启开封口的窖酒，香气喷薄而出，继而放射状四处飘逸，仿佛10平方公里厂区的一草一木、一砖一瓦都受到熏陶。

与酒瓶同色衣服的女导游引领我们行进在高高的参观甬道上。俯瞰车间生产流水线，一瓶瓶蔚蓝色的酒于输送带上一路乔装打扮、过关斩将，犹如一个即将出阁的女子接受一众人的目光检阅。你看女工3人一组正襟危坐，只负责用眼睛观察瓶中是否有杂质，目不转睛、火眼金睛的样子和技能令人感佩。

梦之蓝手工班车间，做酒设施又是那么古朴自然：翻酒醅的手工酿酒师傅，地上锥形的谷壳堆，几顶蒸甑上袅袅升腾的白色蒸汽。经过“老五甑续渣法”等一道道传统手工艺程序和时间打造，才有了手工班这一款

“三老、两多、数量少”的高档酒，诠释了车间标语“一切伟大皆由双手创造”的劳动真谛。

五粮五谷的精华精粹，列入国家非遗的“三低”酿造技艺，加上“三河两湖一湿地”得天独厚的地理位置，成就了洋河酒“入口甜、落口绵、酒性软、尾爽净、回味香”的“甜绵软净香”的独有品质。

走进地下酒窖遗址，犹如走进了一条深埋的时间隧道和幽香秘道，那一坛坛用泥土严严实实封存的酒坛，密密麻麻，默不作声。这里是禁止拍照的。是的，一些东西是不需曝光和众所周知的，就如洞口的那棵老槐树，历史一开始就在这里做了标记、埋了伏笔。

让人感佩的还在于洋河股份勇开先河，创造了无数个业界第一。

天下第一坛。坛体最大直径6.5米，坛口直径3.5米，储存高档绵柔原酒100吨，时值6亿元，为世界最大贮酒陶坛。

白酒行业第一个智能立体仓库。高高的货架上，存放着85万箱近1万吨的成品酒，一个巨大的浓香源泉，被集结、浓缩、陈列在仅8000平方米的立仓里。

中国白酒行业唯一拥有洋河、双沟两大“中国名酒”和两个“中华老字号”的企业。6枚商标如6个宝贝，受到“中国驰名商标”的倾情保护。

难以想象，一个白酒国企拥有两处国家4A景区、两处国家工业遗产和一个全国重点文物保护单位，让人在愉快的工业旅行中自觉不自觉地接受白酒文化文明的洗礼。

洋河酒庄前有一个小亭台公园，木舟自横，鱼翔浅底，一丛丛清晰可见的水草在水底随光波轻轻招摇。这一池清澈让人见到了一瓶酒洁净无瑕的内心。

“绵藏智慧之道，柔怀博大人生。”不管你是故地重游，还是初来乍到，来到洋河酒都，都会引发关于酒品人品和美学的哲思与遐想……

运河美丽中轴江苏段的美，美在不同地段深深浅浅浮浮沉沉仪态万方的水声水韵，美在水香书香酒香融会贯通交织交响的香郁香馨。

“不舍昼夜的水 / 反复敲出岁月的鼓点 / 也像，那些潜行的鱼 / 拖着生活的尘烟 / 一再，致敬人间”（阎晋句）。

在大运河今年再次全线贯通的新时代大潮中，我看见，一个古朴典雅又年轻时尚的香美人，迎风伫立，临水照花，凭栏远眺，笑看河山……

（原载《新余日报》2023年5月25日）

# 镇江：一座城市的英雄气

傅　力

久闻镇江金山寺的大名，不是因为许仙白娘子的传说，也不是因为苏东坡和佛印的禅机妙语，更不是因为慈禧大寿的天地同庚，而是因为《说岳全传》中梁红玉擂鼓战金山的故事。

## 黄天荡围金军48日

第一次见到金山，是无论如何也不会与杀气森森、奋楫冲锋的水战场面联系起来的，这座山实在是太美了，绿树掩映，檐牙高啄，中冷泉、仙人洞、慈寿塔，处处显得安逸祥和。禅意幽深，是一处少见的“寺裹山”的佛教胜地，难怪自古就有“江心一朵美芙蓉”的美誉。金山只有40多米高，原是长江中的一个小岛，万川东注，一岛独立的它却留下无数诗词歌赋与文人故事。据说，当年完颜亮看了柳永的词，打着“观赏三秋桂子十里荷花”的幌子，动了纵兵南侵的野心。金兀术是不是也因为读了“楼台两岸水相连，江北江南镜里天”（沈括《夜登金山》）的诗句才决定一睹美景，冒险上金山呢？不管动因如何，公元1118年，十万金军遮天蔽日般奔向镇江，在金山前的广阔长江江面上与宋军对峙，并以此为发轫，拉开了著名的黄天荡大战之序幕。

宋将韩世忠率领八千军民同仇敌忾，中流鼓枻，使其终不能前进一步，金山成了金军心头的梦魇。再看山顶上战旗猎猎，击鼓催征，梁红玉飒爽英姿，亲冒箭雨，擂鼓助战。南宋军民越战越勇，金军且战且退，慌不择路败进死水港黄天荡，被堵在里面整整48天。十万金军上天无路，入地无门。在金兵“搜山检海捉赵构”的喊声中，被吓破胆的宋高宗闻听捷报，也神气起来，甚至打算御驾亲征。就在宋军准备犁庭扫穴，痛歼顽敌，一雪靖康之耻时，叛徒出现了，已成瓮中之鳖的金兀术侥幸逃脱。据《宋史·韩世忠传》记载：“兀术募人献破海舟策。闽人王某者，教其舟中载土，平版铺之，穴船版以棹桨，风息则出江，有风则勿出……又有献策者曰：凿大渠接江口，则在世忠上流。兀术一夕凿渠三十里。”一夜挖渠三十里，放现在也称得上是水利工程上一大奇迹了。金兵惶惶如丧家之犬的窘态可见一斑。

## 自古凛然英雄气

传统小说《说岳全传》中刻画了好几个叛徒的形象，秦桧、张邦昌、刘豫、杜充等皆有名有姓有血有肉。唯独对黄天荡里的这个献计挖渠的叛徒语焉不详。史书上也只是说“又有献策者曰”，《说岳全传》则把叛徒虚化成一名秀才的形象，而且告密后飘然而去，不知所踪。秀才姓字名谁，不知道；哪里人，不知道。老实讲，很多年来，笔者都对这个秀才耿耿于怀，为黄天荡之战的先胜后败深感惋惜。

前不久，笔者参加了中国报纸副刊研究会组织的“行走大江大河　抒写水韵书香”活动，与一位江苏镇江的文化学者聊起了黄天荡之战，并把自己的心结告诉她，希望得到叛徒更多的信息。她若有所思地说：“有人说黄天荡之战是在镇江打的，有人说不是在镇江打的。那么叛徒就有可能是镇江人，也可能不是镇江人。其实，现在‘人肉’叛徒已没意义，因为不管他是哪里人，都不能拉低当地人民奋起抗金的高大形象。特别是镇江人民，在几千年的对敌斗争史上，始终都表现出一种不屈不挠的英雄气概。”

在之后的几天里，随着对镇江的进一步了解，笔者深感此言不虚。镇江位于长江与大运河的交汇处，地处南北要冲、东西通衢，有长江锁钥之称，自古就是军事重镇，因此不可避免地发生过多次重要战斗，而在战斗中，镇江军民所表现出来的英雄气概一直为人所感佩。

## 京口兵打赢淝水之战

早在东晋时期，北府兵就是这样一支神一般存在的队伍，他们英勇善战，作风强悍。《晋书·郗超传》记载：“京口酒可饮，兵可用。”京口指的是镇江，京口兵指的就是在镇江招募的北府兵。公元378年，氐族政权前秦派出17万大军攻打襄阳，一路势如破竹，东晋将领谢玄率5万北府兵救场，四战四捷全歼敌人。

淝水之战的历史意义大家再熟悉不过了，而这场以少胜多的传奇就是由北府兵上演的。公元383年，前秦王苻坚为报前仇，决定卷土重来，倾全国之兵，以投鞭断流之势南下，大有鲸吞江南之威。仅有8万人的北府兵众志成城，淝水一战中，长风怒卷，势不可挡，把号称80万敌军打得一败涂地，苻坚退回北方后，庞大的前秦帝国就此土崩瓦解。京口北府兵以一己之力保住江南的稳定与繁华。之后，东晋将领刘裕讨孙恩、灭桓玄，取巴蜀、伐南燕、征后秦，最后建立了南朝宋，也是靠的北府兵。

## 恩格斯盛赞镇江抗英保卫战

镇江圌山北麓的五峰山，犹如一只神龟探入江中，这里就是万里长江中著名的“圌山关”，圌山炮台就建在探入江中的大矶头和二矶头上。走进炮台遗址，“圌山炮台遗址纪念碑”格外引人注目。1842年6月，英国侵略军悍然发动“扬子江战役”，将镇江作为进攻目标，因为侵略军明白，镇江地理位置十分重要，英军此举就是妄图切断运河航运，扼住清廷南北的经济命脉。7月13日，英舰队进入圌山江面，炮台守军开炮迎击，打响了抗英第一炮。英军船坚炮利，火力猛烈，守军顽强奋战，宁死不屈，圌山最后因弹尽粮绝，被敌人攻占。在焦山炮台，誓死不退一步的守军，用大刀长矛与英军展开白刃战，最终全部壮烈殉国，血洒炮台。

7月21日清晨，数千英军兵分三路进攻镇江城。清军终因武器落后，无法阻挡住英军的拥入，城门被打开，但守城官兵们挺身竟节，誓死不降，进行了激烈的争夺街巷战斗。他们与进城的英军短兵相接，有的徒手将敌人摔下城墙，有的扭住敌人一起跳墙同归于尽。但因敌众我寡，守军全部壮烈牺牲，副都统海龄自焚殉国。镇江之战，是鸦片战争以来英军投入兵力最多的一战，也是英军遭受损失最为惨重的一战。恩格斯在评价镇江抗英保卫战时就说：“如果侵略者到处都遭到同样的英勇抵抗，英国人是绝对到不了南京的。”

## 英雄之歌代代传唱

抗日战争时期，镇江军民的英雄气概更是可歌可泣。1937年12月3日和5日，日军在进攻镇江时遭到中国守军坚决抵抗，官塘桥、三里岗、砚梁山等多处发生激战，敌军伤亡惨重。8日上午，驻象山炮台守军人皆虎贲，炮尽雷轰，毙敌百余名。日军不甘失败，随后在飞机、重炮配合下登上焦山。驻守炮台的骆禧标等12名士兵组成敢死队，誓死抵抗。

镇江失守后，民间自发的抗日斗争此起彼伏，在农村普遍建立了自卫队、刀会、枪会等组织。比较有规模的地方抗日武装包括丹阳的管文蔚部、贡友三部、姜小龙部等。在句容有许维新部、张雍冲部、樊玉琳部。

1938年6月17日，粟裕率新四军在韦岗初战告捷，极大鼓舞了镇江人民的抗日斗志，揭开了新四军创建茅山抗日根据地的序幕。

大江滂滂，长风泱泱，3000年的历史长河中，镇江之城，英雄辈出，运河两岸，俊杰不断。从巾帼英雄梁红玉，到抗英殉国的海龄；从视死如归、绝不投降的黄竞西到“4·29”武汉空战中勇撞日本敌机的陈怀民；从投笔从戎、绝食殉国的新四军团长巫恒通，到长眠于茅山脚下的7000多名烈士，无数英雄谱写了一段段气壮山河的英雄之歌。

于高山之巅，方见大河奔流；于群峰之上，更觉长风浩荡。一个有希望的民族不能没有英雄，身处在伟大奋进的时代，立足于英雄气概的城市，当下的镇江人民正在新征程上，秉怀初心，阔步前行，把千古凛然的英雄之歌一代代传唱下去。

（原载《北京晚报》2023年7月2日）

# 两座江边城　一水连千年

郑钦豪　夏　新

子曰："知者乐水，仁者乐山。知者动，仁者静。知者乐，仁者寿。"

四川南充，依嘉陵江而建，背山面江，因位于古充国之南，故而得名。一条西河自西向东穿城而过，最终汇入嘉陵江。旧时的南充城因水而建，因运而兴。

绵延千里的嘉陵江将最美的身段留在了南充，也让临江而栖的南充人从小就与水产生了特殊的情感。卓文君与司马相如那段"凤求凰"的爱情故事，打破了世俗之常理，随着这滔滔江水，连绵不绝。

嘉陵江水最终在重庆汇入长江，流淌了2000多公里后，在那个名为镇江的地方，一个绝美的爱情故事也让世人皆知……

同为地级市，同是江边城。

江苏镇江，依长江而建，因地理位置优越，背山面江，为镇守江防之地，故而得名。一条京杭大运河由南向北穿城而过，最终汇入长江。旧时的镇江城也是因水而建，因运而兴。

这里的人依旧与水有着不解之缘，这里的故事也因水而生。《白蛇传》中，为救许仙，白娘子一怒之下水漫金山寺。两人的爱情，打破了世俗之常理，也随着这滔滔江水，连绵不绝。

两座城，依水建。皆因爱情，流传千年。

自司马相如故里沿江而下，便能望见南充西山。西晋时期的陈寿曾在山中数风流人物，看沧桑变幻，著就千古名篇《三国志》。陈寿读书之所，也被称作“万卷楼”，所谓“读书破万卷，下笔如有神”之说便源于此。

与镇江金山隔河相望的云台山，古时称“蒜山”，又名“算山”。据传在三国时期，诸葛亮和孙权曾在算山中商议对策，以对付曹操麾下的百万大军，也就有了后来的“火烧赤壁”。

不知当年陈寿在著书之时，是否也在西山上顺嘉陵江远眺，眼中会否出现千里之外的这一幕场景。

两座城，两座山。一人书写百年史，一计扭动千古局。

两座城均依江而建，自是有渡口的。

在南充，渡口多称为“码头”。“拜码头”一词，也因“码头”而生。

南充的码头有很多，仅高坪区内就有江陵码头、龙门码头、都京码头、永安码头、青居码头、溪头码头等多个码头。龙门场里的龙门码头，是南充人最熟悉的码头，至今，仍在履行它的码头职责。

龙门码头，建于明朝洪武年间，船只沿嘉陵江往返于广元与重庆之间，龙门就成了这条航线上最重要的中转站。码头的东北角有座老庙，名为龙王庙，修于盛唐时期。资料记载，鲤鱼跃龙门的故事就发生在这里。2000年，国家邮政局以这里的故事为蓝本，发行了《小鲤鱼跳龙门》特种邮票。

西津渡，镇江最为出名的渡口。历史上，这里曾是江南运河入江的“江口之地”，也是江南运河漕船横渡长江的起点，更是大运河南北人流货物的集散之地，是长江下游最重要的渡口之一，唐代曾名“金陵渡”，宋代后才称“西津渡”。

唐代诗人张祜曾在此留下千古名诗《题金陵渡》，如今，张祜的铜像和诗词就留在西津渡的待渡亭对面。李白、孟浩然、王安石、苏轼、陆游等都曾在此候船或登岸，并留下了诸多脍炙人口的诗篇。就连那位最爱江南的乾隆皇帝也曾在此钓起大鱼。因此，待渡亭也被当地人称为“钓鱼台”。

两座城，两渡口。因江而生，因水而兴。

码头文化，在南充伴生出来的就是茶文化，码头旁自是茶馆林立。与其他地方的茶文化不同，南充的茶文化多以信息交流为主，品茶仅为辅。“一茶知天下”，是四川人最典型的性格特点。码头边遍布的茶馆里，只需点上一杯清茶，就可以通过茶客的谈论，了解天下大事。在信息封闭的古时，此处便是信息交汇的中心，也是议事、定事的最佳场所。

渡口文化，在镇江伴随而生的也是茶文化，渡口旁亦是茶馆云集之所。这里的茶文化与南充不同，因多有富商云集，故品茶更讲品质。龙井、毛尖、碧螺春……全国名茶皆在此有着巨大的市场。这里是南北水域的交汇处，也是南北信息的交汇处。南来北往的国家大事在这里中转，南来北往的商家在这里寻找商机。

两座城，一杯茶。品人生之精妙，闻天下之大事。

在南充，盛行的是汉族八大菜系之一的川菜。

在镇江，盛行的是汉族八大菜系之一的苏菜。

川菜和苏菜，皆是以融合形成的菜系特点。

四川，在历史上发生过多次大规模的人口迁徙，其中，以清朝初期的“湖广填四川”为最。全国各地人口大量迁徙入川，带来的不仅是他们的文化、语言，更带来了他们的饮食习惯。与四川本土特产的花椒、辣椒相结合，形成了现代川菜的特点，也造就了川菜的包容并蓄。

江苏，自古以来就是南北水路交通的中点。京杭大运河的开凿，漕运的发达，都让江苏成为了南来北往的重要节点。南来北往的客商、官员纷纷聚集于此，他们带来的不仅是不同的文化、语言，还有大量的财富和各地的饮食习惯。从最初的南北菜系之分，到后来的融合发展，苏菜将之完美结合。乾隆最爱的镇江肴肉和老百姓家中常食的锅盖面，就是其中的代表菜。北方人爱吃的面，南方人喜好的精致肴肉，在这里碰撞出火花，既有精致，又有粗犷，且毫无违和感。苏菜在南北菜系的融合中大放异彩。

两座城，两菜系。文化在此碰撞，美食在此融合。

千年流淌的大江大河，带来的不仅有美妙的故事，丰富的文化和美食，还有不断淤积的泥沙。

近年来，南充在嘉陵江和西河的治理上下足功夫，持续推进“清河、护岸、净水、保水”行动，持续深入打好碧水保卫战，奋力打造出更高品质水环境。在加强嘉陵江流域生态环境保护和修复的同时，进一步筑牢了长江上游的生态屏障。

近年来，镇江乃至江苏通过实施京杭运河绿色现代航运综合整治工程，打通“生态、发展”双循环，推动“城河共荣、景河共生”，成效显著。

治理江河如同治理人心，需要不断地疏通、改良和创新。城和人也一样，只有不断地探索和创新，才能让我们在历史的长河中，不断地得到发展和进步。

城，依旧耸立在江边。人，依旧生活在城里。相通的是历史和文化，相连的是江水和人情。

千年，在历史长河中许是短短一瞬，却是十多代人的砥砺一生。千年来，诸多故事在世间传扬，诸多人物在江湖跌宕，唯有城与江，默看世间沧桑。

人，行走在大江大河之畔；心，往来于两座城市之间。两座城市，一条长江，千里之隔。两座江边城，一水连千年。

（原载《南充晚报》2023年5月5日）

# 大运河手记

陈明明

之前，我对京杭大运河只有想象。

这样的想象停留在古代：很多河工手挖肩挑，生生在陆地上开凿出一条大河，引水后，供船只南来北往通行，可运货，也可载人。

上月，参加中国报纸副刊研究会组织的百名文化记者江苏行，我得以和同行一起，沿着大运河行走。

江苏是大运河的发源地，公元前486年，吴王夫差在扬州开凿邗沟，由此发端，不断延伸。

穿越2500年时光，作为境内河道路线最长、流经城市最多、运河遗产最丰富的省份，江苏形成了独特的水韵魅力和人文内涵。

这次行走刷新了我对大运河的认知。

大运河早已经逾越了“历史遗迹”的范畴，它仍在流淌，或为运输通道，或为休闲场所，或为观光胜地……继续为沿岸的发展发挥着作用。

## 伟　力

首先是地名吸引了我。

谏壁，一听就很有历史、很有故事，就像赤壁一样。赤壁在湖北咸宁，谏壁在江苏镇江，两者并无关联，但听地名，都有金戈铁马的感觉：江面、战船、厮杀……

“凡是直谏都要碰壁”，这是字面上的解释。我却觉得，这于情于理似乎并非如此，不然古时的谏官情何以堪。

有一种说法是，南宋抗金名将韩世忠在此造起四道巨大墙壁，供士兵们张贴抗金谏文，因而得名。

查了资料，谏壁源自汉景帝前元三年（公元前154年），已有两千多年的历史，但史志上，“练壁”“涧壁”“谏壁”三种称呼常常混用。由此推测，谏壁似乎来自谐音。

这样的考证有些无趣，我宁愿相信“四道贴满谏文的墙壁”，那是多么的激情与豪迈。

现在的谏壁因为“江南第一闸”而为人所熟知。

到镇江之后，我去了金山寺，就是白娘子大战法海的地方。在金山上远眺长江和京杭大运河，不禁会产生“自然之壮美、人工之伟力”的感叹。一条是世界水能第一大河，一条是世界上里程最长、工程最大的古代运河，两者交汇，构成中国最大的黄金十字水道，并繁衍出一个商埠重地。更难能可贵的是，大运河仍在流淌，船只仍在航行。

谏壁船闸的意义就显现出来了。

大运河上有很多船闸。因为大运河连接很多大江，这些大江和大运河的水位有落差，如果直接相通，极易发生水灾，对行船安全也有很大威胁。船闸的作用就是把大江和大运河隔断开来，在闸道内，通过调节水位，实现船只平稳进出。

站在岸边，可以清楚看到一艘艘行驶中的货船。船舱里生活用品一应俱全，船头种着花草、青菜和小葱，狗静静卧着，俨然一个流动的家。

走进现代化的谏壁船闸运调中心，可以清楚地看到支撑货船有序通行的过闸系统。这里，常年担负着苏、鲁、皖、沪、浙、鄂、川等多个省市船舶航行的运输任务，每天运输船只不下1000艘，每年货运总量可达1亿吨。

古老的大运河，通过智能控制，发挥出了最大效能，黄金水道依然在产生黄金效益。

## 智　慧

陆路也好，水路也好，为缩短路程，常常是截弯取直。

在扬州，却有一段运河是截直取弯，而且还弯出了三个湾。

扬州这座城市自古北高南低，运河水急，行船多险。明万历二十五年（1597年），扬州知府郭光复为解决漕运交通的问题，把原有的100多米长河道改挖成了1700米的弯道，呈现一个倒“几”字形，以此蓄积河水、减缓水流，保障船运安全，发挥了“三湾抵一坝”的作用。

现在的扬州三湾，不再是航道，成了湿地公园。

公园里繁花开得正盛，步道两旁绿草如茵，水面碧波荡漾，鸟儿贴地飞翔，市民在此观光赏景。

听当地人说，三湾经历过曲折。

上世纪六七十年代，这里被规划为工业区，聚集了农药、皮革、建材等80多家工业企业，对生态环境造成严重损害，水质恶化、河道淤浅、岸堤老化破损、两岸棚户林立。

从2015年开始，当地启动三湾生态修复工程。三湾水质从劣Ⅴ类提升至Ⅱ到Ⅲ类，拥有了超过500种水生植物，吸引了40多种鸟类来此栖息繁衍。

公园旁就是中国大运河博物馆。这是国内首个全流域、全时段、全方位展现中国大运河历史、文化、生态以及科技面貌的“百科全书”式建筑，每年接待游客超百万人次。游客走进博物馆，对大运河就有了全面的了解。

大运河绵延千里，地势不平，还贯通黄河、海河、淮河、长江、钱塘江五大水系，条件复杂，但古代水工以自己的智慧，解决了开辟水源、保持水量、改造地形、克服洪水泥沙之害等重大难题。

比如，很好地利用沿线的湖泊，让它们成为“水柜”。

比如，使用“束水攻沙”的办法，冲刷黄河沉积的泥沙。

比如，建造各种不同的水闸，调节运河水量、保证行船安全。

…………

走出大运河博物馆，我对扬州三湾的理解又多了一重。

在大自然面前，人类是渺小的，但人类的高明之处在于，能够在尊重自然的前提下，不断地了解自然，找出其中的规律，并且加以利用。

运河本来就是人类利用自然的产物，当然有智慧驾驭。历经千年，运河流淌不息，至今仍是两岸人民的致富河、幸福河。

## 匠　心

在淮安，我才真正投入大运河的怀抱。

里运河穿城而过，河面不宽，河水平缓宁静，很是温顺。

明永乐十三年（1415年），时任漕运总督陈瑄沿北宋沙河故道开凿河道，就是这条里运河。

明清时期，南方人从水路乘船而来，在此舍舟登陆，取道北上；北方人从陆路乘车马至此，弃马登舟，在清江浦石码头扬帆南下，有“南船北马，九省通衢”之称，造就了淮安这个“壮丽东南第一州”。

这里早已不是运河航道，只有游船悠游河上。“淮安大运河夜景游航线”作为全国唯一的大运河特色文化游项目，被交通运输部评为全国50

条水路旅游精品航线之一。

夕阳退去，斑斓的灯光亮起，我们来此夜游。

游船宽敞、干净，微风吹着，带着大运河湿润的气息，让人身心放松了下来。

坐在游船上看岸边，和白天的感觉完全不一样，建筑还是那些建筑，穿上五彩霓裳，让人产生了一种疏离的感觉。

疏离给人以想象。

从轮廓，我想象着那些塔、楼、亭的样子。

船行着，猛然看到一座桥，桥不高，船驶过的时候，可以清楚地看到桥身一块块整齐的条石。

在有些梦幻的夜色中，看着那些方方正正的石块，不由得想起刚刚去过的洪泽湖大堤。

洪泽湖大堤的作用是将淮河水全面阻断，从而将水积蓄在洪泽湖中，以调节大运河的水位。

洪泽湖大堤距今已有1800多年的历史，是世界上最长最宽的大堤，共使用千斤条石6万多块。

我们来到洪泽湖大堤45公里处周桥大塘段，这里由林则徐在清道光年间指挥修建而成，有着洪泽湖大堤保存最为完整的石工墙。

为保证工程质量，林则徐指挥工匠在使用的每一块条石上凿出一个齿槽，用生铁铸成两头大中间小的铁锔，铁锔与齿槽一般大小，把铁锔放在齿槽之间，再浇上由糯米汁与石灰搅拌而成的砂浆，使得条石与条石牢牢地黏合在一起，不留丝毫缝隙，做到了水泼不进、针插不进。林则徐还下令在每一块铁锔上刻上自己的名字，以表示对其修筑的工程终身负责。

这就是匠心。

如今，洪泽湖大堤依然固若金汤，捍卫着里下河地区1000多万人的生命财产安全。

## 创 意

行走在江苏，很多湖泊都和运河连在一起，比如洪泽湖，比如骆马湖，它们蓄水量大，有灌溉、调洪、航运和水产之利。

骆马湖历史悠久，是江苏境内第四大淡水湖。

水清、景美，似乎并没有什么特别的地方。走近了才发现，湖边竟有个沙滩。

沙滩面积不小，达18万平方米。

神奇的是，沙滩上的白沙并非“土著”，而来自海边。也就是说，这里本没有沙，却做成了目前国内内湖最大的人工白沙滩公园。

沙滩不仅有白沙，还有沙雕。

变形金刚、宇航员、孙悟空……走在粗犷的沙雕中间，我一时竟有些恍惚，就像是在海边。

自2019年开始，宿迁已连着办了五届骆马湖国际沙雕节，一届比一届精彩，一届比一届充满想象力。

前四届的主题分别是“运河千里图”“丝路芳华”“百年征程、流光溢彩”“动漫嘉年华”。

今年以“航天嘉年华”为主题，集中展现了中华民族的“问天”之路和我国载人航天工程取得的辉煌成就。沙雕展区占地1.5万平方米，设置了宇宙篇、科幻篇、追梦篇和发展篇四个区域，通过72座大小不一的沙雕，构建了逐梦寰宇、遨游苍穹的梦幻世界。

现在，沙雕公园已成为当地及周边市民的热门“打卡地”，沙雕节更是办成了颇具影响力的品牌节庆。

可以说，创意让骆马湖，或者说大运河，绽放出了时代风采。

接着，我们去了皂河龙运城和项王故城。

皂河龙运城位于京杭大运河、骆马湖、古黄河和古皂河四水交汇之地，乾隆六下江南五次驻跸于此，赞叹此地为“第一江山春好处”。

项王故里位于宿迁市区东南，古为下相梧桐巷，是西楚霸王项羽的出生地，他亲手栽下的老槐树沐浴两千多年风雨依然郁郁葱葱。

宿迁是江苏最早的人类活动所在地，这里有很多能看得到的历史，包括洋河酒厂的地下酒窖。

宿迁有洋河和双沟两大名酒，因此被称为中国酒都。

中国酒都闻名于世，不仅在于能酿出好酒，更因为“绵柔”这个概念的走红，开创了以“味”为主的白酒新流派。

这也是创意的力量。

（原载《衢州日报》2023年5月29日）

# 盱眙第一山

陶　稳

盱眙第一山，说的不是排名，而是一座山的名字。初次听到这略带霸气的山名，以为怎么着也有上千米高，陡壁悬崖，挺拔险峻。但实际上，这座山只有近百米高。4月正午的骄阳下，站在山脚抬头望，岩壁、亭阁，一览无余，同行人略感失望。

第一山，又名南山、都梁山，只因北宋书画家米芾曾登临此山，留下“第一山”的题刻，从此南山更名为第一山。

考究起来，国内有“第一山”之名的山，不下二十座，其中有米芾“第一山”石刻的，就有十多座，包括泰山、嵩山、庐山、武当山、峨眉山等。为何别的山仍延续原名，而这座山却敢于直称第一山？导游说，原因是米芾还在山上留下了一首诗。

宋哲宗绍圣四年（1097年），米芾从东京（今河南开封）沿汴河南下，赴涟水军使任。船行至汴河入淮口，他远望泗州城南淮河对岸的这座山，作了《第一山怀古》:“京洛风沙千里还，船头出汴翠屏间。莫论衡霍冲星斗，且是东南第一山。”

南宋时，淮河成为宋金两国分界线，盱眙是分界线上的重要城镇，宋金两国出使往来，要在此过境。一河之隔却咫尺天涯，南宋士庶在第一山上望着对岸，难免生出失国之痛、兴亡之叹。

诗人杨万里曾在此写下《初入淮河四绝句》：“船离洪泽岸头沙，人到淮河意不佳。何必桑乾方是远，中流以北即天涯。”

沿着台阶继续登山，不觉间已经置身于一片绿荫里。草木掩映中，一块块摩崖石刻呈现在眼前。虽然久经风霜雨雪，上面的字迹已经模糊不清，但这座山的文化底蕴开始在眼前呈现。

据说第一山上现存的题刻，有摩崖88块、碑碣78块，不仅有苏轼的《行香子》词摩崖，还有米芾、蔡元长、刘焘、杨万里、贺铸等的题名，云集楷、行、隶、篆等多种字体。

第一山坐落在淮河南岸，左揽翠屏峰，右拥风坡岭，背依清风山。随着逐步攀登，环顾四周，只见山峦起伏，树木苍翠。山上风景清幽，山下是一片浓郁的生活气息。提到盱眙，可能很多人最先想到的是小龙虾，毕竟这里有“中国龙虾之乡”之称。这里每天有3万斤小龙虾销往各地，到达人们的餐桌。

一边是底蕴深厚的美景，一边是接地气的美食，想到此处，不觉能领会苏轼在此地写下“人间有味是清欢”时的心境。元丰七年（1084年），苏轼从黄州转任汝州团练副使途中路过泗州，当时已至年底，因淮水结冰不能行船，在当地逗留十几日。泗州知州刘士彦是苏轼旧友，重逢后陪他游览南山，于是便有了《浣溪沙·细雨斜风作晓寒》这首词：“细雨斜风作晓寒，淡烟疏柳媚晴滩。入淮清洛渐漫漫。雪沫乳花浮午盏，蓼茸蒿笋试春盘。人间有味是清欢。”

漫步在生长着古老草木的山头，感受历史的人喧马嘶，和此刻大自然的宁静，仿佛逐渐能理解古人为何如此钟爱这座山。在它面前，历史的画卷风起云涌，有城市兴衰，有金戈铁马，有诗人墨客，有春夏秋冬。历史没有结束，这座山还在续写新的故事。

（原载《工人日报》2023年7月9日）

# 沿着运河“读”中国

陈　群

了解今天的中国，要从了解中国的历史开始。

了解中国的历史，就不能不说这条河。

在中国东部，有一条蜿蜒千里的大运河。它的通航极大地影响中国南北经济社会发展，有力地促进中国与世界的互动交流。

这是流淌了千年的水上文明，是一部书写在华夏大地上的宏伟诗篇。

4月7日至13日，全国百余名文化记者从南京出发，经镇江、扬州、淮安，一路北上至宿迁，在春风里行走大运河，亲历江苏“美丽中轴线”，感受江河交汇、人文与自然相融、历史与现代碰撞而产生的澎湃力量。

## 一

运河的生命是水。

“平均每20秒就有一艘船通过”。4月9日上午10时，暖阳下的镇江市京口区谏壁船闸，一艘艘货船正推开运河的波浪，平稳地从这里驶入长江。

被誉为“江南第一闸”的谏壁船闸，地处长江与京杭大运河这两条黄金水道的十字交汇口，是苏南运河上唯一直通长江的复线船闸。

此时此刻，运河与长江水位恰好齐平。无需开闸放闸，现代版的“舳舻转粟三千里”在眼前上演。

一条运河通古达今、流贯南北的神奇伟力令人惊叹。

京杭大运河全长近1800公里，历经六个省市，连通海河、黄河、淮河、长江、钱塘江五大水系，串联起沿线数十座城市。

行走在大运河畔，历史的时钟仿佛在耳边嘀嗒作响。

作为中国古代的一项伟大工程，大运河承担了重要的货运、灌溉和防洪任务。它不仅是沟通中国南北的大动脉，还是连接海上丝绸之路和陆上丝绸之路的重要纽带。

以前，人们常说“大运河上漂来紫禁城”。在近千年的历史岁月中，大运河每年为北京带去约400万石粮食，并为故宫建设带去大量砖瓦、石材、木料。

如今，运河之水激荡着时代发展浪潮，依然保持着强劲的活力。

在江苏，四个大运河绿色现代航运示范区已经建成。作为全球最繁忙的内河航道之一，大运河江苏段通航里程占全线3/4，常年有13个省市的2万余艘船舶通行，年货运量5亿多吨。

今天，我们完全可以这样说，滔滔不息的长江与绵绵不绝的运河构成的“黄金十字”，共同托举着长三角这一中国极富活力的经济板块。

运河泱泱，泽润千里。

当一条河与另一条河不期而遇时，会有一番什么景象？

春日午后，登上淮安水上立交的桥头堡，入眼便是一幅震撼场景：平原千里莽莽苍苍，诸水聚散浩浩汤汤。

淮安水上立交是亚洲最大的水上立交。京杭大运河和淮河入海水道在这里十字交叉，却各行其道互不干扰。

淮河入海水道在地表，淮河水经过河床自西向东流向黄海；而运河航道位于半空中，南来北往的千吨级货船在“桥”上有序通行。

大运河与每一条江河湖泊的碰撞，都会产生荡气回肠的交响曲。在京杭大运河修建史上，劳动人民以卓越的聪明才智和巨大的创造力，解决了开辟水源、保持水量、改造地形、克服洪害等系列难题，创造了一个又一个治水奇迹。

“一条人工创造的、活着的、不断生长的运河，让我们赞叹人类智慧的伟大。”参观完谏壁船闸、三河闸、洪泽湖大堤、苏北灌溉总渠、水上立交等运河相关水利工程后，不少记者发出这样的感叹。

江河交汇，激荡着时代洪流奔涌向前的奋进力量。

## 二

运河流淌的是文化。

夜色降临，华灯初上。可以“一眼千年”的镇江西津渡仿佛披上华丽的晚礼服，美得让人吃醋。古街上游人如潮，热闹非凡。

“师傅捏，您来吹，好吃又好玩。”“非遗进景区”西津大市一条街，一家名为“互动吹糖”的33号摊位主人，正从加热的小铁锅中，挖出拇指大小的一块糖稀。通过揉、捏、拉、摁等动作，经小朋友轻轻一吹，略加修饰，一只活灵活现的小龙就呈现在大家面前了。

西津渡的整条街上，布满了各种非遗文化展示摊位。古老技艺与现代生活在这里交汇，让传统文化绽放更加绚丽的光彩。

西津渡位于长江与京杭大运河交界处，从三国时期开始，就是著名的长江渡口。李白、孟浩然来过，王安石、苏轼来过，陆游和马可·波罗也曾在此候船。清代以后，由于环境变迁，其渡口功能基本消失，但活化石般的风貌被基本完整地保存下来了。

行走在西津渡繁华的古街上，可以看到自唐宋以来的青石路面，元明时期的石塔，晚清时的楼阁。这里是我国历史最久、规模最大、保存最好的古渡历史街区，一直被视为镇江历史文化名城的“文脉”所在。

一部运河史，半部中华文明史。

宛如运河边一艘即将扬帆起航的巨船，坐落于扬州三湾的中国大运河博物馆，成了古城扬州新的文化地标。建成开馆仅一年半时间，参观人数便突破240万。

在这里，可以读懂中国大运河的“前世今生”。

作为国内首座集文物保护、科研展陈、社会教育为一体的现代化综合性运河主题博物馆，中国大运河博物馆展出了从春秋至当代反映运河主题的各类文物展品逾万件（套），涵盖古籍文献、书画、碑刻、陶瓷器、金属器等。

博物馆内最大的展品，是从河南开封附近提取的大运河河道，长25.7米，高8米，占据了整整一面墙。今天，这段河道已经完全淤平成陆地，埋在地下。但唐、宋、元、明、清历代河道底层土色、沉积文物依然清晰可见。

大运河的开凿，最早可以追溯到春秋末期。公元前486年，吴王夫差下令修建邗沟，欲以水路沟通江淮，争霸中原。这是京杭大运河淮扬河段的前身，吴王夫差也被称为大运河“第一锹”的开挖者。

估计当时很少有人想到，这个原本为军事目的落下的“第一锹”，最终成为一项泽被千秋伟大工程的重要起笔。

“三千年凿空，五千里水路，南北缀连江湖河，东西联络海陆川”。通史展《大运河——中国的世界文化遗产》，全力撷取运河沿线省市的亮点特色，通过文物、辅助展品、图表、照片、场景、模型等多种手段，对大运河实现全流域、全时段、全方位解读。

“因运而生——大运河街肆印象”整个展厅都是绝佳的打卡地。这里复原了中原、燕京齐鲁、江淮、江南四个地域城镇村落的街巷空间，时代风格跨越唐宋至明清。走在展厅中，仿佛行走在一幅自北国到江南的民俗风情画中。

伴随着一滴水滴落的声音，各处的河水从四周蔓延到观众脚下，一圈圈水波随着观众的脚步荡漾开来。“河之恋”数字化专题展厅，270度整墙环幕通过“水、运、诗、画”四个章节，带给观众对“流动的文化”的唯美想象。

博物馆外，古运河蜿蜒流淌，文峰塔、大运塔、天中塔相映成趣，在运河边形成了“三塔映三湾”的独特景观。

2014年6月，中国大运河正式被列入《世界遗产名录》。其中包含有河道遗产27段，相关遗产点58处。

## 三

运河两岸是故乡。

春光明媚。走进宿迁市蔡集镇牛角淹新型农村社区，干净整洁的村庄，美丽舒适的庭院，多姿多彩的田园，让人的心境一下舒坦起来。

牛角淹是个有故事的村庄。这个在黄河洪涝时取土筑坝而形成的古村落，充分利用现有水面，做足“牛文化”和“农耕文化”两篇大文章，村庄面貌焕然一新。村里不仅有卫生室，还有休闲公园和集文化展示、老年活动、村民议事、卫生服务为一体的社区综合服务中心。

上世纪七八十年代的老房子，生产生活用的石磙、煤油灯、旧木箱……富裕起来的村民并没有将这些“旧家什”完全抛弃，而是作为“乡愁”保留下来，供后人参观。

在这里，历史与现实再一次碰撞出绚丽的火花。

因“运”而生，因“运”而盛。大运河见证无数城市和村庄崛起。

好景满目，流淌幸福，运河两岸人民的千年愿景，正在变为现实；一幅古今交汇、人水共生的美好画卷正在徐徐铺展。

扬州做靓“运河原点”。徜徉运河三湾风景区，春风拂面，草木葱茏，令人心旷神怡。谁曾想到，过去这里曾聚集80多家污染企业。生态整治为运河带来重生。从东关古渡到三湾景区，一到旺季游人几乎天天爆满。去运河大剧院品传统曲艺，到老字号尝淮扬美食，处处皆有运河风味。

镇江打造“运河名城”。穿行在地处江河交汇处的这座城市，随处可见与运河相关的遗迹。大江风貌与小桥流水在这里交汇，悠久历史的沉淀与现代都市的活力在这里共生。镇江正以江河交汇文化与遗产保护传承为内核，建设“五口通江”文化展示区，倾力打造“运河文化特色名城”。

淮安再现“运河胜景”。乘船夜游清江浦，里运河两岸灯火通明，霓虹闪烁。过往的兴盛之景、繁华之美被一一还原。大运河的“点石成金”，使得淮安凭借着优越的地理位置，成为中国南北漕运的“咽喉”，也拥有“运河之都、九省通衢”之称。近年来，淮安聚力打造“运河之都”百里画廊，全力绘就如意安澜、泱泱治水、传世古堰、湖山胜境等“淮上四卷”，努力让大运河成为高质量发展的致富河、高品质生活的幸福河。

宿迁深掘“运河富矿”。漫步骆马湖公园松软的沙滩，吸一口三台山国家森林公园清新的空气，你就会理解，为什么乾隆赞叹这里为“第一江山春好处”。从建设运河湾生态公园，到打造皂河龙运城，宿迁正“一盘棋”统筹，将大运河沿岸生态景观与环境遗产，连缀成一条熠熠生辉的文化长廊，将“项王故里、中国酒都、水韵名城”三张名片擦得更靓。

以生态起笔，以文化落笔。千年运河正掀开新的一页，绽放新时代青春芳华。

一周行走很快就结束了。只是匆匆一瞥，我们便领略了大运河这部百科全书多彩的一面。

它是古老的，又是新生的；它是有形的，又是无形的；它是流动的，又是固态的；它是多元的，又是一体的；它是中国的，又是世界的。

在这里，我们可以读懂中华文明生生不息的精神密码，读懂中国式现代化的深厚内涵。

（原载《安徽日报》2023年5月5日）

# 淮安的风骨

赵　怡

淮安是美的。这是我对淮安的初印象。

淮安，是以一河潋滟清波的柔美形象扑入我的眼帘的。

其实，这样说是不准确的，也是有失公允的。随着中国报纸副刊研究会组织的“行走大江大河　书写水韵书香”江苏行采访活动，从南京、镇江、扬州一路北行，进入淮安地界后，我们已经走进黄花塘新四军军部纪念馆、三河闸、洪泽湖大堤、枚乘书院，或肃穆，或壮观，或浩渺，或幽雅，无一不在人心中刻下深深的印记。

到达淮安市时，已过晚上9时，听说稍后还要“夜游里运河”，走一走清江浦景区，不免有些抵触，一天奔波下来，只想早早躺在床上放松四肢。带队的老师说，去吧，这是三千里运河最美的一段，夜景更是仙境一般，不去会遗憾的。

运河三千里，最忆清江浦。登上运河上的画舫，我在心里喟叹，此言不虚，更是庆幸自己没有错过。

清江浦是里运河文化长廊最为璀璨的一段。河畔的景观灯都亮着，九层八面的国师塔、雕窗画柱的清江浦楼，被灯光映照得光彩夺目，与水中的倒影交相辉映。画舫层层推开运河流光溢彩的水波轻盈地向前，一河光影晃动着，碎了，又执拗地复合、还原……常盈桥、水门桥、越秀桥，画舫从一座座桥梁与其倒影连成的光圈中穿过，仿佛穿过时光隧道，滑向历史的深处。

清江浦是淮安市清江浦区文庙以西、里运河以南、古清江浦楼以东、环城西路以北的区域，源于1415年时任朝廷督运总兵官陈瑄沿北宋沙河故道开凿的一条河道。清江浦位于三千里运河黄金分割线上，是大运河文化带融南汇北的中心节点，它的开埠，对于运河全线漕运的畅通具有十分重要的意义，并成就了淮安“南船北马，九省通衢”“运河之都”的名号，使淮安在明清鼎盛时期与扬州、苏州、杭州并称运河沿线“四大都市”。“红灯十里帆樯满，风送前舟奏乐声”，康熙曾这样描绘过盛世清江浦的景象。

但是，我很快发现，只以为淮安是柔美的、诗意的，我错了。

这，只是它的外表……

都知道淮安是周恩来的家乡。周恩来1898年出生在淮安府山阳县（今淮安市淮安区），在淮安度过了几乎整个童年，12岁离家求学。在周恩来纪念馆，有一处仿北京中南海西花厅建筑，是完全仿照周总理在北京的住处复原的，透过窗户能看到，屋里只有普通的一床一桌。一国总理，就是在这样简陋的环境中，夙兴夜寐，宵衣旰食，为国为民，鞠躬尽瘁。电影《童年周恩来》再现了周恩来年少时在淮安的生活点滴，他在家人、恩师的悉心教导下，懂得了人要“行得正，立得直”，懂得了“莫等闲，白了少年头，空悲切”，年仅13岁时，就发出了“为中华之崛起而读书”的铮铮誓言。

知名的河下古镇，与此相距不远。这里文化底蕴深厚，名人辈出，宋代抗金巾帼英雄梁红玉、明代《西游记》作者吴承恩……明清两代曾出过67名进士、123名举人、12名翰林，有“三鼎甲齐全”之称。河下古镇有一处“状元府”，它的主人，就是淮安历史上第一位状元、抗倭英雄沈坤。淮安是沿海重镇，又是漕运要道，成为倭寇骚扰的重要目标。国家兴亡，匹夫有责，沈坤安葬了父母以后，拿出全部积蓄，并变卖家产，招募了一千多名青壮年，亲自组织训练成一支英勇善战的抗倭乡兵。在他的训练和教导下，乡兵纪律严明，英勇善战，打了许多胜仗。沈坤去世后，淮安人修建了报功祠、状元楼纪念他。

我不禁想起前一天走过的洪泽湖大堤。当地有句俗语：“倒了高家堰（指洪泽湖大堤），淮扬不见面。”可见洪泽湖大堤至关重要。据有关史料记载，道光四年（1824年）十一月，一股特别强的冷空气突袭淮河流域，洪泽湖湖面结冰，形成凌汛，致洪泽湖大堤周桥段决堤，洪水似脱缰野马向东倾泻。正在家为母丁忧的林则徐临危受命，一袭素衣，带领民工修堤治水。在一段700多米长的内堤上，讲解员指给大家看一种固定条石的铁锔，上面清晰可见“林工”二字。他把名字刻在这里，并非为了留名千古，而是因为担当。因为，铁锔深埋护堤内，只有决堤才能显露出来，哪段工程出了问题，根据铁锔上的铭文，就可以查知这段工程由谁负责。

我又想起前一天走过的黄花塘新四军军部纪念馆。黄花塘这个默默无闻的小山村，因为1943年1月至1945年9月驻扎过新四军军部暨中共中央华中局，而在波澜壮阔的中国革命史上留下闪光的名字。馆内陈列丰富，真实再现了新四军组建和发展的光辉历史，以及新四军军部如何在艰苦卓绝的条件下，运筹帷幄，指挥抗日，开辟敌后抗日根据地，在日军统治的心脏地区插上一把尖刀，使华中地区成为对敌斗争的主战场。

一块已褪色的红色布料给我留下了深刻印象。当年，黄花塘的一户周姓老乡办喜事，陈毅夫妇要登门贺喜，但总不能空手去呀。张茜灵机一动，翻出一块大红布料，作为新婚贺礼。周家人将这块布料作为门帘使用，倍加珍惜，代代相传。抗战胜利后，新四军奉命北上，由于为新四军提供过很多帮助，周家受到国民党反动派的残酷迫害。

一代代淮安人，用生命书写着坚韧、倔强、担当，书写着家国情怀。

在周恩来纪念馆，我看见一群群身着校服的少年，脸庞红润、意气风发，排着队走进纪念馆。新一代淮安人，将担负着新的使命，一天天成长……

（原载《洛阳晚报》2023年6月13日）

# 运河之上，听时间滴答作响

王　珺

作家徐则臣在以运河为题材创作的长篇小说《北上》中，引用拉丁美洲著名作家爱德华多·加莱亚诺的诗句作为题记——“过去的时光仍持续在今日的时光内部滴答作响”，意在强调现实与历史之间存在着一种无论如何都不可能被切断的紧密的内在关联。

2014年6月22日，第三十八届世界遗产大会宣布将中国大运河列入《世界遗产名录》。

作为富有中华民族文化特色的世界遗产，大运河流过漫长的时间之河，以其贯通海河、黄河、淮河、长江、钱塘江的雍容气度，将现实与历史、昨天与今天紧密相连。

京杭大运河在江苏境内流经徐州、宿迁、淮安、扬州、镇江、常州、无锡、苏州八市，与长江一道形成了江苏最重要的水系骨架，滋养了江苏的千年繁华。

阳春三月，我随中国报纸副刊研究会、新华报业传媒集团组织的“行走大江大河　书写水韵江苏”采访团，从南京出发，东行至镇江，紧随大运河的波流，一路北上扬州、淮安、宿迁。这趟沿大运河江苏段行进的小“北上”尽管浮光掠影，却带我重返时间之河，沿路追随历史的脚踪，采撷时代的片段，对这条“经纬中国、运通华夏”，孕育出无数繁华盛景的河流进行了一次深情凝望……

## 文　脉

“万川东注，一岛中立”说的是金山，镇江最有代表性的历史名胜之一，被称为“江心一朵芙蓉”，为南北往来要道。金山以绮丽著称，寺宇金碧辉煌，一塔拔地而起，无论近观远眺，总是见寺而不见山，因而一向有“金山寺裹山”之说。这里还是一处“有故事”的名胜，《白蛇传》水漫金山、梁红玉擂鼓战金山、妙高台苏东坡赏月起舞等历史典故与动人传说脍炙人口，广泛流传。

夜晚，一行人寻访至长江、运河交汇处的古渡口——镇江西津渡，这个形成于三国时期的渡口距今已有1400年的历史，曾经是我国南北水上交通、漕运枢纽。如今，因其保存着自唐朝以来的大量历史文化遗存和成片传统民居，这里成为我国历史最久、规模最大、保存最好的古渡历史街区。徜徉于此，恍惚中生出不知今夕何夕之感，想起下午在金山寺顶俯瞰镇江城，凝眸西津渡、北固山，仿佛与古老的时间打了个照面。

在诗人眼中，大运河既是一条时间之河，也是一条空间之河。很多古都名城因大运河而生，而大运河沿线的名山大川也沟通了不同的文化区域。有人说，把古诗词中写到的这些地点联结起来，应该能串成一条大运河的诗词之路。苏轼那首著名的《浣溪沙》词写的就是与友人游南山（即淮安市盱眙县第一山）时品清茶素餐的情景，最后那句“人间有味是清欢”不知倾倒了几多世代几多人。

那日午后，我们没费什么力气就登上了“第一山”。“第一山”原名南山，雄踞淮河南岸，直面汴河河口（通济渠又被称为汴河，汴河穿过泗州城汇入淮河），遥视泗州（淮安市盱眙县）古城。古城因大运河而兴盛，是达官贵人、行旅客商、文人骚客等沿运河南来北往的必经之地。据说，如果立于北面汴河的船上远望，第一山便仿佛一架翠绿的屏风遮护着繁盛的泗州城，若淮水水势盛大，山和城就像漂浮在水面上，那景象很容易让人联想到海外仙山。自古以来这座山便是名家游历、题咏不绝的所在，还被吴承恩写进了《西游记》。

“第一山”因北宋著名诗人、书法家米芾作《第一山怀古》，并手书“第一山”刻于石而得名。北宋哲宗绍圣四年（1097年），米芾从东京（今河南开封）沿汴河南下，赴涟水军使任。在船行汴河入淮口，远望泗州城南淮河对岸山峦，作此诗。将近1000年后，我们行游至此，会晤一座并不高的山，漫步宁静的杏花园、苏米堂，算不算与我们仰慕的贤人雅士因缘际会？而这“缘”非大运河莫属。

大巴车行至位于淮阴区马头镇的枚乘书院时，从运河上升起的夜色已完全淹没了高低错落的院落，树龄820余岁的淮安一号古银杏树上方天空，密密地挂着又大又亮的星星。在那里，我们与汉大赋“鼻祖”枚乘隔空“交谈”，与往来于运河枢纽清口的李白、刘禹锡、骆宾王、温庭筠、白居易、苏轼、米芾、范仲淹、杨万里、梅尧臣等一众唐宋名家“会聚”雅集……

明永乐十三年（1415年），水利家陈瑄开凿清江浦河道，并筑闸四处，其中清江闸位于淮水与运河交汇处，当黄河水涨时，就关闭清江闸。从此，江南漕船可以直接到清江浦，既免除陆运过坝之苦，又减少许多风险。

坐在运河游船上，国师塔、吴公祠、陈潘二公祠、世界文化遗产点清江大闸、《天下粮仓》原型常盈仓、纪念周恩来总理的怀恩亭、周恩来童年读书处……依次从眼前闪过。淮安市大运河办副主任孟爱民介绍说：“运河沿线燕赵、齐鲁、吴越等地区文化在此交流碰撞，逐步融合衍生出以淮扬菜为核心的特色美食，以淮剧、淮海戏为代表的地方戏曲，以‘五教并存’为特色的宗教体系，以及吴承恩、刘鹗，周信芳、王瑶卿，《西游记》《老残游记》等一大批名人、名角、名著，形成了开放包容的淮扬文化。”

那夜，在清江浦的桨声灯影里，我体验了一回大运河“流动的文脉”。

## 水　利

“满耳雷声动地来，窥窗银浪打船开。练湖才放一寸水，跳作冰河万雪堆。”南宋文学家杨万里在《练湖放闸》（其一）中描写的开闸放水时的壮观景象，于我，只是一种想象，本以为这次有机会亲眼看见。然而去看谏壁船闸的那天上午，恰好遇上一天中运河与长江水位齐平的时刻，无须开闸放闸和等待通行，现代版的“舳舻转粟三千里”便在面前上演。

有着“江南运河第一闸”美誉的谏壁船闸位于镇江市京口区谏壁镇内，地处长江与京杭运河这两条黄金水道的“十字”交汇口，是苏南运河上唯一直通长江的复线船闸。常年有苏、鲁、皖、沪、浙、鄂、川等13个省市的船舶通过，连续十余年船舶通过量超亿吨，2021年度船舶通过量首破2亿吨。

站在京杭运河畔，一艘艘巍峨的货船推开运河的波浪平稳驶过。我注意到，船的尾部通常都摆放着几盆盆栽，里面种的除了青菜、小葱，也有小花小草。由此，我仿佛看见，装载着海量生产物料、生活物资的金属舱内，工作、生活着的鲜活的运河人，他们以船为家，以水为岸，不仅为生计，也为一种精神。

在运河之都淮安，我们走近一今一古两大水利工程——三河闸和洪泽湖大堤，倾听淮河水患频仍的悲怆历史，感受中华民族治理水患的顽强与智慧。

全长67.25公里的洪泽湖大堤仿佛一条绿色长龙，蜿蜒横亘在烟波浩渺的洪泽湖东岸。关于108道弯形成的传说可能仅仅是传说，事实上，每一道弯都可能是决堤后重修的遗迹，它们见证了当年水患的严重，也见证了人与自然抗争的雄心和坚韧。

漫步于风光秀美的洪泽湖大堤，眼前的海晏河清已经无从让人想象历史曾经的惨烈。始建于东汉，完成于明、清，在当代不断加固的洪泽湖，是世界上最长最宽的大堤。一行人立于“林则徐率众加固洪泽湖大堤”的恢弘群雕前，不禁感怀。

晴空下，“千里长淮第一闸”静卧碧波之上。这座新中国成立初期我国自行设计、自行施工的大型水闸，是淮河下游入江水道的控制口门。1951年毛泽东批示“一定要把淮河修好”，第二年三河闸开工建设。16.4万名建设者调动32万吨物资器材，仅用10个月时间就建成使用，成为中国水利史上的一大创举。

淮安是大运河连接淮河、长江、黄河的重要节点，素有“南船北马，九省通衢”之誉，“天下九督，淮居其二”之谓。孟爱民告诉我们，淮安地位之所以如此重要，和运河淮安段“穿黄入淮”的特点分不开，而历史上由于黄河夺淮、泥沙沉积、水灾泛滥，运河作为国家命脉的重要职能受到了严重威胁。淮河治水成功，保证了京杭大运河的顺畅通行。

## 传　承

《左传·哀公九年》记载：“秋，吴城邗，沟通江、淮。”公元前486年，吴王夫差在扬州开凿邗沟，成为中国大运河的起点。2500多年后，一艘巨型船只屹立于扬州运河三湾湿地公园西北方——2021年6月16日，扬州中国大运河博物馆正式开馆。“一本中国大运河的百科全书”就此开启，迎接世人走进中国大运河的历史文化，了解它的前世今生。

在2500多年的漫长岁月中，贯通南北、连通古今的大运河，留下了丰厚的物质财富和精神财富，2014年成功列入《世界遗产名录》，成为华夏文明的重要标识。

漫步中运博，我们看到古代调节运河供水的蓄水工程“积水成柜”，看到从黄泗浦遗址出土的龙泉青瓷碎片，看到元代著名天文学家郭守敬提出测量水位的基准点“零点”，看到因运河畅通而迅速发展并由运河转运至北京的临清贡砖、苏州贡砖……这实在是一本厚重的大书，值得人们驻足停留、细细品读。

习近平总书记指出，大运河是祖先留给我们的宝贵遗产，是流动的文化，要统筹保护好、传承好、利用好。

走访江苏境内大运河沿线城市，各地致力于保护优先、多方治理、文旅融合，既打造独具特色的景观河、水清岸绿的生态河，更注重打造内涵丰富的文化河，多种举措跃然眼前，已见成效。

无论是夜游清江浦，在桨声灯影里随运河波流移步换景，还是流连于“水清”“岸绿”“景美”的扬州三湾，都让我深刻地感受到河与人的亲密关系。大运河本就是一条关乎民生国运的河流，它的保护、利用、传承与每个公民息息相关。

高逸凡是江苏大学马克思主义学院的一名教师，他利用业余时间走访镇江的大街小巷，寻找那些已经湮没的河道、已经消失的桥梁和一些消失的著名景点、著名建筑。之所以做这些，他说，能够让市民、游客对镇江过去的空间格局有一个概念，对自己而言是有成就感的事情。去年在会莲庵街棚改项目的拆迁工地上，他发现了登仙桥和底下登仙桥闸的遗址，那是镇江大运河甘露港上的一个重要水闸。听说这个水闸马上就要进行修复，这座桥也要修复，他非常开心。他说：“未来，这里将修成一个小型的遗址公园，供市民游玩、学习、休憩。”

丹阳市运河中心小学校长蒋永键介绍，学校的美术社团带学生到大运河边写生，科技小组带学生检测大运河的水质……近几年学校通过一系列活动的开展，使孩子们对大运河的知识有了更多的了解。“我想今后大运河会越来越好，这些小孩将来也会成为保护大运河的传承者、记录者和开发者。”他说。

平原千里莽莽苍苍，诸水聚散浩浩汤汤；船在水中走，人在画中游；桨声灯影，两岸人家……

不错，通往“江南”最便捷的路，就是大运河；运河所经之处，更是“江南”中的“江南”。在江苏，跟随大运河的波流，我们体验了一个真正的江南。

寻古访今，仿佛采集时间遗落的珍珠。中国大运河是生命之河，亦是文化之河，见证着人类文明的历史进程。

“水和时间自能开辟出新的河流。”小说《北上》开篇第一句话便道出了运河的本质。

中国大运河本身就是一条时间的河流，它在时间的流转、时代的变迁中诉说着历史，也陈述着未来。

（原载《中国教育报》2023年6月30日）

# 遇见一条河

裴建素

跟随着由中国报纸副刊研究会举办的“行走大江大河　抒写水韵书香”百名文化记者采风活动来到江苏时，正是“烟花三月”好时节。由镇江起步，经扬州，过淮安，再到宿迁，一路北上。大运河、淮河、长江、黄河，在历史的长河中，这些水系或独行、或交织、或改道，如今，以江、河、湖、湾、塘等形式流动着，书写着水的故事。

## 一

奔腾6000多公里的长江曾在这里入海，蜿蜒1700多公里的运河曾书写此地的繁华——镇江，一座古老的城。

参观镇江谏壁船闸那一天，风和日丽，阳光正好，春天的风拂过发丝。伏在运河边的护栏上俯视大运河，河道平直，并不开阔。有些混浊的河水让人很轻易地联想到历史的厚重。没有波涛汹涌，人工的介入驯服了水的狂躁，河水显得温柔了许多。船闸是调节长江和运河水位的，恰好这一天两边水位平齐，没有落差，因此两道船闸高高抬起，一艘艘大货船一路绿灯，以间隔二三十米的距离次第驶过，推开水面，激起一层层波浪，场面甚是壮观。

顺着船行的方向望去，讲解员说，那边就是长江，再往下游是上海；而扭头望向船来的方向，那是运河，再远处就是扬州。来自苏、鲁、皖、沪、浙、鄂、川等13个省市的船舶常年从这里驶过，连续十余年船舶通过量超亿吨，2021年度船舶通过量首破2亿吨。这里是名副其实的“江南第一闸”。

将视线从船闸放远一点，再放远一点，水域面积渐渐开阔，像陆地上的停车场，一艘艘船排列着等待通过。那里是大运河的故道。看不见的时间会因为某个契机忽然打开，尘封千年的历史会在一瞬间展现。淼淼河水中，我的思绪穿越千年，眼前幻化出千帆竞渡、百舸争流的场景。

而当我站在扬州市中国大运河博物馆里沉浸式体验时，古运河上繁忙的交通场景便生动地展现在了眼前：大大小小的货船客船在河上穿行，沿途穿过秀丽的运河桥、美丽的公园小岛，芦苇、鲜花从身旁掠过，两岸是一派繁华胜景。

有着2500多年历史的大运河是中国古代劳动人民创造的一项伟大工程。在中国大运河博物馆里有这样的陈述：大运河是人类历史上超大规模水利工程的杰作，以其世所罕见的时间与空间尺度，证明了人类的智慧、决心与勇气。各具特色的高水平工程规划，出现在不同的水资源和地形地质条件的区段，综合解决了汇水、引水、节水、行船、防洪等难题，大运河由此成为连接南北、疏通全国的交通网络。按照工程系统类别分类，水源工程、水道工程、工程管理设施和运河附属建筑等组成了大运河的基本框架，是中国传统水利科技成就的集中体现。

## 二

淮安，名副其实的运河之都，它是大运河连接淮河、长江、黄河的重要节点，素有“南船北马、九省通衢”之誉，“天下九督，淮居其二”之谓。

明清时期，以漕运总督、河道总督驻节为标志，淮安成为大运河沿线地位显赫的政治要地、举足轻重的军事驻地、扼守国脉的经济重地。

与大运河的水相比，洪泽湖的水清澈透明，微风吹过，碧波荡漾。湖岸边是郁郁的丛林，丛林下是大片盛开的油菜花、二月兰。绿色、黄色、紫色交相辉映，构成一幅美丽的阳春图景。行走在栈桥上，碧波就在脚下、身旁，水波轻荡，一涌一涌的，像一双温柔的手，让心变得宁静安稳。将近黄昏，落日的余晖给湖水镀上了一层温暖的光晕，湖边的人们逆光下成为一幅幅婀娜的剪影。

心里的洪泽湖也是这样的旖旎好风光，作为我国五大淡水湖之一，我从没有把它与凶险联系过。当站在洪泽湖东侧的大堤上时，我才读到了它的另一面。洪泽湖的湖底比东侧大堤外的平原要高出几米，站在平地上时是看不到洪泽湖的，必须登上海拔16米的大堤才能看到。因为这种独特性，洪泽湖成为一座“悬湖”。洪泽湖是中国历史上唯一曾经连通长江、黄河、淮河、大运河四大水系的湖泊，它的存在本身就是人类与水害斗争的最好见证。

在历史上，由于黄河夺淮、泥沙沉积、水灾泛滥，筑堤拦水形成了洪泽湖。它始建于东汉，完成于明清，为拦截洪水，大堤不断加高加固，成为世界上最长最宽的大堤。周桥大塘外，一组恢宏的群雕，讲述着林则徐在丁忧期间率众治水、筑堤六年的大义之举。“这个素衣白衫的人/用自己最硬的骨头/将石与石以铁锔连/有人把名字刻上纪念碑想不朽/他把名字铸在铁里要担当/‘林工’！/至今，深埋在大堤暗处的这两个字/仍燃烧着铁红色的火焰”，咸阳日报编委、高级记者阎晋这样以诗抒怀。

是啊，水，给予人类幸福，也带给人类灾难，安静时它是温顺的，狂躁时它是凶狠的。人类在与它的斗智斗勇中将水害变为水利。如今的海晏河清是一代代治河人用付出与担当换来的。

洪泽湖以东30公里，淮河入海水道与京杭大运河在此交汇。“运河之水天上来！”我为眼前的奇观所震惊，难抑激动之情，禁不住大声赞叹。站在高高的桥上俯瞰，两条水道呈十字交叉，却各行其道互不干扰，就像城市里十字路口的立交桥。淮河入海水道在地表，淮河水经过河床自西向东流向黄海；而运河航道位于半空中，南来北往的千吨级货船首尾相连，次第驶过。工作人员告诉我们，每年这座“水上立交”的船舶通过量近2.9亿吨，是运河最繁忙的河段之一。

三河闸位于洪泽湖的东南角，是治淮工程中的又一壮举。它的上游是洪泽湖，下游是三河和灌溉总渠。当从河南、安徽两省奔腾而来的淮水注入洪泽湖时，打开闸门，可使洪水通过三河和灌溉总渠入江入海；没有洪水时，关上闸门就能把淮水蓄积在洪泽湖，用于灌溉和航运。这座新中国成立后修建的水闸于1953年7月建成，至今仍然是淮河规模最大的节制闸。2016年它完成了第四次改造，继续屹立在洪泽湖口，发挥着蓄水、泄洪、灌溉等功能。

## 三

夜游西津渡是一次难忘的经历。

“京口瓜洲一水间，钟山只隔数重山。春风又绿江南岸，明月何时照我还。”行走在西津渡历史街区，这首耳熟能详的古诗禁不住在心头回响。北宋熙宁八年（1075年），王安石55岁。那一年他被朝廷复用，再次拜相。他从南京出发，在镇江小住，坐船过长江到达扬州时，回首金山和西津渡口，写下了脍炙人口的《泊船瓜洲》。

当时江面远比现在宽阔，风高浪急，潮水奔腾，著名的金山还在长江以内，成为西津渡与扬州瓜洲渡的中转站和避风处。因此，“西津渡——

金山——瓜洲渡”就成为当时过江的主要通道，高官巨贾、文人墨客、平头百姓，但凡过江就要在西津渡盘桓。

夜晚的西津渡灯火辉煌，霓虹灯勾勒出各种古建筑的飞檐斗拱，参差交错，层层叠叠，错落有致。灰砖、石墙都带着岁月的沧桑。走在狭窄曲折的街巷，如同穿行在时光的隧道：昭关石塔是中国年代最久、保存最完整的喇嘛式过街石塔，建于元代；清咸丰年间所建的观音洞，历史可以追溯到宋代；紫阳洞供奉的紫阳君即北宋道教金丹派著名人物张伯瑞，传说明正德皇帝朱厚照曾临幸此地；太平天国新城城墙遗址是1853年太平天国军队占领镇江后修筑而成，原长3公里多，现残存40余米……在一处多朝代路面展示处则可以看到唐以前的、唐、宋、元、明、清的路面，可谓“一眼千年”……

在石塔北侧，有一幢楼屋，屋上有一道门额，写着“救生会”三个大字，它凝聚着西津渡最具人性光辉、历经千年一脉相承的救生文化。从西津渡过江并非总是云淡风轻，常有渡船遇上风浪波涛，人命关天，济渡救人成为西津渡历史文化中不可或缺的一部分。清康熙四十二年（1703年），蒋元鼐等十几人捐资在西津渡观音阁成立“京口救生会”，有专家统计过，它是世界上最早的救生组织，比原本被认为世界创设最早的救生组织——美国马萨诸塞州救生组织早成立84年，比英国皇家救生会要早成立188年。

风浪越是险恶，人性越是光辉。西津渡人用生命守护着生命，并将这种美德代代传承。勇敢、牺牲、责任、无畏成为这里惯守的价值取向。

大河奔涌，不眠不休，一些东西永远地流逝了，另一些东西却永久地保存了下来。大运河，它不仅是交通、是景观、是经济，它还是一种精神、一种信念、一种价值取向，它早已成为一种文化符号熔铸进沿岸百姓的骨子里。

在扬州，也是夜晚，坐船游清江浦，大河两岸各种造型的古建鳞次栉比，在导游的讲解中，一个个有关大运河、有关人的故事缓缓打开。更远处的公园里，新时代的大运河畔人在欢快地跳着广场舞，优美的音乐穿过夜空飘荡而来……

## 四

扬州大运河三湾湿地公园风景如画。因为“湾”多，水的曲度更加明显，如婀娜的少女，鲜艳明媚。忍不住“摄影留念”，发给家乡的朋友，朋友回复说：在滹沱河边呢？忍不住一笑，是啊，河水汤汤，夕阳映照之下，流光溢彩，是大运河还是滹沱河谁能分得清呢。

滹沱河，是我家乡的河。在历史上，它也曾与大运河交集，随着京杭大运河的开通，它的入海通道被切断，汇入子牙河后又流入海河。

它从远古走来，从山西省一路奔涌而下，穿过苍茫的太行山脉，蜿蜒东流，冲积出一块文明富饶的土地。在它的河岸形成过东垣古城、真定城等古文明，涌现过南越王赵佗、常胜将军赵子龙等英雄人物。古中山国曾在此驰骋，与战国七雄中的燕赵争锋逐鹿。它也曾肆虐疯狂，留下人类与自然顽强抗争的印迹。

有着古老历史的家乡河如今早已涅槃重生，书写着崭新的历史，成为石家庄一张亮丽的名片。

我们都叫它母亲河，千百年来，它滋润着这一方水土，哺育着我们的身体，也滋养着我们的灵魂，教给我们善良、勇敢、开拓、进取。

是啊，每个人心中都有一条河。就像苏童的“金雀河”、张承志的“北方的河”、贾平凹的“州河”、萧红的“呼兰河”、迟子建的“额尔古纳河”、徐则臣的“大运河”……一看到水，我们就会不由自主地想到它，它根植于我们内心的最深处，营养着我们、激励着我们。

千年大运河，它的意义是多层次的——它不仅在经济、政治、文化上对中国的大一统有着特别的历史意义，对构建人类的精神也有很大的作用。中国是世界上河流最多的国家之一，大大小小的江河在中国版图上错综复杂地分布着。水流不息，探寻一条河流，追溯生命的意义，回望心路的历程。愿我们每个人都守护好自己心中的河，守护好我们的精神家园。

（原载《石家庄日报》2023年4月26日）

# 运河苏韵

周润秋

## 一

两千五百零九年前的某天，在江苏扬州的大地上，一锹挖下，万锹跟随，往淮安方向奋力挖去……

挖啊挖啊，挖出了连接长江和淮河的邗沟，为吴王建成了运输军队和物资的第一条通道。挖啊挖啊，后人们赤背挥汗，挖出了世界上规模最大、长度第一的运河——中国大运河。

她由浙入苏，恋恋不舍，蜿蜒江苏七百九十公里，串起苏州、无锡、常州、镇江、扬州、淮安、宿迁、徐州八颗璀璨明珠，成为江苏大地的“美丽中轴”。她滋养了两岸富庶繁华，塑造了独具特色的运河苏韵——“吴韵汉风”“水韵书香”。

距大运河第一锹挖下去长达两千五百零九年后，暮春4月，新华日报、镇江市、淮安市、宿迁市、扬州市共襄盛举，中国报纸副刊研究会年会暨“‘行走大江大河　抒写水韵书香’全国百名文化记者江苏行”活动成功举办，我们得以细细品味厚重绵长、历久弥新的运河苏韵。

## 二

苏州，夜泊枫桥。“月落乌啼霜满天，江枫渔火对愁眠。姑苏城外寒山寺，夜半钟声到客船。”唐朝安史之乱爆发，大量文人经运河逃往时局稳定的江南。一个寒冷的秋夜，诗人张继南漂苏州，在船上孤吟此诗。三百多年后，苏东坡的“过姑苏，不游虎丘，不谒闾丘，乃二欠事”，让虎丘山、闾丘坊成为宋代以来“网红”打卡之地。两位从未在苏州做官的诗人，免费为苏州写了最好的广告推文。

无锡，二泉映月。茶圣陆羽选出天下名泉二十处，无锡惠山泉位列第二。苏东坡慕名而来，“独携天上小团月，来试人间第二泉”。他的茶是皇家用茶，一茶难求，名水泡名茶，那口中的滋味，我们只能想象了。不过我们可以闲坐二泉亭，泡一壶毫茶，听《二泉映月》，看运河流淌，不亦快哉。

常州，人情和美。1057年，二十岁的苏东坡在京城的一次聚会上，被常州人蒋之奇、胡宗夫等人描述的鱼米之乡迷住了。四十七岁时两次上书请求居住常州。在他遭到贬斥流放时，这些常州人给予的温暖和关心，也许是促使他定居常州的最大动力。遗憾的是，他六十四岁那年抵达常州后不久，因病逝世于藤花旧馆（现苏东坡纪念馆）。在他生命最后的四十多天里，常州友人钱世雄一直陪伴，受托出版遗稿。常州人对友情的珍视，令人动容，难怪苏东坡曾写道：“独徘徊而不去兮，眷此邦之多君子……”

## 三

镇江枕山临江，群山环抱，城在山中，山在城中，是一座“美得让你吃醋”的城市。

登临第一江山。“何处望神州？满眼风光北固楼”，北固山北临长江，形势险固，故得此名。南朝梁武帝见此山景色极为壮观，挥笔书写“天下第一江山”，南宋时此六字佚失，润州（镇江）刺史、书法家吴琚重新书写。清康熙年间，镇江府通判程康庄临摹勒石，北固山“天下第一江山”的美誉就永存人间了。它还是“宋词第一山”，宋朝文人苏东坡、柳永、陆游、辛弃疾曾到此留下名词，不过最有名的应该是辛弃疾的《永遇乐·京口北固亭怀古》。我们登高北望，不禁为镇江“市长”辛弃疾心中的“壮志未酬”感慨万千，“千古江山，英雄无觅，孙仲谋处。舞榭歌台，风流总被，雨打风吹去”。“京口三山甲东南”，另外两座分别是金山和焦山，或屹立江中，或雄踞江岸。

笑看东坡腰带。苏东坡十余次流连镇江，不只为“江南诸胜之最”之金山和“天下第一泉”之中泠泉，还为友人、为美味而来。他与好友佛印打赌，输掉的玉带成为金山寺镇寺之宝。他的腰带给了我灵感，让我对“东坡豆腐发源地”有了新解——东坡豆腐应该是发源于湖北黄州，在江苏镇江发扬光大。“煮豆作乳脂为酥，高烧油烛斟蜜酒，贫家百物初何有”，他在诗里写了豆腐的做法，也反映了他在黄州生活的辛酸。他在镇江输掉玉带，说明此前已官居三品，因为唐宋时期三品以上官员才能佩戴玉腰带，三品以下则只能佩戴金银铜铁甚至石块。苏东坡离开黄州后才官居三品的，从此再未回黄州。诗句和玉带可以证明，他与东坡豆腐的缘分早于镇江。那为什么会有“镇江之说”呢？原来，苏东坡在镇江与佛印有次打赌输了，只得到寺庙厨房为佛印做菜。他在黄州发明的东坡肉是肯定不能给僧人吃的，所以做了一道营养丰富的豆腐。金山寺的食材相当丰富，足以让他自由发挥厨艺，这次做的东坡豆腐色艳鲜香，肯定是历史最好水平，真的是能让佛跳墙而来的。佛印是镇江一带的社会名流，他要是经常边吃边说“这是东坡豆腐”，与其交往者都会趋之若鹜，加之镇江处于长江与运河的十字交叉口，人流量大，自然是信息集散地，一传十，十传百，东坡豆腐就逐渐成为家喻户晓的名菜，后人都以为此菜源自镇江呢。除了东坡豆腐，镇江香醋和鲥鱼也有幸入了苏东坡的诗作，“芽姜紫醋炙银鱼，雪碗擎来二尺余。尚有桃花春气在，此中风味胜莼鲈”。诗里的香醋现在越来越香了，是镇江的金色名片、中国国家地理标志产品，其“固态分层发酵技艺”列入第一批国家级非物质文化遗产名录。

## 四

巧，我们与孟浩然一样，都是“烟花三月下扬州”。

扬州挥下挖掘中国大运河的第一锹，因此成为大运河的“长子”和中国大运河申遗牵头城市，为2014年成功申报世界文化遗产作出重大贡献。走进运河边上的扬州中国大运河博物馆，馆里的一件件古老文物，向我们诉说着先辈“屡战屡败，屡败屡战”的治水历程。大运河申报世界文化遗产的文本这样写道：“今天的运河沉静而平稳，让人难以想象历史上的惊心动魄，然而每一股细流都无声诉说着中国古人世代的勇气、决心、智慧与牺牲。”

因为运河，苏东坡多次踏上扬州这片土地。自隋朝运河沟通南北之后，扬州一直是中国东部的水上交通枢纽、漕运集散中心。长途旅行，坐船肯定比骑马舒服，还可以吟诗喝酒呢，所以他东南赴任或北上回京，扬州都是必经之地。五十七岁赴任扬州太守路上，“每屏去吏卒，亲入村落，访问父老”。这年庄稼长势很好，农民却不敢回家，怕官府催还每年所欠关税。他奋笔疾书，向朝廷历述农民之苦，请求暂停催欠，遭到拒绝。不久，扬州一带瘟疫蔓延，他再次上书，“使欠困之民，稍知一饱之乐”，终于打动皇帝，诏令宽免一年。消息传来，苏东坡甚为宽慰，“民劳吏无德，岁美天有道”。“诏书宽积欠，父老颜色好”。他仅当了半年扬州“市长”，却让扬州人吃饭时可能都会想起他，不然怎么会有“东坡宴”呢？

美丽的瘦西湖，见证了苏东坡浓浓的尊师之情。他当年赴京“高考”进士及第，主考官是曾在扬州为官的文坛领袖欧阳修。欧阳修慧眼识珠，说苏东坡“他日文章定独步天下”，又说“再过三十年，世人只知‘三苏’而不知吾”，后对苏家兄弟多有教诲，所以苏东坡一生对恩师都心怀敬仰。他每次到扬州，总是念念不忘恩师在扬州瘦西湖所建的平山堂，“每到平山忆醉翁”。为了纪念恩师，他在平山堂北边修建了谷林堂。

## 五

淮安的很多第一，其他地方永远也争不去了。

第一“端”。最早的运河邗沟，是在淮安境内连接淮海的。可以说在运河史上，淮安与扬州一样，都是中国大运河文化之发端。

第一山。珠穆朗玛峰世界最高，都没改名叫第一山，淮安市盱眙县有座全世界绝大多数人都不知道的山，名字竟然叫第一山。说来有趣，1097年，北宋书画家米芾赴任涟水（今淮安市涟水县）知军，由国都汴京（今河南开封市）坐船经汴水南下，一路平川，不见山岳，进入淮安忽见南山，兴奋吟诗“京洛风尘千里还，船头出汴翠屏间。莫论横霍撞星斗，且是东南第一山”，并书写“第一山”三字，从此南山改名“第一山”。米芾这么一干，帮南山“抢注”了“第一山”这个“商标”，泰山、峨眉山、珠穆朗玛峰等不服也得服。

第一味。“人间有味是清欢”，看来“清欢”就是苏东坡心中的第一味。1084年，苏东坡告别黄州（今湖北黄冈市黄州区），前往汝州（今河南汝州市）继续当团练副使（相当于县武装部副部长）。估计是举家长途跋涉，耗资巨大，苏东坡工资不够花，成了“月光族”。当年十二月，苏东坡一行抵达淮安一带时，穷得不能再走了，第二次上书皇帝请求居住常州，“……禄廪久空（笔者注：工资和积蓄早花完了），衣食不继……举家重病，一子丧亡。今虽已至泗州，而赀用罄竭……二十余口，不知所归，饥寒之忧，近在朝夕……”朝廷“来电”批准，叫他去常州任职。此时淮水结冰，舟不能行，苏东坡只得滞留。缺衣少食之际，“粉丝”泗州知州前来“送温暖”。此时苏东坡应该是“今儿个真高兴”，于是在南山挥毫写下《浣溪沙·细雨斜风作晓寒》:“细雨斜风作晓寒，淡烟疏柳媚晴滩。入淮清洛渐漫漫。雪沫乳花浮午盏，蓼茸蒿笋试春盘。人间有味是清欢。”眼前的人好、菜好、酒好、茶好、景好，贫困线上挣扎的苏东坡自然而然地产生“清淡的欢愉”这种感觉。淮安是苏东坡的福地，穷困潦倒的他在这里迎来政治上的“第二春”，朝廷改变任命，提拔他去山东登州任太守。刚到登州五天，应召回京，因太后力挺，八个月内，四十九岁的他由七品快速提拔至三品“翰林学士知制诰”，到达他政治生命的巅峰。宋代一品很少，宰相才是二品。

我需要“浓欢”——浓烈的欢愉。来淮安，不吃淮扬菜咋行呢。淮扬菜是淮安、扬州、镇江三地风味菜的总称，是大运河文化的结晶。邗沟沟通淮安与扬州的水运后，淮扬菜便开始出现。明清时的淮安是运河漕运中心，官员云集，各自带来的厨师大显身手，淮扬菜因此不断融合、发展，最终跻身中国四大菜系（粤菜、川菜、鲁菜、淮扬菜）。我们闻香而去，到位于清江浦区的中央美地食府品尝淮扬名菜。“软兜长鱼”最先上桌，这是淮安人的最爱，据说是“开国第一宴”第一道菜呢。长鱼，黄鳝也。氽制长鱼时，为防它活蹦乱跳不甘就范，可用纱布将其兜扎，放入带有葱、姜、盐、醋的沸水锅内，待鱼身卷曲、鱼嘴张开时捞出。洗去黏液，再将去骨去刺的鱼肉下锅翻炒，无需过多调料，加入大蒜即可。用筷子夹起鱼肉，两端下垂，犹如小孩胸前兜肚带；因其嫩滑，还需汤匙兜住，协助筷子送入口中，故名“软兜长鱼”。菜馆主人老李这天脚痛，还拄着双拐掌厨烹制名菜——朱桥甲鱼、蟹黄汤包、淮安龙虾（非盱眙龙虾）、平桥豆腐……把酒言欢，唱饮交替，众人皆醉。

## 六

人到宿迁，豪气顿生。

这是一个有霸王、有美女、有大河、有美酒的城市，“水韵名城”“项王故里”“中国酒都”是她现在的城市名片，其实还可以加上一张——“虞姬故里”。浙江上虞市，“英台故里”就是她的名片之一嘛。

“项王故里”，是宿迁豪情万丈的象征。项羽和虞姬凄美的爱情故事，世代传颂；他为世界留下的文化符号，永不磨灭——“破釜沉舟”“鸿门宴”“作壁上观”“锦衣夜行”“沐猴而冠”“鸿沟”“四面楚歌”“霸王别姬”……

“水韵名城”，是用心血乃至生命换来的。今天我们在骆马湖边足踏细细白沙，牛角淹村夜宿时尚民居，根本无法想象这里曾是“洪水走廊”。“淮水东流古宿迁，荒郊千里绝人烟”“壮儿仓皇夺舟走，老弱漂弃死且僵”，淮河、沂水和古黄河曾经在这里横冲直撞，让宿迁人饱受水患之苦，估计项羽和虞姬，小时候不知多少次惊慌失措地逃难呢。宿迁这个地名，承载着水利与水害共存的历史。这里曾叫宿豫，735年，县城被沂水冲垮，“县政府”不得不迁于下相城故址。762年，为避代宗李豫之讳，改宿豫为宿迁。虽然历朝历代封建王朝对淮河进行过局部治理，但仍然抹不掉宿迁头上“洪水走廊”的称号。皂河古镇的龙王庙，见证了清朝几代帝王“安澜”的理想一再破灭，也终于等来了水患被彻底根治的这一天。

“中国酒都”，是运河文化中亮眼的酒文化名片。中国著名的白酒品牌主要集中在两条线路上：一条是西南古盐道沿线，另一条则是大运河沿线。大运河是贸易纽带，漕运促进商业繁荣，酒文化随之发达。洋河酿酒，始于汉代，兴于隋唐，盛于明清。唐宋时期的宿迁洋河镇，“满天星月已睡去，万户千家酒正酣”。三河（古黄河、淮河、京杭大运河）两湖（洪泽湖、骆马湖）一湿地（洪泽湖湿地）组成的自然生态，滋润了洋河酒厂的两大名酒“洋河”和“双沟”,“一镇堪将天下醉，神州无处不销魂”。宿迁美酒有幸结缘阅酒无数的文豪和皇帝。1077年，苏东坡被贬往密州（今山东诸城），途经宿迁双沟，与友人品酒后赋诗《泗州除夕雪中感章使君送酥酒》，可见双沟佳酿给他留下了极为深刻的印象。乾隆皇帝六下江南，五次驻留宿迁，品尝美酒后赞道:“酒味香醇，真佳酒也。”明朝罗家槽房创始人留下来的《罗家九训》——“粮必重其质，曲必重其时，水必重其甘，窖必重其养，器必重其净，量必重其准，火必重其缓，工必重其细，储必重其长”，今天的洋河酒厂手工班依然遵循。

“刘邦故里”徐州，是京杭运河江苏之旅的最后一站。刘邦与项羽是运河边上的“邻居”，“本是同根生，相煎何太急”，先并肩杀敌，继而你死我活，最终项羽“四面楚歌”“霸王别姬”，刘邦衣锦还乡，“大风起兮云飞扬，威加海内兮归故乡，安得猛士兮守四方！”他俩在棋盘上留下“楚河汉界”，而在徐州工作仅两年的苏东坡却留在百姓心底——苏公岛、苏公桥、苏公塔、苏堤北路、苏堤南路、苏堤小区、苏东坡纪念馆……他这个徐州“市长”，曾为保护这座城市免遭洪水毁灭付出过巨大心血。

## 七

“一条大运河，半部华夏史。”大运河的粼粼波光，千百年来一直闪耀着中华民族“自强不息、开拓进取、包容开放”的不朽精神。

欣逢盛世，古老运河焕发青春。驻足岸边，时逢断流百年后第二次全线通水。贯穿古今的运河再次接通南北，千船竞发，驶向未来。浓郁的运河苏韵，随波散漫……

（原载《四川法治报》2023年6月29日）

# 品赏运河上的璀璨明珠

## ——随全国百名文化记者江苏行

郭庆红　戴　琛

烟花三月，在江南最美的季节，全国一百多名文化记者、副刊同仁齐聚古城南京，参加由中国报纸副刊研究会和新华报业传媒集团共同主办的“行走大江大河　书写水韵书香”江苏行采访活动。我们一行人自南京出发，沿着大运河的波流，踩着春天的鼓点，一路北上，品赏运河上的璀璨明珠——镇江、扬州、淮安、宿迁，用镜头、用文字记录大运河的水韵书香，那历史与现代的交融、岁月与文化的承接，让我们不由得对这片美丽的土地怦然心动并产生深深的敬意。

### 一

去一个地方，想了解这个地方的自然风貌和历史人文，首先要从认识这个地方的地名开始。江苏是全国拥有长江岸线最长的省份，长江蜿蜒千余公里，流经南京、镇江、扬州、泰州、常州、无锡、苏州、南通8个设区市，岸线总长约1169公里。而大运河与长江，一竖一横，于江苏境内在扬州、镇江一带十字交融，打开了运河最美的篇章，深深影响了江苏的地域文化，一大批地名带“水”，从古沿用至今，承载着大江大河江苏段的厚重历史和沧桑变迁。

我们先行至镇江。镇江的“江”也与长江有关，顾名思义是“威镇长江”之意，金山、焦山、北固山等雄踞在江边，一夫当关，万夫莫开，严密镇锁大江。由金山、焦山、北固山组成的国家5A级旅游景区，其“真山真水”的独特风貌，在长江沿线是少有的。尤其是金山，以绮丽著称，寺宇金碧辉煌，一座连一座，摩肩接踵，无论近观还是远眺，总见寺而不见山，所以有“金山寺裹山”的说法。金山寺还有许多历史典故与动人传说，如《白蛇传》水漫金山，梁红玉擂鼓战金山，妙高台苏东坡赏月起舞等，在当地广为流传。

而镇江的西津渡，让人既陌生又熟悉。说陌生，是因初识西津渡，此前未曾来过；说熟悉，是因家乡赣州有西津门、西津路，也颇有名气。西津门，赣州古城的五大城门之一，城门濒临章江，城门外原是渡江津口，故称西津门；西津路东西两头均与码头相接，当年货运车水马龙，是个热闹之地。所以，在我浅表的认知里，镇江的西津渡与赣州的西津门应该是差不多的境况吧。然而，当我们在春风沉醉的夜晚寻访古渡口时，西津渡还是给了我更加惊艳的感觉。

镇江西津渡，形成于三国，得名于唐代晚期。北固山下有甘露渡，西津渡在其西面，也在镇江古城以西，故此得名，素有吴楚要津、南北通衢、长江锁钥、漕运咽喉之称，留存的文物古迹、传统民居星罗棋布。历史上的西津渡是商旅往来的繁华之地。1858年镇江被辟为通商口岸，成为中国最早对外开放的窗口之一，今天西津渡旁的镇江博物馆即为英国领事馆旧址。这段历史为西津渡留下了亚细亚火油公司旧址、税务司公馆旧址、英工部局（巡捕房）旧址、德士古火油公司旧址、美孚火油公司旧址等众多古迹……名城保护和古建筑专家罗哲文先生赞誉镇江西津渡是“中国古渡博物馆”。

在西津渡历史文化街区，走在拥有1400多年历史的老街，踩着富有年代感的深深车辙，抬头便见昭关石塔，据说这是中国年代最久的喇嘛式过街石塔，建于元代，通高5米，如今能保存得这么完整，实在是了不起。台州日报原副总编辑赵宗彪对西津渡怀有复杂的情感。他跟同行的记者们介绍，西晋永嘉之乱后，大量人口从中原迁往南方长江中下游地区，改变了南方的人口结构、经济文化，推动了南北融合。他的祖辈自北方南迁，大多都是从西津渡登岸。“原先南方人吃面的很少，‘永嘉南渡’后，很多南方人也爱上了面食。台州的语言里至今保留着很多中原词汇，比如把饺子类的食品叫‘扁食’，把筷子称作‘箸’。”一路上，赵宗彪随身揣着画夹，流连驻足，心动处只消草草几笔，眼前之景便跃然纸上。

访谒镇江谏壁船闸，给众人留下了尤其深刻的印象，船只排队过闸时的磅礴气势，我们这一行人中很多之前没有见过。讲解员说，谏壁船闸正式通航42年，安全运行超1.5万天，素有“江南第一闸”之美誉。42年里，谏壁船闸经历多次飞跃，近年更是首创集中控制运调放闸模式、推行水上ETC智能便捷过闸系统，实现了5G全覆盖，正以崭新的姿态守护航运安全，也因巨大的吞吐量，被人称为苏南经济的“晴雨表”。

## 二

辞镇江，至扬州，不由自主想起江西乡贤王安石。北宋熙宁八年（1075年），王安石55岁再次拜相，坐船过长江到达扬州后，在回首金山和西津渡口时，写下了脍炙人口的《泊船瓜洲》:“京口瓜洲一水间，钟山只隔数重山。春风又绿江南岸，明月何时照我还。”当时，京口（镇江古称）和瓜洲（属扬州）之间的江面，远比现在宽阔，风高浪急，潮水奔腾，著名的金山还在长江以内，因此“西津渡——金山——瓜洲渡”就成为当时过江的主要通道，而“京口瓜洲一水间”是古代江河交汇最形象的描绘。

当地有关学者认为，自唐代起，瓜洲就是漕运和盐运的重地，留下了白居易“汴水流、泗水流，流到瓜洲古渡头”的名句、鉴真东渡出发地的佳话和杜十娘怒沉百宝箱的传奇。今天的瓜洲，正在布局以现代科技手段开放式展现千年古渡江运交汇的深厚历史文化。

在扬州，最值得庆幸的是，我们抢在闭馆之前走进了中国大运河博物馆，得以品味浓缩大运河2500年的水韵精华。在博物馆，我们知晓了一点来龙去脉：中国大运河始于公元前486年，吴王夫差在扬州开凿邗沟，长江和淮河由此打通。隋炀帝大业年间又三次大规模开发，纵向沟通五大水系，漕运进入生机盎然的大运河时代。相较于197公里的邗沟，隋朝大运河2700公里，比如今的京广铁路还要长500公里。隋朝大运河在军事之外，功能延伸到了政治、经济、交通、文化、民生等各个领域，成为享誉世界的伟大壮举。2014年，中国大运河列入世界遗产名录。

可惜隋炀帝杨广名声不好，唐人修史，说杨广弑父杀兄篡位，对于他开挖大运河，也被指责为到扬州赏琼花看美女。当然也有学者提出质疑：“普天之下，莫非王土，隋炀帝要想去扬州看美女，随时可以去，何必要花六年时间挖一条河。”

2500多年后中国大运河博物馆落地扬州，这是一座全流域、全时段、全方位展示大运河历史文化的专题博物馆，被誉为大运河的“百科全书”，2021年开馆后成为新晋网红打卡地。

一座博物馆，正连接着历史和未来，演绎着与一座城市的故事，让人从中观察到扬州城的一些发展路径，品读出悠远的韵味。

## 三

沿运河继续北上，在盱眙黄花塘新四军军部旧址纪念馆，致敬抗日历史拉开了淮安的独特之旅。

“光荣北伐武昌城下，血染着我们的姓名。孤军奋斗罗霄山上，继承了先烈的殊勋……”在镌印着新四军军歌曲谱的展墙前，纪念馆办公室主任叶登荣不禁慷慨高歌，把我们瞬间带回到那段烽火岁月。去年的8月30日至31日，南方红军三年游击战争胜利暨新四军组建85周年理论研讨会在赣州的大余、信丰举行，革命先辈们的铁血坚守，于赣南来说，是极为宝贵的精神财富和不可磨灭的红色基因。1934年10月，主力红军被迫长征，项英、陈毅等临危受命，在中央苏区坚持斗争。在极为艰难的游击战争时期，瞿秋白、阮啸仙、李乐天等先后在赣南英勇牺牲。1937年全民族抗战爆发后，新四军军部在湖北汉口成立。1938年2月，汀瑞抗日游击支队300多人离开瑞金，与张鼎丞部会合，改编为新四军第二支队第三团第二营，于3月上旬挥师北上，经长汀、瑞金、于都、赣州，后乘船至樟树，乘火车到皖南，奔赴抗日战场。

1943年1月10日，新四军军部暨中共中央华中局移驻盱眙黄花塘，直到1945年9月19日才离开，历时两年八个月。新四军军部在黄花塘期间，正值中国抗日战争由战略防御转向战略反攻的关键时期，老一辈无产阶级革命家刘少奇、陈毅、张云逸、罗炳辉等曾在这里指挥华中战场所属七个师、一个独立旅和一个浙东游击队，使辽阔的华中地区成了对日作战的前沿战场。漫步馆内，历史的细节扑面而来，将赣州与淮安联结了起来：陈毅写就的《赣南游击词》《梅岭三章》，陈毅夫妇祝贺黄花塘乡亲结婚的礼物……“浴血奋战在罗霄山下，血染着我们的旗帜……东进，东进，我们是铁的新四军！”慷慨雄壮的新四军军歌在耳畔久久回荡。

带着红色的印记，沐浴着淮安的水韵书香，心中涌上莫名的喜悦。有位作家说淮安水旺，我非常赞同。大运河、里运河、洪泽湖、清江浦……淮安是大运河连接淮河、长江、黄河的重要节点，素有“南船北马、九省通衢”之誉。淮安市大运河办副主任孟爱民介绍，明清时期，以漕运总督、河道总督驻节为标志，淮安成为大运河沿线地位显赫的政治要地、举足轻重的军事驻地、扼守国脉的经济重地。

讲解员说，李白写过万丈豪情的诗句“黄河之水天上来”，而在大运河淮安段，则有“运河之水天上来”的壮丽奇观。从空中俯瞰，洪泽湖以东30公里，淮河入海水道与京杭大运河交汇处，会发现两条水道在这里呈十字交叉，却各行其道互不干扰，就像城市里常见的立交。还有全长67.25公里的洪泽湖大堤，1800多年的历史，被誉为“水上长城”。当然，洪泽湖大堤不是一次就建好的，岁月绵延，堤坝不断延长加固，是真正用时间筑起来的。

说淮安钟灵毓秀，一点都不为过。在淮安周恩来纪念馆、盱眙第一山、枚乘书院、河下古镇……与许多杰出人物的“遇见”，让众多记者不禁思考“水韵”与“文蕴”是如何相互影响的。

最后一站是宿迁。一路行走，一天换一个酒店，确实疲劳，但心情是振奋的。宿迁历史上是治河保运的关键地带，乾隆六次下江南五次驻跸于此，足以说明宿迁特殊的地位。除了独特的地理优势，宿迁的历史积淀非常深厚，拥有泗州戏、洪泽湖渔鼓、洋河酒酿造技艺、苏北大鼓4个国家级非物质文化遗产项目，21个省级非物质文化遗产项目，112个市级非物质文化遗产项目，民间文艺多姿多彩。而不得不提的是出生于宿迁的项羽，他是宿迁最具代表性的历史人物，是中国历史上少有的一个不以成败论英雄的英雄。

行走大江大河，江苏七日所见，只能是一点皮毛，但长江与运河滋养了江苏的千年文脉，支撑江苏在高质量发展上继续走在前列，为水韵江苏谱写新篇章的观点，得到此行记者的认同。

（原载《赣南日报》2023年5月5日）

# 与苏东坡谈扬州文化

苏有郎

忽然，我来到宋朝的运河岸边。

小桥。流水。人家。杨柳依依。

正是烟花时节扬州城。

登岸离船，漫步街头，但见店铺林立，酒家、茶楼、歌院、商铺、杂货店林林总总，雕梁画栋。行人信步悠闲，一派诗情画意。

顿时，一种感慨涌上心头：好一幅清明上河图！这扬州之繁华，丝毫不逊于汴梁城！

前面一个人似曾相识——哦！原来是扬州知州苏东坡。连忙上前打招呼，做了自我介绍。问苏先生到哪里。

“随便走走，看看百姓有什么事儿没有。”苏东坡说。

“找个地方聊会儿吧？”我说，“多年来，一直想向你请教。”

“请教不敢当！走，冶春早茶社坐会儿。”苏东坡爽快地说。

“冶春早茶已经成为扬州的一个文化符号了。”我说。

“是的，这扬州人有个习惯，你岂不闻‘早上皮包水，晚上水包皮’？”苏东坡说。

我连连点头：“昨天刚听导游讲，这是扬州的一句经典名言，意思是说，扬州人早晨起床后，第一件事就是去茶楼，一杯酽茶，肚皮包水；晚上吃饱喝足之后，就去泡澡，让水包裹着皮肤。扬州人真会享受生活！”

“你从哪里来？到哪里去？”苏东坡问我。

“我是从邢台来旅游的。我们从南京出发，沿着运河北上，到镇江、丹阳、扬州、盱眙、淮安、宿迁等地。昨天刚去镇江转了转。”

“哦！看来你是来看运河的。不错不错！你们已到过镇江？给我说说，都看了什么景致？”

“先到金山风景区，真是‘万川东注，一岛中立’‘江心一朵芙蓉’！”我说。

苏东坡点点头：“嗯，沈括写有‘楼台两岸水相连，江南江北镜里天’之佳句。这山仿佛一座宏伟壮丽的寺庙，构成了一种金碧辉煌‘寺裹山’的奇特风貌。”

“哦！你肯定也到过西津渡吧？”苏东坡接着问我。

“到了。昨天晚上去的。感受了王安石先生‘春风又绿江南岸，明月何时照我还’的风情。”

“那是熙宁八年，王安石被朝廷复用，再次拜相。他从南京出发，在镇江小住，坐船过长江到达扬州时，回首金山和西津渡口，写下了这首脍炙人口的《泊船瓜洲》。真是好诗啊！”

“听说当时江面远比现在宽阔，风高浪急，潮水奔腾，金山还在长江以内，成为西津渡与扬州瓜洲渡的中转站和避风处，因此‘西津渡——金山——瓜洲渡’就成为当时过江的主要通道，高官巨贾、文人墨客、平头百姓，但凡过江就要在西津渡盘桓。这是对运河和长江交汇多形象的描绘啊！”

“不错！关于这方面的描写，历史上多了，想你也读过白居易的《长相思·汴水流》。泗水源于山东曲阜，经徐州后，与汴水合流入淮河。唐代高僧鉴真从这里起航东渡日本，民间传说杜十娘怒沉百宝箱的故事也发生于此。瓜洲渡就在西津渡对岸。两渡口是京杭大运河与长江的十字交汇点，一北一南，隔水相望，是古中国最重要的交通枢纽。”说完，苏东坡不由吟道：“汴水流，泗水流，流到瓜洲古渡头。吴山点点愁。思悠悠，恨悠悠，恨到归时方始休。月明人倚楼。”

“你有所不知，后来，瓜洲古渡早就不存在了。1842年，两万英军经过吴淞口杀入长江，旨在切断大运河，卡住中国的水上枢纽，逼迫大清皇帝签署《南京条约》。同年7月，英军舰队越过圌山，封锁了瓜洲渡和西津渡。为了作战，英军测量并绘制了镇江——扬州段的长江水道图。对比后可以发现，当年的长江水道与现在的水道大不一样，北移了1公里左右。这就导致了西津渡变成内陆，而瓜洲渡沉入江底。但一些脍炙人口的诗句留了下来，成为千古绝唱。河岸的风景依然。如今当地政府部门正努力打造历史文化保护工程，已成为风景名胜了，如三江营湿地公园、谏壁船闸、京口闸、救生会旧址、十二圩、六圩口门等文化资源点，汇聚焦山、北固山、金山、世业洲等自然景观，全景展现“江天一览”“揽城入怀”的江城胜景和水工科技、古渡文化、商贾文化、诗词文化等多元文化合集，彰显江苏从古至今服务国家发展大局的中枢作用。”

“哦！还是你们生在21世纪的中国人好啊，真有改天换地的本事。可惜我早生了一千年，没有见到你们新时代的盛景。”

“也不是，虽然你早生一千年，看不见我们新时代的盛景，但我们晚一千年的人也不太了解你们古人的风情啊！你虽然在扬州只待了半年多时间，却为扬州做了不少好事：你呼吁朝廷为扬州百姓免除一年各种积欠。为漕船员工解难，向朝廷提出了《论纲梢欠折利害状》奏议，提高漕船员工的收入。你废除举办多年的万花会。你的学生、扬州秘阁校理通判晁补之，说是蔡京要搞的，可不能得罪了蔡丞相。你说，即使得罪领导，被人说成‘煞风景’，也心甘情愿，因为‘免造业也’，深得百姓爱戴。”

苏东坡说：“呵呵，这都是应该做的。若说运河，其雏形可上溯至商周时期。当时周太王长子泰伯奔吴，在江南地区建立吴国，开挖泰伯渎；徐偃王在淮河下游中兴徐国，开凿陈蔡运河。春秋晚期，诸侯争霸，吴王夫差为北上伐齐，称霸中原，于公元前486年开凿邗沟，以通江淮，是为大运河肇始。其后邗沟、胥河、山阴水道、江汉运河等河道，沟通了太湖、长江、淮河等水系，促进了各地域的交流与互动，‘同俗并土、同气共俗’，形成了独具特色的吴越文化。你们在中国大运河博物馆，这些历史是都可以看到的。”

“若说运河，不能不提到元代时我们邢台的大科学家郭守敬。因为没有水源，元初开凿的京杭大运河无法直通京城，从南方运来的货物只能在通州上岸，再转由陆路运输，耗费了大量的人力和物力，郭守敬为解决通州至京城的最后一段漕运，开凿通惠河，裁弯取直，南北直航。至此，南北走向的京杭大运河全线贯通了。此时，隋唐大运河、京杭大运河和浙东运河三部分，全长已达2700余公里。而明朝万历时期，扬州知府郭光复亲率民工将扬州城南运河舍直改弯，将河道由100多米的直道，改为1.7公里长的弯河道，既抬高了水位，又减缓了水流速度，避免水势直泻而下，解决了运河航运安全的一大难题，彰显了古人‘三湾抵一坝’智慧，延缓水流，保障航运，是古人尊重自然、顺应自然、利用自然的伟大水工遗址。如今，三湾已成为著名风景区了。”

“扬州是一座因运河兴而兴，因运河衰而衰的城市，它的再度复兴与大运河息息相关。你们21世纪的中国人把目光投向未来很有启迪。”苏东坡赞许地说。

“听说，你在扬州写过100多篇诗文。你以陶渊明《饮酒二十首》寄意，写的‘和陶诗’，是你标志性的作品。而《江城子·墨云拖雨过西楼》

里‘美人微笑转星眸。月花羞。捧金瓯。歌扇萦风，吹散一春愁。试问江南诸伴侣，谁似我，醉扬州’我最喜欢。”

“呵呵！心情不太好，随性而发罢了。在扬州可不敢说诗，唐时扬州人张若虚一首《春江花月夜》‘以孤篇压倒全唐’；杜牧‘十年一觉扬州梦’，写尽了扬州繁华热闹。有宋以来，王安石、晁补之等人都有佳作。”

“有人说，在扬州是你人生观的改变之地，从此后，你从乌台诗案后的看破红尘，向天人合一的人生观转变。”

“是的，正因为有了这次的转变，在我以后的人生厄运时，更看淡了人生，对世事不再刻意，而是随遇而安，从容应对。其实啊，许多人都不知道，虽然我在杭州弄出了‘东坡肘子’这道名菜，但我的一个著名饮食理论却是在扬州悟出来的，这就是‘色、香、味’，你们现在的新中国还是这个理论吧？”

“是的，这‘色、香、味’早已成为品评中国菜肴最基本的三要素了。东坡先生在扬州时间虽然不长，但给扬州留下的历史文化，对之后扬州历史文化的走向和发展都产生了巨大影响。功莫大焉！”

“呵呵，过誉了过誉了！”

忽然，灯光灭了，我耳旁还绕着苏东坡的笑声。只见身边人影晃动，摩肩接踵……刚才竟然忘了，我这是在中国大运河博物馆沉浸式展厅内“走”了一遭。其实，我的脚并没有动——仍然立在展厅模拟船头上。

耳旁响起一片唏嘘之声，参观者纷纷感叹不已。我的感受更不一样，他们哪里知道，我与大文豪苏东坡畅谈了一会儿。

扬州，你将使我难忘！

（原载《散文百家》2023年第11期）

# 苏韵脉动看水工

刘秀平

高山峡谷是大自然筑就的水工，导引着地表之水。我国地势西北高东南低，自西向东，呈三级阶梯逐级下降。天然的江河，便依着大地的纹理、自上而下的倚仗汇入大海，大多数自西向东。

但人类的需求往往超越自然的布局。在中国东部，经济中心与政治中心分别处于南北两个方位，如同肢体与心脏，需要大动脉连通彼此。于是，有了人工修建、南北走向的中国大运河——这是2014年入选“世界文化遗产”时的称谓。彼时，它的全长被重新界定为大约3200千米，包含今天的京杭大运河干道、浙东运河以及大部分已经淤塞湮没的隋唐大运河故迹。

江苏作为孕育大运河的摇篮，被运河滋润的历史最久。如今，大运河在这里依然脉动有力，黄金水道年运输量超过10条铁路，各类水工，或迭代成现代河运设施，或封存为历史文化遗存，都是大运河重要的科技与文明符号。

苏韵脉动看水工。癸卯年暮春，琼花璀璨、晚樱缤纷，笔者有幸参加“行走大江大河　书写水韵书香”采访，走马镇江、扬州、淮安、宿迁四运河重镇，重点品读大运河上的水工。

## 镇江：谏壁船闸看“舳舻转粟”

记者团到达谏壁船闸时，正是太阳初升的早上。站在船闸正上方的铁桥，可见两岸草木葱茏，水面金光跳跃。蔚蓝的天空下，沉重的货船渐次驶向闸口。

船闸是大运河解决水位高差的升降机，通过开闸、关闸、注水、放水，有序地不断提升水位又不断降低水位，让船像通过楼梯一样逐级升降，南北往来的浩荡船队才得以上上下下，一路前行。

谏壁船闸除了上述功能，还是现代航运的服务区。这里是苏南运河上唯一直通长江的复线船闸，被誉为“江南第一闸”，位于镇江市东郊的谏壁镇，是长江与京杭大运河两条黄金水道的十字交汇口，常年有苏、鲁、皖、沪、浙、鄂、川等13个省市船舶通过，素有“九省通衢，漕运咽喉”之称。

清代诗人查慎行曾在《京口和韬荒兄》里写下“舳舻转粟三千里，灯火沿流一万家”的诗句，笔者也有幸一睹盛景：当时，运河与长江水位齐平，谏壁船闸完全打开，“水上ETC智能便捷过闸系统”开启，巨大的船只，如同汽车驶过高速公路的不停车电子收费系统，几乎不用减速，便缓缓过闸。笔者尝试计时，约一分钟，货船就进入长江，消失在视线之外。下一艘又紧随其后。货船尽显阔大，占据运河入闸河道的三分之二。船上可见餐桌、炉灶、太阳能热水器、洗衣机等，有的船家还在舱前开辟一块小菜园，种些花草和蔬菜，俨然一个紧凑型农家小院。“院里”晾晒的衣物随风舞动。这样有家庭氛围的货船，应该有个勤劳健壮的女主人吧？正想着，但见前方驶来的货船上，一位红衣女子自舱内出来，站到船头挥动双手，热情地和我们打招呼。

在谏壁船闸管理所运调楼，LED大屏上显示着船只入港状态。这里首创了套闸与通闸相结合的“集中控制运调”放闸模式，率先推行了“一站式服务”。过闸、缴费，一次完成，生活垃圾、生活污水、船舶油污水全部免费接收处理。

## 扬州：“三湾抵一坝”与水脊

漫步三湾生态文化公园亲水步道，水汽氤氲，树影婆娑。站到高处，古运河水如一条玉飘带，蜿蜒着伸向远方。中间的三湾犹如两个首尾相接的问号，镶嵌其中。“碧水迂回城外去，白鸥浩荡画中来”，扬州运河三湾生态文化公园尔汝亭上的对联，描绘了“扬州三湾”景观。

取弯相当于给运河水加上减速带，是古运河修筑者的智慧。在这里，“走弯路”其实是安全的最近距离。

三湾曾是隋唐古运河的险要地段。扬州城地势北高南低，上游淮河流经这里时，水势直泻难蓄，漕船、盐船常常在此搁浅、倾覆。明朝万历二十五年（1597年），时任扬州知府郭光复，亲率民工将原来一段100多米长的河道，改弯后变成1.7公里长，达到了“三湾抵一坝”的水利功效。

扬州是大运河原点城市。公元前486年，雄心勃勃的吴王夫差筑邗城、开邗沟挖下了第一锹土，从此有了扬州城；隋炀帝杨广又在邗沟的基础上，开挖沟通南北的大运河；而古运河扬州段与2500多年前的邗沟大部分吻合，与1400多年前隋炀帝开凿的大运河完全契合，是世界文化遗产大运河极其重要的精华河段。也因此，中国大运河博物馆建在扬州、在“扬州三湾”的一湾以北，主馆外观呈船形，仿佛一艘大船直接从江苏扬州溯运河而来。

馆中最巨型的文物是从河南开封附近截取搬运而来的大运河河道，长25.7米，高8米。参观者能清晰看到唐、宋、元、明、清历代河道变化情况。在数字展馆，我的同事君君，站在复原的大型沙飞船甲板上，于烟花三月中，穿越回隋唐宋、元明清两个时间段里的隋唐大运河、京杭大运河和浙东运河河段，观赏到了“盛世东都、汴水繁华”“财赋京师、富甲齐郡”“漕运枢纽、往来盐商”和“人文江南、鱼米水乡”的大运河沿线的景观，做了一回下江南的“女皇上”。

博物馆一号厅有一个巨大的透明展柜，里面是汶上南旺分水枢纽模型。顺着楼梯爬上柜顶，可见大运河是如何爬上“水脊”的。模型标高显示，整个京杭大运河的最高点，在山东济宁汶上县的南旺，这个地方叫水脊。据明代资料记载，“南旺北高临清90尺，南高徐州106尺”，如隆起的“驼峰”。如何引水登峰？这个模型还原了1411年，朱棣派工部尚书宋礼重新开通会通河，解决南旺段运河通航的场景。宋礼采用了民间水利专家白英老人的建议，引汶济运，筑戴村坝引汶河水至南旺。即在大汶河上筑了一条戴村坝，截断上游的大汶河，再挖一条河，把水引到高处的南旺，70%往北进入北运河流向天津方向，30%往南流，也就是所谓的“七分朝天子，三分下江南”。

## 淮安：看大运河“爬”过淮河

恕笔者孤陋寡闻，如果不是来到淮安，来到花园一样的江苏省灌溉总渠管理处，并不知淮河与大运河交汇，需要“你走你的淮河道，我走我的运河桥”。睹这一盛景，是在大运河正上方、离河面约30米的铁索桥上。铁索桥由运河两岸仿江南民居式的七层桥头堡牵引，犹如彩练当空，颇得风势。登上桥无论朝哪走，都逆风而行，需握住栏杆助力。好在视野极为宽阔：南北方向是静静的京杭大运河，负重的货船，如老牛般，深吃了水缓缓滑动；东西方向，古老的淮河自运河漕下穿越而过，似倦了的旅人，向东注入黄海。工作人员介绍，这是亚洲最大的水上立交。长125米、宽

80米的混凝土渡槽，是南北走向运河的专用道，如同一个水桥；渡槽下面的15孔涵洞，是淮河进入黄海的通道。这项新世纪水利工程，兼具泄洪、排涝、灌溉、南水北调、发电、航运等综合功能。站在铁索桥远眺，见远处仍在施工。这是正在建设中的淮河入海水道二期工程，建成后将使洪泽湖地区的防洪标准从现在的百年一遇提高到300年一遇。

两河相遇，为何要立体交叉？工作人员介绍，由于受废黄河的影响，运河在这一带地势较高，如果两条水道直接交汇，在枯水期运河水容易流光，在汛期则被倒灌。另外，运河较高的河床会影响淮河的入海。为解决水位平衡问题，2000多年来人们主要采取了三种方式：第一种是筑起堤坝，船只通过时用人或牛配合绞关硬拖过去，满载过坝太费力也容易散架，往往需要先卸下货物，过坝后重新装上，效率很低。第二种是利用船闸控制水位，带着船“爬楼梯”。最为先进的就是水上立交，相当于为船装上了“输送带”，不再有“瓶颈”。

## 宿迁：千里运河自此陡转

宿迁，原名宿豫，因避洪搬迁，故取现名。鸿运，宿迁一座网红桥的名字，寓意这里如今因水而兴。鸿运桥南连运河湾公园，北接运河湾半岛公园，桥体为天空之蓝与白云之白的碰撞，前倾式独塔双索面斜拉设计，如一只巨大的帆船，驶向运河湾。桥面铺着透明玻璃，站在桥上，向下看是静静流淌的古运河，不远处是“千里运河第一湾”——宿迁境内的中运河横贯东西，由西向东，流经宿迁城北，随即陡转90度，改向南下，成为“千里运河第一湾”。漫步湾畔，或繁花点缀，或青竹簇集，或亭台流水，文化气息浓郁。

运河湾公园内有一处广场，矗立一座青铜塑像。像身背向中运河，手拿图纸，注视前方。“靳辅，字紫垣，辽阳人，清康熙时治河名臣……”

雕像的石刻上，概括了这位治水名人的功绩。

导游介绍，靳辅曾于康熙十六年（1677年），一连上八道奏折，史称“治河八疏”，宗旨是将黄河、淮河、运河视作一个整体，全盘考虑防汛、减灾、通航、漕运等事宜。清水潭工程进行期间，靳辅吃住都在工棚，严查工程质量，遇有偷工减料、弄虚作假，随即返工，对责任人除了杖责上枷示于河堤，还要赔付返工的全部费用。

苏韵脉动看水工，只是管中窥豹。大运河从创始直至今天，一直不断修建和更新。但水系在变，河道在变，水情在变，水工设施也必然跟着变，不变的只有人的铁骨担当以及科学精神、严苛标准。

三千里大运河，万千水工，读之不尽。

（原载《农村大众报》2023年7月5日）

# 行走大运河　怀想古中原

张冬云

芳菲四月，中国报纸副刊研究会主办了“行走大江大河　书写水韵书香”大型采风活动，笔者和来自全国的共199名文化记者，沿大运河一路北上，行走在镇江、扬州、淮安、宿迁等地，感受千里运河千年情。作为世界文化遗产的中国大运河，河南省有河道4段，遗产点3个，此次行走江苏，笔者是带着古中原行走大运河，也是行走大运河怀想古中原。

## 一堵墙

这是一堵奇特的墙。

准确地讲，它不是墙，而是一段立起来的河面。

芳菲四月，中国报纸副刊研究会主办的“行走大江大河　书写水韵书香”采风活动，把我带到了扬州中国大运河博物馆，带到这堵墙前。

它色呈灰白，横宽近26米，纵高8米多，密布着大小不等的土颗粒，其间夹杂瓷器砖瓦残片、贝类遗迹等，还有些蜿蜒的灰白线条贯穿全墙。它，是什么呢?

它是整块汴水河道剖面，从下到上，是唐宋元明清不同历史时期的地层，由左向右那一条条蜿蜒白线，标示的是不同年代汴河河床走向。

站在剖面前，我细细观看，发现唐代河道深且宽，河道底部白线呈锅底形状。此后河道逐渐变窄变浅。清代河道已成小水沟，之后渐渐淤积成陆地。

这堵墙，体量震撼。据说博物馆甫一开馆，它就成为1万余件文物中出圈的一件，成为网红打卡点。

它，来自开封州桥汴河遗址，身为河南人，它是整座博物馆最激荡我心的图景。

它为何不远千里来到扬州？

汴河即通济渠开封段，是隋唐大运河的重要部分，它横贯北宋东京内城和外城。州桥，是汴河与东京城御街交会处的地标，桥与河，同兴同废，明末均淤埋于地底。2018年起，河南省考古部门对州桥遗址进行考古发掘，在州桥本体东侧，发现长度约150米汴河遗址，揭露出唐以来的汴河河道堆积，出土大量文物。

2019年年初，中国大运河博物馆召开陈展专家咨询会，河南专家介绍了州桥遗址的考古发现，博物馆定位是全时段、全流域、全方位展览大运河历史和文化，“汴河剖面”完美契合这一定位，由此进入策展团队视野。

相关部门用月余时间完成剖面揭取任务。剖面被分成180余片逐一编号揭取。汴河剖面下扬州。

2021年5月，汴河剖面到了展示阶段。因剖面重达两吨，博物馆为它定制了钢结构悬挂框架。左右衔接、上下贴合，分片提取的汴河剖面，在展厅现场缀合，运河河道完成呈现。

汴河自开通以来，一直是隋唐宋经国赋税、漕挽所出的大动脉。元代京杭大运河截弯取直，汴河风光不再。明末黄河泛滥，汴河淤废。汴河剖面，可“证经补史”，时空经纬汇于一面。汴河剖面，可“截面述史”，以

200平方米空间尺度，诉说1500年时间跨度。它是碧波千里的通济渠，是唐宋珍视的生命线。它见证了唐洛阳和宋开封的极致繁华，经受宋辽金元战争疮痍。它曾轴轳千里，又于黄河汤汤中归入沉寂。

我久久伫立在汴河剖面前，如同观看一部跨越千年的巨幕电影，古中原厚重历史的恢宏呈现，令我心如同运河波涛，激荡不已！

## 一座书院

这是一座小小的书院。

199人采风团赶到淮安淮阴区枚乘书院时，已是晚上7时，夜幕降临，疏星数颗，一团漆黑中大家打开手机手电筒，照亮两扇小小朱漆门，深一脚浅一脚跨进书院，去拜会汉赋鼻祖枚乘先生。

夜游，我仅能模糊看到书院有两个小院落，仿古建筑随地势高低错落。看过书院内展陈后，我伫立在枚乘立像前，感叹着他忠诚、耿直的一生，品味着他独步天下的文学才华。

立像所塑是晚年枚乘，他容颜沧桑，唯双目炯炯，他一手背后一手掌心向上做欢迎姿态。立像背后，是大赋《七发》全文。

枚乘祖籍淮阴，早年任吴王刘濞文学侍从，后成为梁孝王刘武门客。汉武帝刘彻安车蒲轮征召他，他于入京途中逝世。他所作《七发》，以宏大的结构、繁富的辞藻、铺排的描写手法、主客问答的创新体式，成为汉代新体赋正式形成的第一篇作品。它长达两千多字，后世仿作无数，有张衡《七辩》、曹植《七启》、左思《七讽》等。

《七发》是讽喻性作品，文中假设吴客探望生病的楚太子，通过描述音乐、饮食、乘车等六件事，劝导太子改变生活方式，不要沉溺安逸享乐，表达了对贵族集团腐朽纵欲的不满。《七发》蕴含的“生活正派，情趣健康”的廉政思想精髓，是超越于时代的。

《七发》引用经典语句多处，由《七发》衍生的典故或成语，也有20余处。刘勰在《文心雕龙》中讲："自《七发》以下，作者继踵。"推动中华优秀传统文化创造性转化、创新性发展，是当下重要的文化课题。《七发》对传统文化的转化与发展，能给我们以现实启迪。

枚乘多次来古中原。他曾被汉景帝拜为弘农（今河南灵宝市一带）都尉。他似乎不愿为地方下层官吏，很快称病辞官。他和古中原缘分未了，"复游梁"，为何说是"复"呢？在此之前他已和梁孝王交好，辞弘农都尉后他很快又去了梁孝王主政的梁国。

梁孝王刘武是汉文帝之子、汉景帝亲弟。位高权重，封国面积巨大。他在今豫东商丘、开封一带，建造三百里梁园（又名菟园），建筑众多亭台楼阁以及百灵山、落猿岩、栖龙岫等景观，遍植奇木佳树，堪称"天下第一园林"。枚乘和公孙诡、邹阳、严忌、羊胜等人从梁王游于菟园，众人皆善辞赋，形成梁园作家群，枚乘是领袖。鲁迅在《汉文学史纲要》中称："天下文学之盛，当时盖未有如梁者也。""三百里梁园"为枚乘提供了驰墨骋怀园地，相传《七发》《梁王菟园赋》均完成于此。

枚乘客梁园的一个重要收获，是娶妾并生一子名枚皋，他也是重要汉赋作家，和司马相如齐名，是汉武帝文学侍从。枚乘客梁园的年头无记载，梁孝王刘武死后，宾客尽散，枚乘回淮阴老家居住，73岁逝于家乡。居淮阴时，他是否时时念起梁园的七台八景，念起文朋诗友的逸兴纷飞？

梁园自汉之后成为文学圣地。李白曾留居梁园十年，有《梁园吟》："梁王宫阙今安在？枚马先归不相待。舞影歌声散渌池，空馀汴水东流海。"现在的豫东商丘、开封一带，仍留存多处梁园遗迹，被后人缅怀。

夜游淮阴枚乘书院，我最后来到院内一棵800多岁古银杏树下，借着微弱灯光，捡拾了几片扇形叶片珍存。立于树下，我突然想起地处商丘东郊黄楼村的那棵两千多年的大银杏树，相传它是梁园遗物，枝叶至今依然蓊郁青葱。当年古中原的银杏树，是否曾牵引过枚乘的目光，徘徊过枚乘的身影？当他离开梁园回淮阴后，那棵古银杏，是否曾入他的梦寐？

春秋时吴王夫差开邗沟通江淮。邗沟北端自今淮安区北末口入淮，想来枚乘也是古运河养育的文豪。

古中原那棵古银杏的年轮里，有着江苏古运河畔枚乘的故事。

## 一个人

这是一面奇特石墙。

三四米高玄武岩条石层层垒砌，条石间不容隙，筑成极平整石墙。奇特石墙沿湖岸形成优美弧线，如臂弯般守护着千里沃野。

这段石墙，位于淮安洪泽湖大堤45公里处的周桥大塘，是洪泽湖大堤保存最完整的石工墙。

1824年农历十一月，气温骤降，风暴大起，洪泽湖大堤周桥段决口，冲成近27米深的周桥大塘。清廷命时任江苏按察使的林则徐到周桥重修大坝，当时他身患疟疾，为母丁忧。林则徐吃住在工地，刻苦任事，严格要求每块条石凿出齿槽，用生铁铸成工字形铁锔置于齿槽间，将糯米汁与石灰搅拌成砂浆，令条石牢牢黏合。

林则徐筑坝处，现已建成“周桥大塘遗址公园”，立有治水塑像群，只见一群民工肩挑车推，刀砍斧凿，一派热火朝天的工地景象。林则徐身披孝服立于高处，目光坚定手指前方。塑像群不远处，立有一块刻有“担当精神”的石碑，上嵌锈迹斑斑的“林工”铁锔。“林工”铁锔，是林则徐的自我要求，体现的是那个时代绝无仅有的终身追责。

古中原人对林则徐并不陌生，因为同样受恩于林公。洪泽湖治水后过了17年，1841年7月13日，道光帝下旨林则徐从重发往伊犁效力赎罪。但不久黄河水势暴涨，河南祥符（今开封）黄河三十一堡堤顶漫塌，决口达三百多丈，豫皖五府二十三县受灾。当年10月，林则徐奉旨赶到祥符“东河效力赎罪”，至次年3月18日（二月初七），黄河大堤合龙在即，水患已除。林则徐治水之功未换得“龙颜大悦”，依然发配伊犁。在伊犁，林则徐带人筑林公渠，推广坎儿井，新疆百姓后来把坎儿井称为“林公井”。

我曾数次来到开封柳园口，其附近黄河堤坝被称为林公堤，此处河面宽阔，白鹭飞翔，堤坝高耸，堤内是高大杨树，堤外是成片白蜡、垂柳和栾树。

史料记载，当年林则徐所筑大堤，西起水稻乡马头村，东至开封柳园口乡小马圈堤段，大堤在柳园口附近合龙，全长8756米，比旧堤向北推移约两公里，离河道更近，人称“前进大堤”，现已成开封“市保”。

开封人感念林则徐，常有市民来此抚今追昔拜谒先贤。一段林公堤，一座无字丰碑，赞颂着林则徐上善若水的一生。

从洪泽湖周家大塘，到开封林公堤，他贯彻着“苟利国家生死以，岂因祸福避趋之”的人生誓言。从淮安周家大塘的“林工”铁锔，到中原人无限敬仰的林公，从洪泽湖之滨到黄河之畔，“林工”不腐，才有林公不朽。

行走在江苏大运河边，大江大河的壮阔令我感叹。但愈行走愈令我屡屡回望古中原，它如影随形与我血肉相连，“如胎记一般地不可磨灭”。

此次行走，是带着古中原行走大运河，也是行走大运河怀想古中原。我发现文化不会被地域束缚，正如运河之水生生长流。大运河滋养着万物，也涵养着中国人的智慧和创造力。它告诉我，汴河是中原的也是江苏的，枚乘是淮安的也是商丘的，而林则徐，他属于洪泽湖也属于大黄河。

大运河，终究是所有中国人的大运河！

（原载《河南日报》2023年7月19日）

# 国有大运河

黄仁兴

这是一条智慧之河、人工之河、烟火之河、人文之河。她流淌于大地母亲的躯体，流着血泪与荣光，流出诗情与画意，流成了一部民族的沧桑史。

——题记

## 一

大运河示意图挂在墙上，形同一幅直观的人体 X 光透视图。河流一段接一段，粘连、缠绕、柔韧，如充盈的血管般铺开，动感而有张力。元宇宙视域下，我仿佛看见一方脉动，一条正从陆路凿空西域，延伸到中亚、西亚，连接地中海各国；一条正从海上放舶高丽、东瀛、暹罗、天竺、波斯、大食国……这是扬州大运河博物馆震撼人心的图景，也是我在参加这次大运河采风活动中受到的最直观的视觉冲击。

4 月 7 日至 13 日，中国报纸副刊研究会和新华报业传媒集团组织年会与会代表行走大运河江苏段。在此之前，我们已经走过了首站的镇江。镇江地处长江与京杭大运河交汇处，历史上帝王官宦、骚人墨客风云际会，江湖气味、文化气息浓厚，巴掌大的地方都有一段生动的故事。

镇江有3000多年历史，曾经有过多个名字。我知道它曾经叫“京口”，缘于小时候读过王安石的诗《泊船瓜洲》。沧海桑田，这里由“海口”慢慢变成了“江口”，名字也由“镇海”变为了“镇江”。

镇江最有名的地标当属“三山一渡”。“三山”指金山、北固山、焦山，“一渡”指西津渡。在航拍图标上，这四个地方刚好沿江而立，连点成线。“城在山中，山在城中”是镇江给人的印象。

我们到达金山是向晚时分，江南氤氲的水汽给这座古城增添了几许婉约与柔美。山不在高，近江则名。金山在清代之前是一个岛屿，远远望去，如大江中的一块碧玉。金山里的泽心寺，始建于东晋时期，因唐代法海和尚在此挖出黄金，故重修寺庙时改称为“金山寺”，又因《白蛇传》等故事而被坊间封为“神话之寺”。寺院依山而建，遍山布满金碧辉煌的建筑，把金山裹得严严实实，故又有“寺裹山”之美誉。

与一般坐北朝南的建筑不同，金山寺的山门因势朝西而开，无非是想让人一走出山门，就见到滚滚长江奔腾而下。金山寺的山门上悬挂着一块“江天禅寺”的匾额，这是清代皇帝康熙亲笔题写的。也许他游玩时见金山雄伟壮丽、江天一色，心血来潮，还留下了“江天一览”四个字。

镇江宣传文旅部门安排的讲解员，指着两处小山如数家珍地给我们“喂料”。声音甜美的讲解员说，北固山是三山中最富人文气息的一座，这里是三国时“甘露寺刘备招亲”故事的发生地。而我更留意的是道光二十一年（1841年）六月，在北固山下，林则徐将收集到的关于西方、关于世界的资料交给魏源，一部划时代的皇皇巨著《海国图志》开始谋篇布局。

如果说金山以神话出名，北固山以历史故事成名，焦山则以人而闻名。焦山山水天成，古朴幽雅，庙宇楼阁都掩映于山林之中，故又有“山裹寺”之嘉名。听讲解员说，东汉名士焦光就曾隐居山中；清代平民县令郑板桥也在此读过书；乾隆帝六下江南，比他爷爷还牛，更是创造了“三上焦山”吃饭睡觉的纪录。

我们无意老皇帝的这些陈年旧事，赶紧填饱肚子，想趁着夜色一赏西津渡。据说，西津渡是三国时镇江通往江北的唯一渡口，承载着自唐朝以来1300多年的人间烟火气。奈何时过境迁，曾经的渡口，只留下一条见证光阴荏苒的几百米古街。也许王安石写下《泊船瓜洲》的时候，做梦也不曾想到，到了清末长江会变得狂躁起来，把北岸的瓜洲古城按在了水下，也让西津古渡的小码头从此暗无天日。我们沿着石板路山坡细心前行，路中间几道深深的车辙印清晰可见。有人特意在街的一侧开出了个天窗，透过玻璃罩顶，我们目测时间积攒的厚度。唐前的沙土路躺在最底层，宋元的夯土路高出了两个台阶，明代的砖砌路，清代的石砌路，一层叠着一层。层层人间正道，洒满了老百姓的血汗，也叠印着那些历史名人的足迹。朦胧中，仿佛李白、张祜、王安石、苏东坡、马可·波罗穿越时空，正从古街走来……

闲聊间，我们来到了古街横跨于头顶上的元代昭关石塔。佛学有从塔下经过便是礼佛的说法。把塔建在街桥上，人人都得穿行，足见传教者的用心。穿过石塔，映入眼帘的是众多的古式茶楼酒肆、手工作坊、善男信女。漫步古街，蓦然回首，筚路蓝缕，千年尘土，悠悠万事，已在灯火阑珊处。

## 二

隔着长江、被誉为“楚尾吴头”的扬州与镇江有很多类似的地方。如果说镇江是一首风光旖旎的诗，那么扬州则是一首风情绰约的歌。

“故人西辞黄鹤楼，烟花三月下扬州。孤帆远影碧空尽，唯见长江天际流。”李白这首脍炙人口的《黄鹤楼送孟浩然之广陵》，成了扬州最好的推介词。

中国地形地貌上有两个独特的地方。一个是西高东低的，从黑龙江瑷珲到云南腾冲的45度倾斜的“胡焕庸线”斜躺在其中，在线的两侧出现了农业和游牧业两种截然不同的生产生活族群——几千年中原“种田人”与草原“马背上的人”之间打打闹闹，和亲也好，挥拳也罢，最终还是走到了同一个屋檐下。另一个是自古以来日西落水东流，泱泱大国，沃野千里，竟没有一条河流是南北流向的。所以，凿开一条通道，推动海河、黄河、淮河、长江、钱塘江五大水系互联互通，将这些流域整合成一块大拼图，势在必行。

想将梦想变成现实的首先是吴王夫差。2500多年前，也就是公元前486年，夫差筑邗城于长江北岸的蜀冈之上，并于蜀冈之下开凿邗沟。《左传·哀公九年》记载了这段历史：“秋，吴城邗，沟通江、淮。”至此，中国历史上第一条真正意义上的人工运河横空出世，吴楚富庶之地被融入了河洛经济文化圈。沿运河北上的，除了盐粮、丝绸、瓷器、茶叶，还有江南赶考的才子。漕运兴则王朝兴，两淮漕运成为逐鹿中原、问鼎霸权的大国利器。

这是运河工程与中国政经联姻的尝试，此后运河如一条墨绿色的缎带延绵于江淮大地，和黄河、长江一样，成为中国文化开放包容、生生不息的塑造者。扬州以其优越的地理位置，顺理成章地成为“靠水吃水”的重要节点城市。汉代的吴王刘濞、隋炀帝杨广、元世祖忽必烈都曾对大运河有过大动作，要么对邗沟裁弯取直，要么开凿新的河段。扬州名称也从春秋的邗城，到汉代更名为广陵（江都），再到隋炀帝时又更名扬州。

在所有的帝王之中，杨广或许是对扬州和大运河倾注最多感情的人。他在晋王时期就当了10年扬州总管。他当上皇帝后，朱笔一抖，大业元年（605年）前后只用了171天，便于黑油油的土地上犁出了一道深深的鸿沟，凿通了由洛阳东下山阳（淮安）、山阳南下扬州的运河。这两段运河就是著名的通济渠和邗沟运河。后来，又分别于大业四年和大业六年开凿了永济渠和江南河。有人说，隋炀帝开凿大运河“罪在当代，利在后世”，杨广不惜人力物力施暴政，出现了“家家拉夫，户户戴孝”的惨状，导致华北和中原人民大量死亡和流离失所。但大运河的开通，客观地对中国经济社会产生了深远的影响。如果说黄河是农耕文明和草原文化的“纽带”，那么京杭大运河则是黄河与长江农耕文明的“路桥”。从此，南北经济文化的大交流、大融合，成了历代封建王朝的头等大事，经济重心也逐渐由北方转向了南方。直至明清时期，运河沿岸的八个省份每年要提供300万石至400万石的漕粮供养京师。为保证漕粮运输这个帝国命脉，朝廷设立相关的管理机构，从漕粮的征收、运输到交仓等主要环节，形成从上至下的有序管理，实行相关的赋税制度，以及漕粮的征收制。同时，大运河北起北京，南至杭州，绵延约1800公里，跨越地区自然环境差异大。它的开凿、使用、管理、维护等，需要一系列工程技术的支撑，由此造就了丰富多样的水利工程，促进了河工器具和舟船营造的发展。著名历史学家黄仁宇有一个令人印象深刻的观点——“数目字管理”不力是导致传统中国治理无能为力的核心所在，他反复论证了“数目字管理”的历史作用。的确，大运河在漕粮运输、货物贸易、河工器械等方面积累下来的“数目字管理”基础和经济实体，使扬州等长江中下游地区城市在中国近现代经济建设中居于重要地位。

扬州，给人的第一印象就是格局大。博物馆大，公园大，街区也大。扬州中国大运河博物馆集运河文物收藏、展示、研究、教育于一体，堪称运河文明交流与互鉴的“百科全书”。全馆总面积约7.9万平方米，有11个独具特色的展示空间，创新运用数字化沉浸式体验，让人感受到中国大运河流域的历史积淀和人文风貌。扬州对明代1.7公里的运河三湾进行整治修复，还绿于民，还空间于民，打造大气亮丽的湿地公园，得到了到此考察的习近平总书记的赞赏。

华灯初上，我们走进扬州东关街。这条中国十大历史文化名街全长1100多米，街道两旁保留下来30多条历史名巷。唐宋城址、明清会馆、古渡牌坊、高官宅第、市井民俗，处处展示着扬州曾经的芳华以及文化的厚重。我和同事在古街到处游荡，贪婪地打捞着一个又一个故事，直到晚上10点多钟，腿痛腰酸，才踏上归程。

## 三

第三站去的是淮安。从字面上理解，淮安即淮水安澜之意。

汽车从扬州北上一个多小时，我们来到淮安市盱眙县境内的黄花塘。黄花塘是新四军军部所在地，当年，陈毅、张云逸等新四军领导人在这里运筹帷幄，领导华中抗日根据地军民进行对敌斗争。

站在印着新四军军歌曲谱的展墙前，望着“何士德作曲”五个字，一股自豪之情油然而生。我向讲解员报告说，我来自广东阳江，何士德是我的乡亲，希望能现场听听我们老乡作曲的新四军军歌。在我的恳请下，纪念馆办公室主任叶登荣慷慨高歌——“光荣北伐武昌城下，血染着我们的姓名。孤军奋斗罗霄山上，继承了先烈的殊勋……”歌声响起，我们在场的人情不自禁地跟着哼唱起来。哼着哼着，我的眼眶不自主地潮湿了。感谢新华日报社的薛颖旦老师抓拍下这个视频，让它成了在场每位同志永远的记忆。

接着，我们来到盱眙第一山。盱眙是个古县，据说春秋争霸时，第一山不远处就是诸侯的会盟地。第一山远远望去是拳头那么大的小山坡，爬行几百步就到了顶。山上有若干殿堂，殿堂的一侧是摩崖石刻。米芾题刻的“第一山”就摆在这里。

米芾是北宋大才子、著名书画家，喜欢游玩，阅山无数，怎么会给这座小山以大头衔呢？大家众说纷纭。同车来自《浙江日报》的大文兄给出了他的说法：宋绍圣四年（1097年），米芾从开封出发，到江苏涟水县就任，沿大运河（通济渠）而下。沿途舟楫困顿，两岸平畴色单，忽望见小山，不由得精神一振，弃舟上岸，大笔一挥，名之曰“第一山”。

不过，米芾这一挥笔，还真有点“筑巢引凤”的功效。苏东坡、杨万里等文豪也纷纷附和米芾在摩崖题刻。从“非遗”的角度，如今的“第一山”可谓当之无愧。

虽然成行前做足了功课，收集阅览了不少有关大运河的文字资料，但当我踏足淮安市区时，仍为它历史上人才灿若星辰所惊叹。

就拿我们到访的淮安区河下古镇来说，明清两代就曾出过123名举人、67名进士、12名翰林，被称为“进士之乡”。这里是大军事家韩信、《西游记》作者吴承恩的故里，更是周恩来总理的故里。隔河相望的还有清江浦区枚乘的故居。枚乘首创了汉赋，是著名汉赋大家。其代表作《七发》为汉武帝和毛主席所称赞。那天，我们赶到枚乘故居的时候，已近晚上八时，尚未吃晚饭。大家早就饥肠辘辘，但还是盯着墙上的文字，不舍离开，颇有点“望文止饿”的味道。

一路行走，一路听着，我对运河城市的经济文化现象产生了浓厚的兴趣。地理历史学认为，研究一个地方文明的起步和发展，常规的办法是聚焦其地理空间。淮安位于江淮平原东部，处在中国南北分界线“秦岭—淮河”线上，气候条件、地理环境优越，大运河加持，成为这些区域发展与繁荣的强大动力，直接地推动文化、教育、习俗、信仰等沿运河传播与发展。在这种氛围下，作为漕运总督府置的淮安，人才辈出理所当然。1901年清政府下令漕运停摆，再后来与铁路建设失之交臂，淮安被边缘化，一度出现了衰落，正好反证了这个推断。这是我踏足这块土地后个人的一点感触。可以说，淮安人开放与创新是历史认知的沉淀，今天的淮安正积极主动融入长江中下游经济核心圈，迈向全国走出世界。

运河三千里，最忆清江浦。再加上四月里、夜色下、游船上这三个时空修饰语，清江浦的美，清江浦的神韵就更加让人流连。一路走来，谏壁船闸、淮安水上立交、有108道弯的洪泽湖大堤，给了我“人定胜天”的震撼。而清江浦则让我感受到人文气息的大流量。里运河河水悠悠，河边人影绰绰，两边亭台楼阁，华灯璀璨。导游给我们讲600多年历史的清江大闸，讲南船北马，讲清江浦楼，讲国师塔……讲周总理小时候如何从河下驸马巷乘船走向清江浦求学。

触景生情，这一刻，我的脑海里浮现了一位13岁清瘦少年的身影，他从淮安出发，寻求救国救民的真理。谁说周总理不曾回故乡？他那撒向万里山河的骨灰，早已融入这奔腾不息的清江浦，化作秀美淮安奋进的动力。

## 四

12日下午，我们来到了宿迁洋河酒厂文化旅游区。大运河水运的发达，给洋河酒的供销提供了便利。而酒厂周边有黄河、淮河、大运河、洪泽湖、骆马湖和洪泽湖湿地环绕，难以复制的优越生态物候形成了特殊的微生物群落，保证了洋河酒的良好质量。洋河酒厂地下酒窖总建筑面积5658平方米，存有纯手工老陶坛3800只，洋河酒成排成列半埋半露于土中，散发出醇厚的酒香。我站在一列陶坛边，摆出一个饮酒的手势——真的，我愿在这里饮着美酒佳肴，长醉不醒。

4月13日早上前往项王故里的时候，为了争取多些时间收集素材，组委会提前了半个小时出发。由于没留意群里的信息，我们错过了出发时间的几位同志，赶紧分坐滴滴车追赶大部队。

我和同事坐上了一位中年妇女的车。在交流中，她说她一家来自附近的安徽农村，丈夫在厂里上班，女儿在这边念中学。我问她在宿迁工作和生活最大的感受是什么？有什么愿望？她说宿迁人很包容很务实，现在的宿迁跟她20年前刚过来时相比，变化蛮大。她希望宿迁有更好发展的同时，要保护好当下的水土、空气和树木。10多分钟的交流，她用最淳朴的语言，把一位普通市民对美好生活的向往和心愿，讲得清清楚楚、明明白白。这是意外的收获。

赶到市区梧桐巷项羽故里，我们追上了队伍。这里位于古黄河与京杭大运河之间，西楚文化建筑群错落连绵，有古城门、项府、英风阁、霸王鼎、项羽故居等景点。庭院中，相传项羽16岁离家前栽下的古槐树依然傲气挺立。它已经有2200多年的历史，被誉为“江苏古树之最”。

站立于这块厚实的土地，品味英风阁里展示的详尽历史资料，我心情豁然开朗。对“楚汉战争”的结局，人们一直争论不休。比较多的观点认为，刘邦得天下原因有二：一是决策对头，二是用人得当。这当然没有错。但从更宏大的历史视角看，这场战争似乎是刘邦所代表的集权制对项羽所代表的分封制的一场大决战。秦对六国的统一，结束长期混战的局面，“大一统”是民心所向、大势所趋。项羽靠个人的蛮力逆势而为分封天下，一分就是十八路诸侯。而刘邦则顺势而行，谋定而动，依靠团队的合力，将函谷关以西土地和关东最为富饶的齐地全部归为直管，只是安抚人心假意封了八位诸侯王。汉帝国建国后，刘邦大肆诛杀藩王，杀功臣减少皇权威胁是表，统一政体是里。什么是天下大势？宿迁人似乎更有感受，如同元代把运河河道从淮安向北延伸至宿迁一样，他们紧跟时代潮流，特别重视科技的自立自强，以数字化智能化网络化改造赋能产业发展，提高自身的核心竞争力。

陪同采风的当地负责同志向我们介绍说，现在这条黄金水道年船舶通过量仍然超亿吨，以货船运送粮油和钢铁水泥等物资。我当场通过微信向一位专业人士求证河运的效能，他用直观的比较数据给我回复了水运的优势：“一艘1000吨级船的运力，相当于20节火车皮，或者30多辆载重30吨卡车的运能。”站在高高的河堤上，面对天高水阔路远的运河景象，我念古思今，禁不住摇头晃脑地来了几句：

时代描新古下相，

三河浴日泛琼浆；

南来北往粮船满，

饭碗端牢续锦章。

汽车在三台山大道与新站路交叉口停下，我们行程的最后一站，是从这里步入2万亩左右的三台山国家森林公园。走在两边水雾喷射的桥道上，阳光疏朗播洒在树林里，风轻柔地吹，身心恣意舒展。步出桥道，树木层层叠叠，密密匝匝，所有的杂树——桑、榆、柞、槐、榉、楝、柳、桉，都能以自己的喜好在这里找到成长的位置。来自《火箭兵报》的老申，拿着长焦距相机，东奔西跑，不停地抢拍人和景的镜头，仿佛要把整支队伍和整个园林请回去一般。《深圳特区报》的张樯，不停地用手机识别功能辨别树木的名称，那股较真劲，我甚至怀疑他是不是想转行来这里当林业专家。我突然发现，远处有一位老农在用铁锹挖土疏水，铁锹大体还是千百年前的那种款式，老农挖土的姿势与当年的河夫也没有什么差别，只是神情显得很淡定，精神也很饱满。

是的，一路走来，江苏大运河沿线城市的一个鲜明特点，就是将大运河文化保护传承利用与文化旅游等深度融合，让群众在广泛参与中共享运河建设成果。今天，运河经济文化带正沿着高质量发展道路砥砺前行，在推进中国式现代化实践中续写新的辉煌！

（原载《阳江日报》2023年5月25日）

# 书写运河的过往与未来

冯　瑶

“凝云鼓震星辰动，拂浪旗开日月浮。”大运河2500多年的水文记忆是一部文明发展史。我国古代劳动人民创造的这项伟大水利工程，这条世界上规模最大、通航里程最长、使用时间最久、文化价值最丰富的运河，穿越时光，纵贯沃野，作为中华文明的标志之一，于2014年被列入世界文化遗产名录。

扬州，古称广陵，这个名字里蕴含着古朴诗意的城市位于长江与京杭大运河的交汇处，有着“中国运河第一城”的美誉，因其独特的地理位置演绎了通史式的繁荣。公元前486年吴王夫差在扬州开凿了连接长江和淮河的邗沟，隋炀帝时在邗沟的基础上开挖南北大运河，扬州就此奠定了水运交通动脉的重要地位。如今，在依运河而筑、因运河而兴的扬州，古老运河与现代文明交织的新画卷正徐徐展开。

运河三湾段是古代扬州城南的水陆门户。缘于扬州城北高南低的地势，运河水在此处倾泻直下，威胁着航行安全。明代扬州知府郭光复带领百姓，将原本近200米长的直道改为1700米的“几”字形弯道，以此蓄积河水、减缓水流，达到“三湾抵一坝”的效果，保障了船运安全。当年的巧思壮举——伟大的水工遗址，如今向世人展示了古人尊重自然、顺应自然的智慧。

时光飞逝如电，运河三湾段在时代的变迁中，漕运功能逐渐衰退。二十世纪六七十年代，这里一度是工业聚集区，水质恶化、河道淤浅、岸堤老化、两岸棚户林立。2015年6月，三湾生态修复工程启动，搬迁企业、拆除码头、清理违建，以及驳岸改造、湿地生态修复……累计89家工业企业关停搬迁、680亩湿地退耕修复，运河三湾的清水绿岸得以重现。

如今，扬州运河三湾风景区内，壮丽的红色剪影桥横跨运河两岸。走在平整开阔的步道上向远处眺望，水色碧蓝，天际辽阔，阳光映射着澄澈的水面，波光闪烁，不时还有水鸟穿梭而过。“每天茶余饭后，沿着运河健身步道散散步，既欣赏风景，又锻炼身体，心情很舒畅。”蜿蜒流淌的大运河，冲刷过这座古城曾经的喧嚣与昌盛，依水而居的两岸百姓透过运河水向光阴回眸，一眼千年，江山如故。

三湾公园一角，扬州中国大运河博物馆如同一艘巨轮停靠在古运河畔。这片文化高地，将大运河积蓄了千年的历史与文化“全流域、全时段、全方位”展现给世人。从隋唐大运河、京杭大运河、浙东运河的“前世今生”，到运河沿线的水利工程、漕运盐利、饮食风物、舟船样式、市井生活的自然生态；从运河沿岸绵延千年的非遗技艺，到“因运而生”的城镇村落，关于大运河前世今生的所有模样，在这里，都演化为具象的现实，逐一呈现眼前。

大运河博物馆中最让人印象深刻的，莫过于各类大型文物的展示：从汴河河道套取的超大剖面，生动再现了运河与沿岸人民生活的紧密联系；7.5米长的兖州府镇水铁剑与镇水铁牛，反映出古人治理运河河道的艰辛与不易；还有整体打包而来的镇江唐代成对船形砖室墓，完整提取了北上扬州的宜兴宋代窑址……这些，都再现了大运河千余年来的鲜活历史。在这里，还邂逅了从我的家乡张家港黄泗浦遗址出土的龙泉青瓷碎片，作为以扬州为中心的港口体系中的一部分位列其中。这说明，黄泗浦也见证过大运河沿岸的繁盛。博物馆内还创新性地设立了一些沉浸式体验空间。在VR体验馆内，人仿佛泛舟运河之上，穿过杭州的拱宸桥，到苏州听昆曲，经过扬州喝个早茶……可以身临其境地感受运河沿途的曼妙风光，仿佛2500多年前的风拂过面颊。

作为南北交通大动脉的大运河，在千年时光中推动着两岸各地政治、经济、社会的快速发展，曾起过“半天下之财赋，悉由此路而进”的巨大作用。再看大运河，亲近大运河，重走大运河，与历史擦肩，向过去回首。扬州三湾，历史与现代在此处交汇，它承载着古老运河的过往烟云，也书写着正活化焕新的运河的灿烂明天。

（原载《张家港日报》2023年7月15日）

# 千里运河千年情

胡茂勇

一片叶脉，可以绵延数公里，水和云，架构起梦中的路径；一船过往，可以漂流数千年，大运河，勾勒出历史的脉络。烟花三月，跟随着由中国报纸副刊研究会举办的“行走大江大河　书写水韵书香”百名文化记者采风活动来到江苏。自南向北，我们溯江而上，运河用最细腻的笔触，轻柔地描绘出沿畔的线条：水草茂密，静谧地铺张着古老的绿；芦苇摇曳，温柔地翻过时间的篇章；水流轻湍，无言地冲刷过大地的脉搏。远远望去，运河就像一根大美的琴弦，绷张在广阔的平原，任轮船和岁月弹拨。

漫步在镇江这座小城里，我仔细探究着老街路边古坑里的遗迹，还有石板路中央深深的车马辙，历史的画卷缓缓在面前展开，远古的心脉仿佛就在耳边跳动，那般清晰，那般振聋发聩。

“山中何所有，岭上多白云”“千岩烽火连沧海，两岸旌旗绕碧山”“何处望神州？满眼风光北固楼”……唇齿间呢喃着诗句，字眼里便展现了运河开凿前后，镇江这座古城在笔墨中的形象变化。从只闻青山好，到诗满镇江楼。镇江，从原本寡淡无味的蛮荒之地，到唐宋文人墨客笔下躲不开的乡愁代名词，最离不开的是运河开凿后在此设立的西津渡——这一长江与京杭大运河相交融的地方。

京口瓜洲一水间，西津古渡望千年。西津渡依附于破山栈道而建，一条主街蜿蜒而上，前揽万家灯火，后拥山峦庙亭，眼前是人间烟火色，远眺是静谧山间景。如今的西津渡沉寂安详，昔日喧嚣的码头轮船早已静埋地下，但曾经，这里是运河与长江之间转运的必经之途，是促进大运河商贸繁华的关键。

“舳舻转粟三千里，灯火沿流一万家。”西津渡支撑起了古运河镇江流段的交通，而运河则承载起了古时这一方经济的重担，承载起了这一路沿线城镇的兴衰。

“清淮八十里，临流半酒家”，八方滋味汇融，孕育出活色生香的淮安，与运河相伴相生，是大运河上南船北马汇合的枢纽之地。在这里，南北相融，四水穿城，豪爽与婉秀交织相映，两方文化在此刻有了交流，大运河也在此刻承载起两地风土人情、生活方式的融汇。

“淮阴古之名郡，扼江北之要冲，清时海禁未开，南省人士北上所必经之孔道也。生于斯，长于斯，渐习为淮人；耳所闻，目所见，亦无非淮事。”钟灵毓秀、温婉淡染的淮安自古养育出了一批文人墨客，但难以想象的是这般温柔的土地却能在今日与英勇果敢、血染牺牲相挂钩。“光荣北伐武昌城下，血染着我们的姓名。孤军奋斗罗霄山上，继承了先烈的殊荣……”新四军的军歌至今仍在黄花塘前唱响；周恩来总理在少年时发出“为中华之崛起而读书”的故事，仍在传唱；大运河将他乡刚正果敢的历史带入淮安，又将淮安的革命故事传播开来。大运河此时已不仅仅承载历史文化，更像在滋养人文底蕴，用水流所包含的风韵，滴滴灌溉沿畔城镇的人文风骨。

“苟利国家生死以，岂因祸福避趋之。”当忠义与守孝相冲突，林则徐义无反顾地投身于修堤治洪的水利大业之中。“潮头初涌，鸣声如雷，碎珠溅玉，卷起千堆雪”，人在堤上，顶风逆势，站立不稳，而林则徐则全然不顾，坚持从头到尾全段监督勘察并详细询问堤坝的修筑情况。为严保修筑质量，他还在每一层条石拼接镶嵌处的铁锔上刻下自己的名字“林工”，以表示自己对此修筑工事负责终身。

“脱缰天马窜凡尘，九曲狂飙日月吞。”此时的大运河穿黄入淮，承载的不只有国家经济、文化的大动脉，还有那浩浩汤汤、诸水聚散的复杂水势。但正是林则徐那些治水英雄，无畏洪流湍波，顶浪伫立，安定了奔涌肆虐的洪水，让湍急的大运河多了几分对历史担当的承载，多了几分“有为而治”的印记。

脚踩的都是历史，吹过的风都是文化。古时的大运河沟通了南北的政治、经济和文化，安定了自然水流归服于人类需要，推动了文化的交流与融合，带动了引起中国划时代变化的源头。那时的运河，是文化载体，是经济命脉，是滋养人文风骨的源泉，是“天下为公”精神的承载，但更是一条纽带，维持着区域间的交流与城镇的稳定。

如今，虽然已不需要通过大运河来带动文化的交流与传播，不需要运河来维系城镇的发展与稳定，但运河依旧用自己磅礴、温情的水流带动一方航运经济的发展。

“万艘龙舸绿丝间，载到扬州尽不还。”无论是被先进科技更新改造后的“江南第一闸”谏壁船闸，还是新建立调节洪泽湖水位的“千里长淮第一闸”三河闸，都在运用技术维护大运河正常水利功能的同时，保护运河水质，为千年古运河绽放新时代新活力而继续“守”“放”自如。

泥沙堆积的是历史，河流奔向的是未来。如果说长城是凝固的历史，那么碧蓝明净的古运河就是流动的文化和未来。建设大运河，建设大运河文化带，唤醒沿线人民骨血中的文化基因才是关键。古代劳动人民用天人合一、和谐共生的思想开凿建设了大运河，而今我们需从大运河中汲取深刻的民族精神内核，使大运河活在当下，流向未来，成为一张奔腾不息的文化自信新名片！

（原载《安徽工人日报》2023年5月8日）

# 奔流不息的大运河

梁小可

初识大运河，是在30多年前。那时正上大学，读了作家刘绍棠的中篇小说《运河的桨声》，大运河给我留下了这样的印象——“青色天空下，运河静静地流淌。无数只运粮的帆船和小渔船行驶着，像是飘浮在河面上的白云”。

烟花三月，参加中国报纸副刊研究会组织的“行走大江大河　书写水韵书香”采风活动，第一次与大运河亲密接触，我才知道当初从书中得来的白描式印象很肤浅。我们先到镇江，再沿着京杭大运河一路北上，经扬州、淮安，再到宿迁，品读千年运河最灿烂、最精彩的篇章。大运河厚重的文化底蕴、恢宏的人文景观、强劲的通航功能，令我十分震撼和感动。

树绿花红，春意盎然。4月9日上午，我们来到镇江谏壁船闸。北边远处宽阔的河面上，有不少运输船。看到这个壮观场面，我差点兴奋地叫了起来：“大运河，我来啦！”其实，我第一眼看到的河面是长江，并不是大运河。谏壁船闸位于长江与京杭大运河两条黄金水道交汇处，北临长江，南接运河，是京杭大运河苏南段唯一直达通江的口门船闸，素有“江南第一闸”之美誉。

我们到达时，恰逢一天中大运河与长江的水位齐平时段，船闸无需开闸放闸和等待，船只可以直接通行。运输船排成整齐的队伍，一艘跟着一艘，搅动混浊的河水，浩浩荡荡从引航道驶过船闸，往南转入大运河。大家纷纷拿出手机，拍下这个难得的画面。时移世易，动力十足的机动船早已取代了过去的帆船。刘绍棠描绘的大运河景象，已定格在远去的时光里。我伫立在河边，静静地看着一艘一艘机动运输船经过，从船身的吃水深度判断哪艘是空船，哪艘是满载货物的。不少船只的船尾甲板上，摆放着三五个花盆或泡沫箱，里面种着辣椒、生菜、白菜等蔬菜，也有的种着花草，散发出浓郁的生活气息。

当大运河与长江的水位不一致产生落差时，谏壁船闸就施展它的独特功能。工作人员介绍，船闸由上游、下游引航道与上游、下游闸首和闸室组成。当船只从下游往上游行驶时，闸室内的水位降至与下游水位齐平，再打开下游闸首的闸门，船只进入闸室。然后，关闭下游闸门，通过内部装置向闸内灌水，待闸室水位升高到与上游水位齐平时，打开上游闸首闸门，船就可以出闸通过引航道驶往上游。当船只从上游往下游行驶时，过闸操作程序刚好相反。

工作人员说，谏壁船闸于1976年2月立项，1978年开工建设，1980年7月正式通航。常年通航的船舶遍布全国十多个省市，是江苏内河水运沟通南北、横贯东西的重要交通枢纽。走进船闸运行调度控制中心，现代气息扑面而来，46寸LED液晶大屏上，实时显示航道上船只等情况。这个中心是两个多月前完成改造的，船闸运行管理进入了数字化、信息化、科技化的时代，调控更加科学高效。我不禁感叹，古老的大运河因为有现代船闸的支撑，在新时代发挥出更大的效益。

下午时分，我们到达扬州运河三湾景区，呈现在眼前的是古运河恬静、婉约的景致。河水清澈，草长莺飞，杨柳拂堤，晚樱花和紫藤花争相开放。我们沿着古运河边的园道，边走边看边听讲解，把思绪延伸到了明朝。扬州城地势北高南低，上游淮河流经这里时，水势直泻难蓄，漕船、盐船常常在此搁浅、倾覆。明朝万历二十五年（1597年），时任扬州知府郭光复按照“三湾抵一坝”的思路，亲率民工将原来一段100多米长的河道，改弯后变成1.7公里长，以增加河道长度和曲折度，达到抬高水位和减缓水的流速的目的，从而解决了当时作为交通命脉最关键的难题。后人称该段河道为“三湾子”。从航拍照片看，运河三湾的形状，很像倒着放的清代书画家钱松隶书“几”字，线条古朴，刚劲有力。听了讲解，我由衷佩服古人治水驯水的大胆创举和非凡智慧。

三湾景区西北侧的古运河边，有一个巨型建筑物，远远看去像一艘即将扬帆起航的巨轮。导游说，这里就是扬州中国大运河博物馆，于2021年6月建成开放。走进博物馆，如同翻开一本中国大运河“百科全书”，内容广博宏大。琳琅满目的文图介绍、文物展示、场景再现，还有VR体验，让人目不暇接，脑洞大开。在这里，中国大运河的前世今生脉络清晰。春秋末期，吴王夫差开凿邗沟，成为大运河“第一锹”的开挖者；在隋代，隋炀帝杨广耗时六年，建成了通济渠、邗沟、永济渠、江南运河，第一次完成了贯通南北的运河体系；到了元朝，元世祖忽必烈开凿了济州河、会通河、通惠河，实现了大运河的第二次大沟通。这是世界上唯一由国家开凿和管理的人工运河。“运河通，朝代兴；运河断，朝代亡。”历经千年沧桑，国家兴衰与运河命运休戚与共。新中国成立后，特别是进入了新时代，大运河得到了很好的保护和开发利用，生生不息，造福社会。

第二天的行程安排得满满的，最后一项是夜游淮安清江浦景区。抵达清江浦时，已近晚上10时。车子停在码头边，我走下车，河对岸一条由“运河三千里　最忆清江浦”字样组成的灯带，璀璨耀眼。而南面有一座雄伟壮观的古塔，金碧辉煌。同行说，这是国师塔，为纪念清代顺治皇帝的老师、名僧玉琳禅师而建。环视河岸两边，流光溢彩，游人如织。而河面上，挂着彩灯的画舫徐徐游动，犁开一道道水痕，波光粼粼。置身于此，可感受到明清时期清江浦的繁华。

淮安坐落于古淮河与京杭大运河交点，享有“运河之都”的美誉，清江浦就是她的代表作。1415年，淮安首位漕运总兵官平江伯陈瑄开沙河古道，并加以疏浚，更名为清江浦。清江浦与古邗沟相通，合称为里运河。这里逐渐形成了大集镇，是明清时期京杭大运河沿线的重要交通枢纽，有“南船北马，九省通衢”之称。一到漕运高峰期，“帆樯如林，百货山积”，显宦世家、巨商富贾、文人墨客、僧道名流云集于此，园林寺院、茶楼酒肆比比皆是，一派太平盛世的景象。

我们一行人分乘多艘游船，投入了里运河的怀抱。游船缓缓启动，导游声情并茂地讲解这里的故事。我静静地听，感受古运河跳动的脉搏。游船靠近清江大闸时，借着灯光，我看到这座建于明朝初年的古闸，历经600多年风雨沧桑依然保存完好。当年，这座大闸是漕粮运输的必经之地，被称为“南北襟喉”。透过斑驳的水光，我仿佛看到昔日这里熙熙攘攘的繁忙景象。如今，声势赫赫的漕运船已被精美的画舫取代了，呈现出一种悠闲而热闹的场景。夜色下，中洲岛如一艘巨船停在河中，灯影婆娑，充满神秘的色彩。这个小岛面积约40亩，由里运河与越河环抱相交而形成。岛上有清江浦记忆馆、淮安戏曲博物馆、淮安名人馆、清江浦楼等，成为淮安历史人文积淀最深厚的地方。因时间所限，没能登岛探访，深感遗憾。结束游览登船上岸时，突然间，我觉得这座岛多么像里运河的心脏，其搏动强劲，让河水奔流不息，源远流长。

最后一站是宿迁，有一个采风点叫运河湾公园。一看到这个“湾”

字，就知道这里是一个有故事的地方。我们在运河湾公园靳辅广场边下车，高大的靳辅雕像耸立在广场上。他背向中运河，手里拿着图纸，胸有成竹地注视前方。雕像后面石刻上，有这样一段文字："靳辅，字紫垣，辽阳人，清康熙时治河名臣，康熙十六年调任河道总督。靳辅在宿迁开皂河，又开中河，避黄河一百八十里之险，后在拦马河兴建六坝，筑堤成塘，称六塘河。生前著有《治河方略》一书，为后世治河的重要参考文献。"短短一百多字，概括了他的平生。我端详这座雕像，心生无限敬意。

导游介绍，京杭大运河宿迁段由西向东流经宿迁城北，随即陡转90度，改道南下，拐弯处便是"千里运河第一湾"。公园的这片土地原为老宿迁港的旧址，是玻璃厂、发电厂、机械厂、农药厂、水泥厂等老旧工业的集中区和棚户区，生产生活条件差，对周边和城区的生态环境造成严重影响。当地政府投入巨资进行改造，强化大运河文化遗产保护，把运河湾公园打造成民生工程和大运河文化带亮点工程。

我们穿过靳辅广场，来到运河边，清澈的河水缓缓流动，岸边绿草如茵，一条沿河绿道向远处延伸。河对岸是建好不久的运河湾半岛公园，狭长半岛的前端有一座船帆造型的雕塑，十分显眼。沿着河边往前走，我发现这里的绿化搭配很考究，既有樱花、梨树、海棠等春花树种，又有银杏、美国红枫、乌桕等彩叶树种，营造出新颖而协调的景观。一会儿，我们来到刚落成通行不久的鸿运桥。这桥设计很奇特，是独塔斜拉桥，由28根拉索牵引，宛如运河上一艘巨大的帆船。导游说，这桥跨越古运河，南连运河湾公园，北接运河湾半岛公园。走上桥，我才发现，桥面共铺设了8段玻璃，每段长10米、宽2米。站在玻璃上，可以清晰地看见河水从脚底下流过，真的有一种乘船的感觉。从树种的搭配到桥梁的设计，可以看出建设者是多么用心。

采风活动还走了不少地方，虽然步履匆匆，无法作深入细致了解，但每一处都让人难忘。纵贯南北的京杭大运河与横亘东西的万里长城，是并称于世界的最宏伟古代工程，她在岁月的长河中奔流了2500多年，依然那样年轻，充满生机活力。这是值得中华民族骄傲和自豪的。我一路听、一路看、一路想，深深地感受到，大运河沿线地区都在想方设法保护好大运河，挖掘和丰富大运河的文化内涵，让大运河文化在新时代绽放出更璀璨的光彩。

（原载《阳江日报》2023年6月29日）

# 涛声依旧诉说千年运河情

## ——“行走大江大河　书写水韵书香”江苏采风活动见闻

唐召怡

如果说长城是中华民族的脊梁，那么大运河就像是中国的大动脉。

大运河由京杭大运河、隋唐大运河和浙东运河组成，全长约3200公里。这条纵贯南北的人工河，跨越八个省市，贯穿五大水系，绵延千里，如同一条纽带，把祖国的大江南北连接在一起。它是世界上最古老、流动距离最长、规模最大的古运河。

大运河与长江，在江苏交汇。从古至今，这处“黄金十字”都是国家大动脉的重要节点。江苏是运河遗产资源最密集的省份。大运河江苏段全长约690公里，流经徐州、宿迁、淮安、扬州、镇江、常州、无锡、苏州8个城市，全省60%的人口沿运河而居。千百年来，大运河默默滋养着两岸的城市和人民。

今天，作为全球最繁忙的内河航道之一，大运河江苏段通航里程占全线3/4，常年有13个省市的2万余艘船舶通行，年货运量5亿多吨！

4月，全国近两百名文化记者、副刊编辑聚集江苏，一同参加中国报纸副刊研究会、新华报业传媒集团主办的“行走大江大河　书写水韵书香”采访活动。采风团从南京出发，伴着大运河的波涛，经镇江一路北上至扬州、淮安、宿迁，所见所闻令人称叹，仿佛打开了一轴美轮美奂的运河长卷。

## 西津渡：京口瓜洲一水间

一座山水城，半部江南诗。镇江，这座“威镇长江”、古运河蜿蜒而过的江南名城，历来就是一个有故事的地方。

“金山楼观何耽耽，撞钟击鼓闻淮南。焦山何有有修竹，采薪汲水僧两三……”苏东坡曾从金山坐船到江心的焦山，写下《自金山放船至焦山》。“何处望神州？满眼风光北固楼。千古兴亡多少事，悠悠！不尽长江滚滚流……”一首辛弃疾的《南乡子·登京口北固亭有怀》，让人寻味北固山上的三国往事。

夹江相峙的金山、焦山、北固山，就是著名的“京口三山”（镇江古称京口）。在镇江，除了“三山”，还有“一渡”——位于镇江城西云台山麓的西津渡，地处长江与京杭运河的交汇点，从三国起就是交通枢纽。直到清代，由于长江岸线北移，曾经喧嚣的古渡码头才沉寂下来。

如今，西津渡古街是镇江文物古迹保存最多、最集中、最完好的地区。古街全长约1000米，依山而建，始创于六朝时期，历经唐宋元明清五个朝代的建设，历史文化底蕴十分厚重。宗教与世俗、人文与自然在这里和谐交融，堪称镇江历史文化名城的“文脉”所在。

天将黑未黑之际，我们沿着西津渡古街东面的五十三坡拾级而上。据说，五十三坡名字的由来，与佛教典籍《华严经》里一个劝人为善的故事有关。53级台阶喻指53位高知者，每上一级台阶，仿佛就是参拜了一位圣贤。

上得坡来，便置身于一条长长的甬道。青石路、灰瓦当，无声地诉说着流年光景，时空仿佛悄悄地切换了……从前人们就是沿着这条唯一的通道抵达渡口的。

一道拱形灰砖券门立在前方，门楣上书有“同登觉路”四字，透着禅意，意思是一同登上悟道、觉悟之路。高大的券门内，矗立着历经700年沧桑的元代昭关石塔。它如同一位缄默的老者，庄重而淡定地俯视着芸芸众生，让人蓦地生出端肃之心。

青石雕成的昭关石塔，是一座典型的藏传佛教喇嘛塔，也是我国现存唯一完整的、时代最早的过街塔，其塔身下面可以通行人马。在佛家眼里，塔即是佛，因此人们从塔下穿行而过，就视为对佛祖的一次虔诚礼拜。这样的仪式，不知曾给多少待渡的行路人带去心灵的寄托与宽慰！

昭关石塔南侧，是与观音洞相接的普陀岩。这里大概就是当年“同登觉路”的善男信女们的朝圣之地了。塔的北侧，则是始建于康熙三十一年（1692年）的救生会，是带有慈善性质的水上安全救助机构。据说，镇江是世界上最早开展江上义渡和救生的城市，时间可以追溯到千年之前的南宋乾道年间。

夜色中，灯光下，穿行在这样一条古韵悠长的小道上，身心都沉静下来。古街上，由东向西一共有四道券门，门名皆耐人寻味。过了“同登觉路”门，从石塔下穿过，抬头便望见“共渡慈航”门，接下来依次是“飞阁流丹”门和“层峦耸翠”门。

就在邻近“层峦耸翠”门的一段坡道之上，鼎鼎大名的待渡亭静静伫立。顾名思义，它是古时商贩旅人等待摆渡的场所，相当于今天的“候船室”。从前，浩浩荡荡的漕船沿京杭大运河一路北上，到达长江南岸时，西津渡正是他们继续北行的必经码头。当年，李白、孟浩然、王安石、苏东坡、陆游、马可·波罗等一众历史文化名人，都曾在此候船或登岸，并留下了许多为后人传诵的诗篇。

“金陵津渡小山楼，一宿行人自可愁。潮落夜江斜月里，两三星火是瓜洲。”在晚唐诗人张祜这首著名的《题金陵渡》中，“金陵渡”就是指与长江北岸瓜洲（古运河入江口处，今扬州市邗江区）相对的西津渡。彼时，张祜一定曾站在待渡亭上，望江流滚滚，感慨万千。而更为人们熟悉的那首“京口瓜洲一水间，钟山只隔数重山。春风又绿江南岸，明月何时照我还？”，正是当年王安石从此登船行至瓜洲岸边后，隔江回望京口时的真情流露。

待渡亭附近有一段被挖开的路面，罩上了玻璃，人们称其为“一眼看千年”。透过玻璃罩，可以清晰地看到呈台阶状排列的一层层不同年代的砖石路面，分别标注着“原始栈道（唐以前）”“唐代路面”“宋元时期路面”“明代路面”“清代路面”。

一眼看千年。从六朝到清朝的1400多年间，西津渡经风历雨、迎来送往，一直是我国南北水上交通、漕运枢纽，默默见证了古今多少兴衰沉浮事！

## 三湾畔：看运河前世今生

“一夕瓜洲渡头宿，天风吹尽广陵尘。”广陵，即今天的扬州，是一座因运河而生、因运河而盛的城市，被称为“中国运河第一城”。

古运河扬州段是整个运河中最古老的一段，与古邗沟路线大部分吻合。而开凿于公元前486年的邗沟，正是中国历史上第一条有确切开凿年代的运河，被认为是大运河的开端。

古运河在扬州城区的一段，从瓜洲至湾头全长约30公里，构成著名的“扬州三湾”。这段蜿蜒狭窄的河道，自古就是进入扬州的主要水路。

李白说“故人西辞黄鹤楼，烟花三月下扬州”；杜牧唱“春风十里扬州路，卷上珠帘总不如”；白居易吟“汴水流，泗水流，流到瓜洲古渡头”……无数文人墨客曾经从水路到扬州，被这里的湖光山色陶醉，留下大量诗文名篇。

今天，以古运河为轴线、以运河三湾为核心的扬州运河三湾风景区，是世界文化遗产、国家水利风景区。它与名满天下的瘦西湖相呼应，成为扬州又一张响当当的名片。

扬州中国大运河博物馆就坐落在三湾风景区内的运河畔。在4月明媚的春光中，我们远远地打量这座融合了传统与现代之美的新唐风建筑，它的整体造型，如同一艘即将扬帆起航的巨船，气势非凡。而它所承载的，是大运河史诗般厚重的历史文化内涵。

博物馆的展览以“运河带来的美好生活”为总体定位，设有“大运河——中国的世界文化遗产”“运河上的舟楫”“因运而生——大运河街肆印象”3个常设展、“世界知名运河与运河城市”“运河湿地寻趣”等6个专题展以及“河之恋”数字化沉浸式展览。

步入主题为“大运河——中国的世界文化遗产展”的一号展厅，立刻被一件件重磅文物深深震撼。从汴河河道套取的剖面，长25.7米、高8米，将大运河河道在宋、元、明、清各个时期的变迁一目了然地呈现出来；重达55吨的唐代船型砖室墓、27吨的南宋砖瓦窑，体现了运河与沿岸人民生活的紧密联系；长7.5米的兖州府镇水铁剑与镇水铁牛并列展示，是古人治理运河河道的见证……该展厅全景展示了中国大运河的历史面貌与文化价值。

“运河上的舟楫”展厅给我们带来尤为新鲜的体验。一边观赏各式各样大大小小的船模，一边沿着弯弯曲曲的“水路”前行，不知不觉就进入一艘古香古色的客船。红灯笼、戏曲声、古字画，还有三杯两盏淡酒，营造出一个遥远年代的生活场景。走上船头甲板，在全数字化的立体环幕渲染下，顿觉果真是舟行水上了：波浪将河面劈出两半，入洞穿桥，与迎面而来的舟楫擦身而过……两岸垂柳依依，店招林立，叫卖声、洗衣声、喧闹声不绝于耳。运河两岸人民美好而恬淡的市井生活画卷就这样生动地呈现出来。

“船”行至岸边，下船上岸，眼前是一条繁华的商业街。其实，这里是“因运而生——大运河街肆印象”展厅。它以“城镇历史景观再现”的模式，打造了一个有历史场景和真实业态的互动体验空间。一条主街将不同时空的“运河故事”串联起来——饭店、药铺、布庄、茶馆热闹非凡，民间艺人的说书声与喝彩声一齐灌入耳内，头顶的“星空”不时燃起几朵烟花……

观众在大运河博物馆里不仅可以看到大运河的“前世今生”，还能感受到运河沿线水利工程、漕运盐利、饮食风物、舟船样式、市井生活的原初形态，充分体验到大运河流域的历史积淀和人文风貌。

## 清江浦：让人怎能不相忆

大运河博物馆里展陈的一枚镌刻有“林工”阳文的铁锭，给人留下深刻印象。离开扬州，继续北上，我们在淮安与浩荡的洪泽湖相遇，也在洪泽湖岸边见识了真正的“林工”。

为抵挡淮河洪水、保障运河畅通，明清两朝曾连续200多年不停加固洪泽湖大堤石工墙，时间之长、规模之大、耗费之多、工艺之精，世界罕见。其中，周桥大塘是目前洪泽湖大堤保存最完整的石工墙，这段工程的负责人就是曾因虎门销烟而彪炳史册的林则徐。

清道光四年（1824年），连日暴雨导致洪泽湖大堤十三堡周桥段骤然溃决，洪水倾泻而下，冲成近27米深的大塘（俗称“周桥大塘”），里下河地区即成汪洋泽国。时任江苏按察使的林则徐受命主持修建周桥大塘堤坝。为了使条石更加稳固，他要求在每层条石的拼接处，镶上铸有“林工”（林则徐）字样的铁锭，两头倒扣拉扯，使石块更加稳固地连为一体。

“林工”二字，朴素无奇，却体现了一种令世人折服的勇气与担当！

周桥大塘遗址，因此成为淮安运河文化的重要节点。

淮安，坐落于古淮河与京杭大运河交点处，是苏北重要的中心城市，拥有2200多年建城史。作为历史上有名的漕运枢纽、盐运要冲，淮安曾与苏州、杭州、扬州并称运河沿线的“四大都市”。

漕运者，水道运粮也。可以说，漕运是王朝兴衰的命脉。因此，历代统治者都开凿运河，以通漕运。纵贯淮安全境的大运河，是当时南北交通的重要通道。南粮北运，须从运河穿长江、越淮河，才能北上。历史上曾主管全国漕运的唯一机构——总督漕运部院，就设在淮安。

公元前486年，吴王夫差开凿了沟通长江和淮河的邗沟，其在淮安城北的河下（当时称末口）与淮河相接，以利于向北方运送军队和粮草。清代朝廷特派盐运使驻于淮安河下，主管盐政，并分巡各盐场。沿海各地所产淮盐，全部运到河下，经检验抽税后再分运各地销售。可见，有着2500年以上历史的河下古镇，曾经是淮安重要的商埠。

如今的河下古镇，地处淮安市淮安区西北一隅，古风犹存。一条长约5公里的石板街，从里运河（即古邗沟，又名淮扬运河）河堤上当年乾隆皇帝登岸的“御码头”铺起，横贯于古镇当中。围着石板街的，是各式各样的民宅，其中大多为清朝到民国时期的砖木结构建筑。沿街踏行，古巷幽深，大片大片的紫藤花开得正盛，小桥、流水、灯笼、店招、牌坊、祠庙，以及举人宅、状元府，尽显千年古镇昔日的繁华气象。

悠久的历史，孕育了大批的能人志士。仅仅在明清时期，河下古镇就走出过67名进士、123名举人、12名翰林，被誉为“全国进士第一镇”。而从这里走出的秦汉军事家韩信、唐代诗人赵嘏、宋代巾帼英雄梁红玉、明代大文学家吴承恩等，更是让河下古镇万古流芳。

今天，在“扼江北之要冲”的淮安，有一座亚洲最大的水上立交工程——淮安水利枢纽大运河立交工程。它位于京杭大运河与苏北灌溉总渠交汇处的淮河入海水道上，是实现入海水道与京杭运河各自独流的水上立交工程。

登上淮河水上立交桥头，极目远望，河道纵横，船队浩荡。呈十字交叉的立交桥工程，上部航槽承接京杭运河南北航运，下部15孔巨大涵洞自西向东沟通了淮河入海水道。运河水与淮河水就这样相遇相交、各行其道，实在是壮观无比，堪称奇迹。

眼前的景象，让我无端想起头天晚上在淮安市区里运河畔看到的璀璨夜景：灯火绚烂，波光粼粼，画舫荡漾，岸边“运河三千里，最忆清江浦”的彩灯闪闪烁烁。清江浦，是淮安市主城区清河、清浦两区的古称。清江浦于1415年开埠，在明清时期是京杭大运河沿线享有盛誉的、繁荣的交通枢纽、漕粮储地和商业城市。是啊，千年运河水不舍昼夜地滋养着这方土地，成就了此地的古今繁盛，让人怎能不相忆？！

## 水之城：第一江山春好处

“清清的骆马湖啊，一望无穷，站在那湖岸上啊，从西望不到东。万代长流天上水，春天送来八面风……”多年以前，听宋祖英唱这首歌，觉得旋律很优美，但一直不知道骆马湖在何方。当我终于站在骆马湖的沙滩上，望着远处水面上飞驰的快艇时，分明觉得这就是大海啊！事实上，这里是江苏宿迁，一座被运河滋润的城市。京杭大运河在宿迁境内绵延112公里，沟通了骆马湖和洪泽湖，一上一下的湖泊成为整个大运河的供水站。

“北望齐鲁，南接江淮，居两水中道，扼两京咽喉”，宿迁地理位置显要，自然风光秀美，清代乾隆皇帝下江南，在此留下“第一江山春好处”的诗句。

水是这座城市的灵魂。奔腾不息的大运河，连接着“水城”宿迁的过去与未来。

在宿迁，既有最古老的运河，也有最年轻的运河。宿迁的运河史，最早可以追溯到春秋时期吴王夫差开凿邗沟，舟师溯宿迁境内泗水北上；而正在加紧建设的宿连运河，是大运河经宿迁到连云港出海的重要水上通道，计划2025年建成通航。届时，千吨级船舶可以从连云港直达宿迁境内的京杭大运河，为皖北、豫东、鲁南等区域打通一条最便捷的“扬帆出海”水路通道。

近年来，宿迁按照“文化为魂、生态为底、保护为先、利用为要”的“四为”方针，深入推进落实大运河文化带建设。位于湖滨新区皂河镇的皂河龙运城项目，便是宿迁推进大运河国家文化公园建设的重要节点。

皂河镇是京杭大运河、骆马湖、古黄河和古皂河四水交汇之地，为历代治水患、兴水工、畅漕运的要塞。乾隆皇帝曾言“其地前控大河，后临运道，洪流湍波，远近奔汇，号为最险”。昔时，乾隆皇帝六次下江南，五次驻跸位于皂河的“敕建安澜龙王庙”，故这里又有“乾隆行宫”之称。庙内御碑亭、钟鼓楼、怡殿、古戏楼等古建筑至今保存完好。自清代以来，每年农历正月初八至初十为皂河龙王庙庙会之日，所有赶庙会的人一起参拜龙王，被列为苏北地区36处香火盛会之首。

如今，在紧邻龙王庙乾隆行宫的地方，以治水文化、航运文化和皇家巡游文化为核心文化的皂河龙运城文旅项目拔地而起。它是国内唯一的运河主题乐园型古镇，成为人们旅游休闲的好去处。

当然，宿迁还有一个不得不提的标签——项王故里。在宿迁市宿城区徐淮路的东侧、古黄河与京杭大运河之间，有一条被称作“梧桐巷”的小街，就是“拔山盖世”的英雄、西楚霸王项羽的出生地。项王手植槐、千年梧桐树、乌骓马雕像以及亚洲第一青铜鼎，勾起人无限追忆……

千年一瞬，大运河涛声依旧。有着悠久历史和灿烂文化的这座水之城，如今已成为“江苏生态大公园”，获评全国水生态文明城市、国家生态园林城市。

“保漕济运咽喉地，千里运河第一湾”——京杭大运河纵贯千里，总体为南北走向，在宿迁却有一段东西走向的河段。这个拐弯处便被称作“第一湾”。宿迁在这里打造了以水为脉、以绿为魂的运河湾公园，成为大运河文化带的亮点工程。其集运动、休憩、娱乐等功能为一体，是一处“文化 + 生态”的建设典范。

蓝天白云下，沐着河风，走在青草萋萋、绿树夹岸的运河湾公园里，远远就能望见宏伟的“鸿运桥”。作为宿迁首座跨大运河玻璃拉索桥，人们赋予它一个有“水”有“运”的名字，更为这座水城添了一份美好的寓意。运河之上，它有如一艘扬帆启航的舰船，满载希望。

（原载《四川政协报》2023年5月26日）

# 黄花塘的温情往事

聂虹影

随百名文化记者采访团来到江苏省淮安市盱眙县境内的新四军军部纪念馆，80年前，一支打绑腿的军队驻足于此，这里成就了新四军的辉煌，也成就了黄花塘的荣耀。一个个温情故事连同黄花塘这个温暖而诗意的名字走进了我们心中。

黄花塘是一个以塘命名的小村庄，处在长江、淮河之间，东临大运河，西望大别山，有着得天独厚的环境与条件。1943年1月初到1945年2月底，在全国抗日战争由相持转入反攻的关键阶段，新四军军部移驻于此。陈毅、张云逸等老一辈无产阶级革命家在这里运筹帷幄，作出一项项决策、发出一道道军令，粉碎了日伪军的“扫荡”“清乡”和国民党顽固派的磨擦、进攻，在苏、皖、浙、鄂、豫5省开辟了8个敌后抗日根据地，在日军统治的心脏地带插上了一把尖刀，胜利的消息一次次从四面八方汇集到这里。黄花塘成为华北八路军和江南新四军联系的纽带，也成为华中各抗日根据地的中枢。

黄花塘原名黄昏塘，又叫黄晖塘。村中原有一方数百平方米的池塘，无雨季节，池塘干涸。新四军到此后，官兵利用冬季练兵的空隙，将黄昏塘挖深，增加了蓄水量，保证了军民生活生产用水。黄昏塘春天菜花黄、秋天稻谷香，一派丰收景象。张云逸、罗炳辉有感于此，提议将黄昏塘和黄晖塘两个名字废弃，改名黄花塘。这个名字得到军民一致认可，一直沿用至今。

1943年初，由于日伪封锁，粮食和各种军需品供应仍然紧张，军民生活十分艰苦。新四军军部到达黄花塘时，正值春荒，许多群众没有饭吃，军首长号召军直全体指战员每人每天节约2至3两粮食，用以救济群众，并与根据地军民一起开展大生产运动，在驻地边边角角开荒种地。生产中，许多领导同志积极带头，成为生产模范。张云逸当时50多岁，大家照顾他的身体，不让他干繁重的农活，他就和爱人一起喂养几只鸡，把下的蛋攒起来，供大家改善伙食。广大军民万众一心，积极面对各种挑战，为夺取抗日战争全面胜利作出了巨大贡献，付出了巨大牺牲。

纪念馆展厅内，陈列着一件件与新四军军部有关的物品，串起了新四军当年的生活战斗场景，向我们讲述着中国革命所走过的那段铭心刻骨的沧海桑田。锈迹斑斑的军号、望远镜、子弹、怀表，卷刃的大刀，凹凸不平的水壶，破旧的作战地图、卫生绷带，还有从敌人手中缴获的战利品，每一件物品都承载着一段故事和一份记忆。

展柜里一块布料引起我的注意。那是一块陈旧到很难辨认出本色的布料，乍看是灰白的，仔细看有点发黄，再细看似乎又有点泛红。旁边的标签上写着“代军长陈毅夫妇祝贺黄花塘乡亲结婚的礼物”。

纪念馆卞龙馆长向我们讲述了布料背后充满温情的故事：新四军军部和华中局移驻黄花塘期间，黄花塘有一个叫周训昌的乡亲，主动让出自家一部分田地，给新四军盖了10多间草房作为卫生部，时任新四军代理军长陈毅的夫人张茜和两个儿子也住在这里。1943年10月的一天，陈毅从军部前往卫生部调研时，看到周训昌家门前张灯结彩很是喜庆，询问卫生部副部长崔义田后得知，原来是周训昌的儿子周培全结婚。陈毅说，老乡家有喜事，我们也应该前去祝贺。回到家和张茜一起在箱子里翻来找去，却没找到什么值钱的东西，最后仅从箱底翻出块红布来。陈毅说：红色的被面很喜庆啊，就把它作为贺礼送给新婚夫妇吧。周家收到后，非常激动也非常珍惜，平时都珍藏起来，只有逢年过节才把它当作门帘在家里挂几天。

1945年9月，新四军北撤，周家遭到国民党反动派报复，除了周培全夫妇被营救出来，他的3个兄弟姐妹要么被残忍杀害，要么被活活饿死。暴徒并未吓倒周家人，周培全曾让躲在油坊里的新四军战士华凤英踩着他的肩头翻墙脱险，也曾把自己的衣服换给受伤的新四军战士，埋起战士的血衣。

这副大红门帘，始终被周家珍藏着，在战火纷飞的岁月里也完好无损地保存着。纪念馆创建时，周家把门帘无偿捐给了纪念馆，馆长说这是烽火岁月里军民鱼水情的最好见证。

新四军在黄花塘2年多的时间里，华中抗日根据地得到巩固和扩大，成为抗战的中流砥柱，黄花塘也因此同新四军军部一道被载入中华民族抗战史册。

卞馆长告诉我们，黄花塘是一本写不尽读不完的书。一件件文物，就像革命征程上的一个个路标，展现着那些不容忘却的记忆。搜集到如此珍贵且数量可观的文物，靠的是新四军老兵和红色后代，以及来自祖国四面八方的志愿者们。从黄花塘到千棵柳，从淮河两岸到祖国各地，志愿者把珍藏的书籍和实物送到纪念馆，还帮助搜集资料、故事，联系相关的人。心血和心血交融在一起，将这段红色历史血肉丰满地再现，化作永恒的记忆。卞馆长介绍说，搜集史料的过程中，收获了很多感动。10多年前他去上海出差时，十几位80多岁的老人伫立在寒风中迎候他，他们曾是新安旅行团团员和华中建设大学学生。卞馆长离开时，老人们仿佛听到集结号般齐刷刷站成一排，久久目送。英雄群像背后，是高楼林立、溢彩流光的大上海。这一幕一直定格在他脑海中，久久震撼着他的心。卞馆长说，这是把黄花塘来的人当亲人啊！

走出纪念馆，广场上游人如织，纪念馆大厅的影壁墙上镶嵌着张爱萍将军题写的“黄花塘新四军军部纪念馆”11个纵横飘逸的大字，连同馆牌旁的“N4A”新四军标志牌，在灿烂的阳光下熠熠生辉。广场边的草丛里，一簇簇黄花迎风绽放，呼应着这个诗意的名字。黄花塘的故事传递出的这份温情，会让所有走进这里的心感动、震颤。

（原载《中国移民管理报》2023年7月7日）

# 诗韵江南　遇见运河

温　燕

今年洛阳牡丹花开正艳的时节，我到了江南，彼时正是江南好风景，虽非第一次到江南，但此行最令我惊艳的是在诗韵中遇见运河——现实中的运河水韵与古诗词中的运河相遇，让人领略到了不一样的运河风光。

## 春风又绿西津渡

“春风又绿江南岸，明月何时照我还。”提起王安石的这首诗，无人不知，到了镇江，我才知道，此江南岸，是指西津渡。

到达西津渡时，夜幕已降，窄长的街道两侧商铺林立，檐下红灯高悬，脚下青石不平，熙攘人流摩肩接踵，恍惚来到老城十字街。被人流裹着缓缓走过昭关石塔、观音洞、紫阳洞、太平天国新城城墙遗址……听着当地人介绍西津渡，又渐渐品出运河的水韵、诗韵来。

北宋熙宁八年（1075年），55岁的王安石被朝廷复用，再次拜相。他从南京出发，在镇江小住，坐船到达扬州时，回首西津渡口，写下了脍炙人口的《泊船瓜洲》：“京口瓜洲一水间，钟山只隔数重山。春风又绿江南岸，明月何时照我还。”

苏轼也曾想赖在这里不走。据说他在西津渡蒜山松林中隐居过一段时光，住满意了不想走，为此还写下了一首诗，诗中最后四句是这样写的：“问我此身何所归，笑指浮休百年宅。蒜山幸有闲田地，招此无家一房客。”

这里三国时名“蒜山渡”，唐代曾名“金陵渡”。西津渡得名于唐代晚期，因东有甘露渡，西津渡在其西面，也在镇江古城以西，故此得名。至六朝时，这里的渡江航线就已固定，“永嘉南渡”，北方流民有一半以上是从这里登岸的。

此处是长江与大运河的交汇点，是当时长江航运和运河漕运的主要通道，素有“吴楚要津”“长江锁钥”“漕运咽喉”之称，高官巨贾、文人墨客常在此盘桓，读清代诗人查慎行在此留下的诗句——“舳舻转粟三千里，灯火沿流一万家”，其繁华程度可见一斑。

如今，因长江岸线摆动，西津渡距长江已有300多米。2003年西津渡口的铁路拆除，其渡口功能彻底丧失，现成为镇江的一处文化景区。仰望夜空，忽然无厘头地想到王安石：明月照你还，当惊世界殊！

## 烟花三月下三湾

“故人西辞黄鹤楼，烟花三月下扬州。”循着李白的脚步，我也来到扬州。此时的扬州，和千余年前一样，春风和煦，繁花正盛，望着依水而兴的运河三湾，看绿草如茵、碧波荡漾，难怪清代诗人黄慎感叹“人生只爱扬州住，夹岸垂杨春气薰。自摘园花闲打扮，池边绿映水红裙”。

公元前486年，吴王夫差在扬州开凿邗沟，扬州的建城史也随之开始。三湾是古代扬州城南的水陆门户，也曾是隋唐运河扬州段的险要地段，明万历年间，扬州知府将原本近200米长的运河改造成1700米的“几”字弯道，这种让运河弯曲而行的方法，有蓄积河水、减缓水流的功能，从而创造出一条安全航道，史称“三湾抵一坝”。

2014年，中国大运河项目申遗成功，运河三湾段被列入世界遗产名录。2017年，三湾景区正式对外开放。而在这里，中国大运河博物馆着实让人眼前一亮。

从东关古渡乘船进入三湾景区，在中国大运河博物馆码头上岸后就来到这座集文物保护、科研展陈、社会教育等功能于一体的现代化综合性运河主题博物馆。此博物馆于2021年正式开馆，每年接待游客超百万人次。

中国大运河博物馆的主体建筑像一艘船，共有1万件展品，其中有20件（组）大体量展品，比如山东汶上南旺水利枢纽模型，再现了京杭大运河最高点如何引水济运；比如开封州桥及汴河遗址上的河道剖面，展示着七八米高的唐、宋、元、明、清历代地层堆积；尤其值得一提的是，展厅里部分复制了回洛仓中一座可存50万斤粮食的粮窖，从巨大的粮窖底部穿过时，游客能感受到运河漕运仓储巨大空间带来的震撼……

## 入淮清洛渐漫漫

“细雨斜风作晓寒，淡烟疏柳媚晴滩。入淮清洛渐漫漫。雪沫乳花浮午盏，蓼茸蒿笋试春盘。人间有味是清欢。”这是北宋元丰七年（1084年）冬，苏轼来到淮安，游南山（今淮安市盱眙县第一山）时所作的《浣溪沙·细雨斜风作晓寒》。历朝历代，描写淮安的名人不少，白居易曾赞其为“淮水东南第一州”，南宋诗人王信感叹“谁将淮水分南北，直到幽燕始是边”，明朝文人徐渭也难忘“淮安大豆清泉水”……但据说，东坡先生的这首词是描写淮安的最美古诗词。

这首词写了淮安的风光、淮安的美食，更让人品味出淮安是一座水城。但只有身处淮安，我才真正认识到淮安是一座应水而生的城市：南有长江、钱塘江，北有黄河、海河，京杭运河、淮河入海水道、废黄河、盐河、淮河干流在淮安境内纵贯横穿，再加上洪泽湖、白马湖、高宝湖，河湖水域面积占淮安总面积的三分之一！以至于进入淮安城后，我无法分辨出遍地的水泽到底属于哪条大江大河。但这么多名称中，我最熟悉的是里运河，这是在中学历史课本中熟读的。所以，到达淮安的第一站就是夜游里运河。

里运河是中国京杭大运河江苏省段的中段，因北至淮安淮阴、南至扬州，故也称“淮扬运河”。一听这名字，是不是很有“江南味儿”？的确，游船摇曳前行，看着水中倒映的五光十色被涟漪荡散，看着两岸亭台楼阁的青砖黛瓦，很容易让人联想起十里秦淮。但这里比秦淮河多了厚重与神秘，这是因为漕运，因为这里有明清两代全国漕运的最高管理机构——淮安总督漕运公署。

漕运是国家组织的粮食水路运输，淮安一直是漕运的重要节点。明景泰二年（1451年），首任漕运总督王竑驻节淮安府山阳县（今淮安市淮安区），从那时起直到清同治四年（1865年）把漕运公署迁至清河县清江浦（今淮安市清江浦区），200多位漕运总督在几百年间掌管着国家经济命脉，见证了大运河漕运最后的辉煌。1905年，漕运总督被裁撤，沿用了2000余年的漕运制度完成了历史使命，这里现已成为当地有名的清江浦景区，每年吸引着众多游客流连忘返。

匆匆数日，看不尽运河两岸风光旖旎，寥寥数首诗词也道不尽运河的诗情画意，但水波流转中，三千里大运河星移斗转、沧桑巨变，相信如今两岸人民会用自己的奋斗谱写出一首气势磅礴的时代新曲。

（原载《洛阳日报》2023年6月26日）

# 江南运河第一闸的古今交融

谢　梦　闫雯雯　吴德玉

骑上一辆共享单车，从镇江地标西津渡旁的京口闸遗址出发，不到两小时就能到达谏壁镇。

这短短的16公里，是古代江南运河第一闸到现代江南运河第一闸的距离。

昔日渡口的繁茂已成遗址，老祖宗的智慧绵延千年，仍泽被后世。

镇江在历史上被称为京口，历史上有五处通江口：大京口、小京口、丹徒口、甘露港、谏壁口（又称越河口）。这几个通江口都是船舶通航和引来江潮水的设施，并非建于一朝一夕，漫长的岁月中，多个朝代不断开挖疏通修建而成。

大京口当时设置有5座水闸，组成一组四级船闸，便于运河与长江水道的通航。这一技术比西方至少早了400年，至今仍在使用。

大浪淘沙，种种过往，在历史长河中凝结成贝。

## “古代第一闸”重现天日　千古名篇的时代注脚

北宋熙宁八年（1075年），退隐南京多年的王安石又一次被起用，进京拜相，他在京口（镇江）北渡长江，由瓜洲转入运河水系直达汴京。停留瓜洲时，王安石写下千古名篇《泊船瓜洲》：

京口瓜洲一水间，钟山只隔数重山。
春风又绿江南岸，明月何时照我还。

而在王安石到来的前一年，1074年（熙宁七年），尚不叫东坡的苏轼，意气风发。从杭州坐船前往密州（今山东境内）任职，两年后的中秋，在密州写下那首传世之作《水调歌头》。

穿过这条命运的河，王安石与苏轼命运的纠葛层层递进。

数百年来，作为漕运咽喉，京口闸见证过数不尽的繁华，却也逐渐消失在历史的尘埃之中。

2011年的一次考古勘探，镇江博物馆研究员霍强也没想到，淤土之下，就是见证了镇江水运繁华的“古代江南运河第一闸”。

“2011年8月到12月，镇江博物馆与南京博物院组成联合考古队，对约9万平方米的范围进行了考古勘探。在勘探的过程之中，就在现在发现的京口闸的位置，发现了一些石头的遗迹。”作为一线考古队员，霍强回忆起当时，考古发掘的过程历历在目，“也不知道是京口闸，经过勘探之后，发现旁边有淤土，于是我们就怀疑会不会是河岸。做了土层的解剖工作后，发现部分遗存，查阅了一些史料之后，推断这可能是京口闸。”

这个发现，让霍强和他的同事们感到非常兴奋，作为“江南运河第一闸”，京口闸不仅出现在了很多的历史文献之中，更重要的是，这个遗址的发现，是大运河镇江段在唐代就有堰（闸）的实证，而且一直沿用到清代。

“京口闸被称作‘江南运河第一闸’是有原因的，由地理位置所决定的。”霍强说道，它是大运河江南段和长江的交界口，出了京口闸向北就是长江，过江即是扬州。京杭大运河的江南运河段，就是从这里开始的。

王安石虽然数次穿越京口，但他没机会体验当时领先世界的水闸系统。反倒是与他相爱相杀的苏轼从儋州北归时，有可能见过京口复式船闸。

为了解决江水河水落差大、运河与长江之间的通航问题，在北宋元符二年（1099年）——王安石去世后13年，苏轼去世前2年，由两浙转运判官曾孝蕴主持修筑的集复式船闸与蓄水设施于一体的京口澳闸系统工程完工。

这个巨大的水利工程兼有通航、蓄水、引水、引潮、避风等多种功能，通过自北向南一字排列的京口闸、腰闸、下闸、中闸及上闸5座水闸，组成一组四级船闸，并在附近开挖积水澳和归水澳，用来调节船闸水位。

至今，包括三峡大坝等许多大落差的水坝，仍在使用该原理进行水位调节。

## 16公里外又现"第一闸" 藏族小伙成了"守闸人"

京口闸作为古代"江南运河第一闸"，命运多舛，几经废弃又多次修缮，一直到1929年在原河道之上修筑马路，取名中华路，"江南第一闸"才正式结束它们的历史使命。

51年后，在距离京口闸16公里之外的谏壁镇，一座现代化的船闸又现江南。这座新船闸地理位置突出，在水运经济发展中起着重要的作用，是苏南运河连通长江的门户，迅速成为新时代的"江南运河第一闸"。如今，依靠现代化的管理系统，谏壁船闸单日最大船舶通过量达92万吨。

来自拉萨的95后藏族小伙扎西桑珠是谏壁船闸创造历史的见证者之一。3年前，他通过区外就业来到谏壁船闸就职，成为新一代运河"守闸人"。

"我的日常工作就是在调度室里，通过电脑对进入船闸内的船进行调度，看监控来进行排档。"扎西桑珠是谏壁船闸的一线调度员，日常的工作是对于往来船只进行审核、调度，保障船只从船闸内顺利通行，“我们船闸全年365天都是24小时放行，除了特殊原因，主要是天气原因，基本上都是满载运行的。”

刚来的时候，扎西也吃过一些苦头：“我这个工作平时就是跟船员打交道，因为调度这个岗位会有很多船员来电话，大部分船员都是那种年纪稍微大的，说着一口当地方言，我是听不懂的，有时候沟通起来有困难。”

在爱学习的人面前，困难并非难以突破。

船只调度，一个看似并不需要专业对口的工作，实际上背后却是一代一代“守闸人”的传帮带。扎西桑珠跟着船闸的“老师傅”们学习到了很多：“我发现调船的经验蛮重要，虽然操作看着简单，还是得仔细地看，得跟着老师傅后面学。”

比如说放通闸的时候，用肉眼看水流的流速并不直观，老师傅就会把纸捏成一团，扔进闸室里，观察水流，扎西也把这些技巧暗暗地记了下来，慢慢摸索，慢慢成长。

“当我亲眼看到大运河文化的人文历史和大运河带来的经济社会的发展，看到了数以亿吨计的货物由船舶运输到全国各地，想到自己来自高原的人能为这片长江流域的平安和发展贡献一份力量，我的心里就像有一把火苗燃烧起来。”

水与火不能互融，却能锻造热血青春。

## 谏壁船闸将再度焕新　大江大河再创奇迹

江南运河隔长江相对的，是大运河江北运河段。古河道在三湾区盘旋了一个“几”字，再直奔瓜洲渡口，汇入长江。

如今，中国大运河博物馆便屹立在“几”字湾上。展馆前言里，写着这么一句话：“大运河，不是生母，就是乳娘！”

在几千年的历史长河中，大运河的命运曾经跌宕起伏，但却像是她哺育的中华儿女，在新时代焕发出了蓬勃的生命力。

京口闸的考古发掘工作结束后，2022年1月，京口闸遗址展示区正式对外开放。在室外的遗址区，可以看到明清的石路、清代的碑亭、明清的闸墩、明清的码头等，在明清时期的遗址之下，还有宋代、唐代的遗迹，成为大运河养育中华文化的又一例证。

今年，由中国报纸副刊研究会组织的“行走大江大河　书写水韵书香”主题采风团近两百名来自全国各大报纸副刊的编辑记者来到谏壁船闸参观。

已经运行了42年的谏壁船闸，在今年6月迎来新一次的提档升级。6月8日，江苏省政府在镇江举行京杭运河苏南段航道“三改二”暨谏壁一线船闸扩容改造工程开工仪式和建设动员会，标志着打造更具特色的“水运江苏”建设拉开大幕。到2025年，谏壁一线船闸将成为“世界内河最大单梯级船闸”。

“改造之后，谏壁船闸将会成为大运河上船闸改造的一个‘模子’，未来，其他区域的船闸改造将会以它来对标。”扎西桑珠的语气里充满着骄傲。

今年，扎西桑珠还会在镇江迎来“贵客”，那是来自3000公里之外、海拔4000米雪山上的来宾，“我准备让父母都过来看一看，玩一下，他们还从来没有来过镇江。”从“世界屋脊”到大运河上的“江南屋脊”，扎西的父母能够看到儿子的成长与变化。

扎西桑珠说，到时候在镇江的住所里，会飘起酥油茶的香气，还会充满妈妈的唠叨。

（原载《华西都市报》2023年7月5日）

# 绿杨回首忆扬州

周秀芳　高玉璞

故人西辞黄鹤楼，烟花三月下扬州……那一年，在柳絮如烟、繁花似锦的阳春三月，孟浩然与李白在黄鹤楼告别，乘船去扬州。扬州因中国大运河眷顾，在唐代有“天下之盛扬为首”的美誉。

积淀着半部中国史、分外垂青扬州的中国大运河，是世界上最长的运河，也是世界上开凿最早、规模最大的运河，宛如一条玉带，蜿蜒于华夏大地，勾勒出尘封的历史画卷，是中华文明的重要标志，2014年列入世界遗产名录。

千年运河桨声灯影，扬州与大运河有着千丝万缕的情愫。扬州是大运河的原点城市。大运河全长1794公里，流经京、津、冀、豫、鲁、苏、浙、皖8个省（市），沟通海河、黄河、淮河、长江和钱塘江五大水系。因“运”而生，因“运”而盛的扬州与大运河同龄。

公元前486年，吴王夫差为了北上逐鹿中原，在扬州附近开凿了一条运河，引长江水入淮河，称邗沟，成为中国大运河的发祥地。后来，吴国在这里建起了邗城，是扬州属地最早的城市。

邗沟，像被吴王埋在大地的种子，在历史的沉淀中逐渐成长。一千多年后，隋炀帝为了方便把扬州的东西运到都城洛阳，对邗沟进行南北扩伸和连接。以洛阳为中心，运河以“Y”字形东北抵涿郡、东南延伸至江南，在历史上实现第一次全线贯通。

邗沟沟通江淮，纵贯南北，扬州顺理成章坐上了“大运河第一城”的交椅。千百年来，大运河是两岸人民的致富河、幸福河。在古代，大运河是流金淌银的交通命脉，是连接中外交通贸易和文化交往的海上通道。隋唐时，大量的丝绸通过海上通道出口，这条连接东西方的海道被称为“海上丝绸之路”，后来又称“海上陶瓷之路”“海上香料之路”，而扬州，始终是连接这些海路与陆路的“红娘”。今天，大运河沿线八省扛起全国近一半经济总量的担子。大运河还像条金项链，串联起燕赵、中原、齐鲁、楚汉、淮扬、金陵、吴越等众多文化圈。

流淌的河水、忙碌的船舶，千年古河所经之处，不仅有旖旎风光，还留下了丰富的文化遗产。因水而兴、缘水而发的扬州，地势北高南低，上游来水直泻难蓄，船行至此常常搁浅。这一难题在明代万历年间被扬州知府郭光复解决，他开挖新河，将近200米的运河直道改为1700米的“几”字河湾，既可以蓄积河水、抬高水位、便于行船，还能保障船运安全。“三湾抵一坝”的智慧，诞生了今天著名的国家4A级“运河三湾”景区。

天下三分明月夜，二分无赖是扬州。眼下正是扬州最美的季节，在运河畔的三湾生态文化公园，领略“青山隐隐水迢迢”的古典园林韵味，这里是市民享受草长莺飞、杨柳拂堤的打卡地。景区内，碧水蓝天间，亭台轩榭、步道连廊、抱柱楹联精心点缀，芦苇荡、杉树林、亲水道，构成一幅诗意画卷。

时光回望，运河三湾段因漕运功能逐渐退化后，上世纪七八十年代一度成为工业区，导致运河水质恶化。2015年6月，三湾启动生态修复工程，关停、搬迁工业企业，退耕、修复湿地。2018年，运河三湾被评为国家4A级景区。

扬州是个好地方，依水而建、缘水而兴、因水而美……

三湾景区旁是著名的大运河博物馆，上万件文物讲述着2500多年中国大运河的前世今生。从河南开封提取的汴河老河道剖面，全长25.7米，高8米，整整占据了一面墙，上面清晰地标注着自隋唐至明清的地层，见证着运河的发展和变迁；27吨的南宋砖瓦窑，原汁原味地诉说着运河对两岸人民的厚爱；长7.5米的兖州府镇水铁剑和镇水铜牛，和风细雨地向人们讲述着古人治理运河河道的故事……

一望青青青不断，绿杨回首忆扬州。扬州是座有“嚼劲”的城市，有繁华的人间烟火，有丰富的文化底蕴，更有令中国人自豪的精神坐标。

（原载《内蒙古日报》2023年5月18日）

# 200年前担当“铁证如山”

李　艳

清代民族英雄林则徐“虎门销烟”的故事家喻户晓，但很少有人知道，他还是一位功勋卓著的治水名臣。

“五一”前，记者参加中国报纸副刊研究会2022年年会，和全国百名文化记者赴江苏“行走大江大河　书写水韵书香”，实地采访林则徐当年受命治理洪泽湖大堤、修筑周桥大塘这一鲜为人知的故事，目睹了200年前“铁证如山”的担当。

洪泽湖大堤是始建于东汉、完成于明清、加固于当今的重要堤防，距今已有1800多年历史。洪泽湖大堤全长70.4公里，是世界上最长最宽的大堤，有“水上长城”的美誉。自2014年6月22日，中国大运河成功申报世界文化遗产后，洪泽湖大堤作为大运河58处遗产点之一，吸引越来越多的游客慕名而来。

汽车奔驰在洪泽湖大堤上，树木葱绿，芳草鲜美。落日余晖洒在湖面上，如跃动的精灵，一闪一闪。

在位于洪泽湖大堤约45公里处的周桥大塘，记者猝不及防地和林则徐撞了个满怀。

这是一组仿古群雕，再现了林则徐带领众人肩挑车推、刀砍斧凿，抢修大堤的忙碌场景。林则徐身披孝服，目光坚毅，穿越200年，仿佛现在还能听到掷地有声的号令，以及工地上的人声鼎沸。

周桥大塘是全国重点文物保护单位，这里有着整个洪泽湖大堤保存最为完好的石工墙。

周桥是洪泽湖大堤旁一个普通的地名，所谓“大塘”，可以理解为蓄水池。周桥大塘的形成，是洪泽湖周桥百姓的一个噩梦。当年，周桥段大堤是作为洪泽湖的“翻水坝”建造的，也就是大堤的高度要低于其他地方。汛期，湖水可以越过周桥地区的大堤，进入内河，从而减轻整个洪泽湖大堤的压力。

清道光四年（1824年）的冬季，周桥堤坝被恶浪撕开一段大口，湖水从溃坝处猛烈冲击堤坝一侧的平原，在周桥段冲刷出一个宽近400米、深达27米的大塘。时任江苏按察使的林则徐，奉旨到周桥重修大坝。当时，林则徐因母亲病逝，正赶回福州老家奔丧。林则徐没有片刻犹豫，身着素服，昼夜兼程奔赴决堤工段。林则徐先在大塘外围建了一条内堤，将大塘内的湖水围困住，然后重修了洪泽湖大堤。

林则徐耗时6年，终于在大塘外围建了一条长度约800米的内堤，拦住了凶猛的湖水。这段800米长的内堤由21层条石垒砌而成，条石之间用铁锭镶嵌，内堤的坝顶宽度有33米。内堤的建成，基本解决了周桥地区的水患问题。

站在已经干涸的周桥大塘塘底，用手触摸石工墙，厚实、坚硬，似乎可以感受林则徐率众人废寝忘食、励精图治的冲天干劲和铁血柔情。尽管岁月在它身上留下了痕迹，记者在现场看到，历经200年的风雨洗礼，周桥大堤石工墙依然高大、雄伟，坚不可摧、固若金汤。

凑近仔细看，墙体表面看不到黏合材料，全部条石靠拼接叠砌，石缝之间保持“针插不入”的工艺水平。当地工作人员介绍，为保证工程质量，林则徐在使用的每一块条石上凿出一个齿槽，用生铁铸成两头大中间小的铁锔，铁锔与齿槽一般大小，把铁锔放在齿槽之间，再浇上由糯米汁与石灰搅拌而成的砂浆，使得条石与条石牢牢地黏合在一起，不留丝毫缝隙，做到了水泼不进、针插不进。部分石缝接口不是90度直角，而是斜面拼接，有的横缝面也不是水平面。200年前，没有起重机，没有自卸车，没有切割机，没有光学测量仪，工艺如此精湛，让人不由感慨先民的智慧和胆识。

石工墙前，竖着一块由四块条石垒成的石碑，石碑左下角嵌着“林工”铁锔，正中则嵌书：担当精神。

洪泽湖大堤石工墙建造过程中，为了增强条石之间稳固性，在两条石连接处镶嵌有“工”字形铁锔，铁锔上还铸有铭文，内容多为工程负责人。如周桥大塘石工墙当年是林则徐负责修建的，此处铁锔上铭文为“林工”。铁锔均镶嵌在墙体内部，表面看不到，铁锔上的铭文起不到扬名表功之用，只能是一种对工程负责任的做法。此处工程如果若干年后倒塌，墙内铁锔呈现世人，上有铭文，该谁担当，一目了然。这是对“铁证如山”最好的诠释。

大书特书的“担当精神”和当下是如此契合，而又振聋发聩。

有人把名字刻上纪念碑想不朽
他把名字铸在铁里要担当
林工
至今，深埋在大堤暗处的这两个字
仍燃烧着铁红色的火焰……

同行的陕西《咸阳日报》编委、诗人阎晋看完周桥大塘后很激动，跑回车上，几分钟后就写出了诗作《周桥大塘——兼怀林则徐》。

阎晋感叹，不光乱世需要林则徐精神，今日，我们同样需要林则徐这样“不躺平”的干部。

“苟利国家生死以，岂因祸福避趋之。”林则徐修筑洪泽湖大堤，所展现出的勤政爱民、甘于奉献精神是一代又一代担当作为好干部的缩影。如今，周桥大塘已成为当地最热门的旅游景点，“五一”假期更是游人如织，200年前“铁证如山”的担当，激励了每一位慕名前来的人。

（原载《金华日报》2023年5月3日）

# 优秀奖

# 每个人心中都有一条河

伏雪琨

大江大河，奔腾如斯。万物因水而生，人类逐水而居。在祖国大地上，长江、黄河，跳动着强劲的脉搏，无数条小溪、涧泉犹如大地的毛细血管，注入源源不断的能量，勾勒起庇佑生命的东方蓝图。

无论是惊涛裂岸的大江大河，还是婉约内敛的小桥流水，无不记录着中华民族精神的深层基因，浪涛奔涌，积聚万壑归流的洪荒伟力，在华夏大地书写着关于江河的故事。

## 一

京杭大运河是世界上开凿最早、规模最大、里程最长的运河，在中国大地上驰骋了2500年之久，全长1794公里，贯通5大水系，纵横6省市，织就了一张四通八达的水系网络。

大运河流经我的故乡江苏徐州。大运河徐州段全长近200公里，是流经城市中较长的一段。

6年前的夏天，大儿子5个多月时，我提出带他回老家看看，姥姥却不同意，“折腾孩子”。

我执意带着孩子坐上回老家的高铁。树影迅速倒退，仿若时光留痕。

大运河两岸高楼林立，悠久历史与现代都市微妙融汇。

运河哺育着我们，河与沿岸的人们一体同胞，唇齿相依。生活在运河两岸的人们无不打上深深的运河烙印，依河繁衍，血脉传承。运河似一条脐带，供养沿河村镇，一代又一代运河人家在“河流”中孕育、成长。大运河曾催生无数城市崛起，改善沿岸百姓生活，是南粮北运、商旅交通的“生命线”。这条“生命线”也时刻紧牵着我。

一进门，孩子便对着初次见面的太姥姥微笑。跨越几百公里，年龄相差近百岁，竟没有一丝生疏。

4年前的夏天，我带着两个孩子赶回老家。姥姥艰难抬眼，“折腾孩子”。她的手脚肿胀到几近透明，头发稀疏，牙齿所剩无几。在我们的搀扶下，姥姥竭尽全力靠在床上，让我的小儿子躺在她的臂弯里。她控制着颤抖的手，吃力地抚摸孩子的小脸。

两个月后，姥姥离开了我。从此，大运河流入我的心里。

今年4月，我跟随百名文化记者采访团来到江苏，再次触摸大运河。这条生命的河、岁月的河，生生不息，仿佛每一滴水都注入我的血脉。

## 二

阅读一条江河，便是一次精神巡游。有时，我想象着她们从雪山走来的样子，流过九曲十八弯，写入苍茫大地，似一首大合唱，时而婉转低回，时而高亢嘹亮。每一句歌词都讲述一段历史，每一个音符都展现一段回忆，最终，所有的旋律汇成同一个声音，气吞山河、铿锵有力。

也许，江河是相通的。我不断开凿着内心深处的江河，尽管是那些没有见过的，也始终记挂在我的心间。

独龙江河流中段在独龙江乡，地处中国与缅甸边境。这里雪峰林立、河谷纵横，每年10月至来年5月，大雪封山，与外界隔绝。

2001年的一天，正在为独龙江群众修路的原独龙江边防派出所战士于建辉在推动一块巨石时，由于身体失去平衡，坠入波涛汹涌的江中。

于建辉在江中挣扎，一阵惊涛将他卷走。官兵们沿着独龙江跑，企图救回他。直至深夜，大家打着手电，举着火把，沿着独龙江一遍遍地呼喊……

于建辉牺牲了，他把生命融进了大江大河。

于建辉的父母从北京赶来为儿子送行，却因大雪封山，未能如愿。二老望着独龙江的方向号啕大哭，几度晕厥……

70多年来，一代代戍边人驻守在这里，先后有8名官兵牺牲在独龙江。独龙江的每一滴江水都镌刻着年轻的忠魂，奔涌着生命的赤诚。

独龙江军民在巴坡山上为他们修建了墓地，和独龙江静穆对望。他们的墓大多是衣冠冢，很多人甚至没有留下一张照片。但他们永远矗立江畔，守护一方平安。

河水一次次冲击峡谷，仿佛接力回答着“到”。一批又一批戍边民警在“扎根独龙江、一心为人民”精神感召下汇聚于此，用青春和生命在祖国边陲竖起丰碑。

## 三

大地上所有的河流都存在着生命的密码。

这是一条孤独的河流，远离城市喧嚣，与群山为伴。但她又是孤独的斗士，铸就了钢铁般的品格。北仑河，发源于广西十万大山，向东南在中国东兴和越南芒街之间流入北部湾，其下游的60公里构成中国和越南的边界线。

今年3月，到广西采访时，一位叫洪河的民警，让我印象深刻。他的名字里有“河”，望楼河流经他的故乡，而他驻守在北仑河畔。

洪河来自海南，是广西防城港边境管理支队东兴边境特巡队一员，负责在北仑河畔巡逻执勤，打击偷渡、走私等违法犯罪活动。

界河蜿蜒壮美，给予戍边人守护她的雄心。巡逻途中，洪河细心察看边境拦阻设施，检查周边是否有可疑痕迹。

洪河和战友像楔子一样嵌入边境，在长长的界河边，高擎信仰与赤诚，深藏思念与愧疚，张开双臂将祖国母亲护佑身后。

2019年底，洪河的父亲突发脑梗中风，他却因紧急任务无法在膝前尽孝。他站在北仑河畔久久凝望，河水汤汤，亮得刺眼，是北仑河还是故乡的河，洪河眼前模糊，一时也无法分清。

2020年洪河的孩子出生，视频中，孩子依偎在母亲怀里香甜入睡。他很想立刻回家，抱一抱孩子，向妻子说一声："辛苦了！"但任务再次来临，他只能再次站在北仑河畔，任河水在心中奔腾。

走边境、踏一线，戍边人舍命搏击、系马磨刀，总是风轻云淡、一笑而过，但每每念及妻儿老小，又常常深情脉脉，清泪点点。漂泊的身影与不息的河水作伴，有人满脸沧桑，有人积蓄力量，有人警惕守望，有人梦回故乡。正是像洪河这样的千千万万名民警在界河、界江边筑起铜墙铁壁，祖国才能山河安澜，边境才能固若金汤。

如果说水是生命之源，那么江河就是承载生命的血脉。江河，雄奇壮丽，百转千回，给人力量，给人希望。流水带走光阴，却无法冲淡精神的凝聚、价值的沉淀。其实，每个人心中都流淌着一条河，无论是汹涌澎湃，还是风平浪静，看见流水，便能想起她。

（原载《中国移民管理报》2023年7月7日）

# 南船北马富淮安

周秀芳　高玉璞

奔腾的大运河沟通南北、串联古今，记载着华夏文明的光辉。大运河中段是享有“运河之都”美誉的淮安。淮安连接长江、淮河、黄河，因“运”而起，借“漕”而兴。明代诗人姚广孝曾用“襟吴带楚客多游，壮丽东南第一州”赞叹淮安的繁荣。

淮安人杰地灵，是一代伟人周恩来的故乡。淮安人文荟萃，诞生了汉赋大家枚乘、巾帼英雄梁红玉、《西游记》作者吴承恩、民族英雄关天培等历史名人。

大河汤汤，古韵悠悠，文化是城市的灵魂。南船北马、辕楫交替的漕运文化是淮安的历史名片。明代英宗时，全国漕船达11845只，平均每年运粮400万石，最高600万石。太平舟是明末清初督运漕粮的官船，长5米、宽0.9米，也称飞虎舟。

历史的车轮碾过岁月的长河，到了清代，国家年财政收入约7000万两白银，漕运就实现5000万两。因漕而兴的淮安更是牛气冲天。掌七省漕政，节万余漕船，数十万漕军的漕运总督署设在这里，将各省的粮食经运河输送至京城。对于漕粮干湿程度，漕船容量、停靠时间、船工管理办法等，都有严格的执行标准。同时，河道总督、淮北食盐集散中心也集中于此。榷关是当时的税收机构，淮安榷关常年关税居全国之首，被誉为“天下第一关”，在漕运史上书写了浓墨重彩的一笔。发达的漕运带动了造船业，绵延23里的清江漕船厂有6000多工匠，是全国最大的漕船制造基地……

世间人易老，天下事难全。与大运河交汇的黄河水淌过九曲十八弯，一路把泥沙脚印留在运河淤积水道。光绪二十七年（1901年），清廷颁布停漕改折令，漕粮全部改征钱币，伴随中华2000多年的漕运画上句号。

大运河带给淮安的不仅有辉煌的漕运历史，还有“硬核”软实力——全国四大传统名菜之一淮扬菜的发源地，现存淮扬名菜名点1300余种，2020年获“世界美食之都”称号。

漫步古运河畔，水波为曲、桨帆为歌，穿越时光长廊，游走在淮安千年古镇河下的胡同陋巷中，寻味老字号美食店铺。文楼建于清乾隆年间，是文人学士聚会的地方，故得名“文楼”。文楼的蟹黄汤包馅为汤汁，怀揣好奇与向往，迫不及待地吸一口，顷刻满嘴鲜香。被当地人称“坨子”的，是淮扬菜经典菜肴之一钦工肉圆。坨子制作工艺的独特处是把猪后腿精瘦肉切成小块，用刀背或铁棍一气呵成拍打至糊状，这样做出的肉圆有乒乓球一样的弹性。当地有民谣称赞：“钦工肉圆摺过墙，拾起还是圆又光，掉在地上跳几跳，吃到嘴里嫩又香。”河下古镇的“李家钦工肉圆”是百年老店。第四代传承人李士兰说，逢年过节都做这坨子，闺女常打电话来说馋了。现在，李士兰“退居二线”，由第六代传承人李阳阳独当一面。这位年轻的传承人开发了酸菜鱼圆等新产品。

碧波涟涟，文化绵延，一川运河水为淮安带来无尽繁华，积攒下厚重的历史人文底蕴。今天的运河淮安段水青岸绿、河畅景美，航道上运输煤炭、钢材等物资的船舶络绎不绝，再现南船北马富淮安的流水游龙盛景。

（原载《内蒙古日报》2023年5月25日）

# 水韵温婉醉宿迁

周秀芳　高玉璞

中国大运河，上下2500多年，绵延3200多公里，是我国古代先人留下的宝贵遗产。宿迁，这座历史文化名城枕河而生，北望齐鲁，南接江淮，历史悠久，依水而兴，是全国唯一拥有隋唐通济渠、元代黄河故道、清代中运河三个不同历史时期主航道的城市。大运河宿迁段也称中运河，开挖于清代康熙年间，蜿蜒112公里，是整条大运河沿线的治河咽喉、漕运转轴，也是奠定今日京杭大运河走势的最后一项大型工程，不仅使濒临湮废的世界第一人工河重新通航，更为中国南北漕运的辉煌历史写下浓墨重彩的一笔。

千年古运河流淌到今天，大运河宿迁段深厚的历史积淀、丰富的文化遗存、多样的运河生态与景观，连缀成一条熠熠生辉的文化长廊。东关口让宿迁在中国漕运、税收史上留下深深的痕迹，项王故里讲述着楚汉那段风云岁月，孕育出名扬天下洋河大曲的洋河酿酒有着1300多年历史，文化底蕴深厚的骆马湖是江苏省四大湖泊之一……沉醉于这座水韵温婉的城，吹骆马湖的风、坐大运河的船、赏三台山的花、品白洋河的酒……难怪乾隆六下江南五次驻跸于此，发出“第一江山春好处”的赞叹。

东关口是明清时期宿迁老城最繁华的街道，清朝廷在这里设立了税务机关。据《宿城镇志》记载，清康熙二十五年（1686年），因黄河水流急，不利漕运，清政府采取黄河分流、避黄济运的方针，开掘中运河，流经宿迁城东侧。设宿迁东关于运河西岸，检查来往船只，收缴关税，遂称其地为“东关口”。后来，黄河改道淤废，东关口成为宿迁水路运输的主要码头和进出口货物集散地，河面上舶舻相接、帆樯林立的景象十分壮观。兴旺时期，东关口每日收缴关税达5万两纹银。

“生当作人杰，死亦为鬼雄。至今思项羽，不肯过江东。”李清照的《夏日绝句》描写出西楚霸王传奇而悲壮的一生。项王故里位于宿迁市区东南，古为下相梧桐巷，项羽出生在这里。他24岁时起兵反秦，用3年时间将秦王朝推翻，自封为西楚霸王。公元前202年发生了著名的垓下之战，汉高祖刘邦和西楚霸王项羽对决，对后来历史的发展产生了重要影响。战役未开始前，项羽和刘邦约定以鸿沟为界线，各自占领东西两边互不侵犯。后来，刘邦兵分三路，将项羽围困在了垓下，刘邦大获全胜，项羽乌江自刎，留下了和虞姬爱情故事的怅然挽歌。项羽16岁离开家乡栽的那棵槐树，沐浴两千多年风雨，如今仍然枝繁叶茂、郁郁葱葱，成为宿迁历史的活化石。

“醉里乾坤大，壶中日月长。”孕育出“洋河”“双沟”两大名酒的宿迁有着1300多年的酿酒历史，被誉为“中国白酒之都”。洋河酿酒起源于隋唐，隆盛于明清。清光绪年间，洋河镇及周边酒坊达27家之多，省内外70多位酿酒名师云集于此，竞酿美酒，洋河酒成了宫廷御酒，有了“福泉酒海清香美，味占江南第一家”的美誉。

历史文化底蕴深厚的骆马湖是江苏省四大湖泊之一，《宋史·高宗本纪》称乐马湖。从高处看，它的形状像一匹大马的脊背，尾巴扫着运河。黄河夺淮后，骆马湖成为沂河和中运河季节性滞洪区。今天的骆马湖是南水北调的重要中转站，四周是一座座雄伟壮观的水利工程，有国家一级水工建筑物、江苏省大型水闸之一的嶂山闸，国家特大水利工程皂河抽水站。骆马湖及周边还有优质的矿藏：优质石英砂总储量在5亿吨以上；质优量丰的陶瓷土总储量在20亿吨以上。骆马湖中鱼类有56种，有“水中白银”“水中人参”美誉的银鱼，通体洁白、透明如玉，形银条；大青虾皮薄肉饱，名闻遐迩，以此为主要原料制作的“醉虾”更是别有一番风味；螃蟹个体硕大，雄者脂白如玉，雌者脂黄似金，是难得的风味佳肴。

坐落在骆马湖畔的三台山国家森林公园，不仅有闻名的“三峰夕照”景致，更有春看衲田花海、夏有曲水风荷、秋赏红枫之恋、冬来梅村煮雪的四季风景。想不到的美景，忘不了的原乡，意境优美，每一处都显示出人与自然和谐共生的美好画卷。

这就是宿迁，一座水韵温婉的城，一座景致醉人的城。

（原载《内蒙古日报》2023年6月23日）

# 曹家被抄的法律分析

李绍华

## （一）

“满径蓬蒿老不华，举家食粥酒常赊。”这是曹雪芹的好友敦诚对曹雪芹在北京西山生活的描写。也就是说，当时曹雪芹所居之地是“满径蓬蒿”，全家所食之物是稀饭，喝酒需要赊账。可见，那时曹雪芹的生活是非常困难的。

其实，曹雪芹的父祖辈是非常显赫的，最为人津津乐道的是曹雪芹的祖上三代四人（曾祖父、祖父、父亲和叔叔）曾任江宁织造官达60年之久。在曹家最辉煌的时候，康熙皇帝六次南巡，其中四次由曹家接驾，真应了《红楼梦》里的那句“烈火烹油、鲜花着锦之盛”。

阳春四月，江苏南京鲜花盛开。笔者来到这里，参加由中国报纸副刊研究会举办的“行走大江大河　书写水韵书香”采风活动，由此想到曹雪芹，他生活在大运河，写作在《红楼梦》。“水韵书香”全有了。

## （二）

曹雪芹的五世祖曹世选原为明末将领，战败被俘后沦为包衣（家奴），被编入属于上三旗之一的正白旗。该旗旗主为摄政王多尔衮。多尔衮去世后，正白旗归皇帝控制，于是曹家成为皇家包衣，由清内务府管理，属于汉军旗人。

在顺治年间，按照规定，江宁织造、苏州织造职务是三年一换，但在康熙时期，这一制度被改变。这是因为清初江南尚不稳定，明朝部分遗老仍不服满人的统治，皇帝希望派出的官员能够对当地的情况有较为深入的了解，并通过奏折形式向自己报告。而曹雪芹的曾祖父曹玺之妻孙氏是康熙幼时保姆，曹雪芹的祖父曹寅是康熙的伴读，后来还做过御前侍卫，于是曹家被重用。

康熙二年（1663年），曹玺被任命为江宁织造，同时充当康熙在江南的耳目，即《红楼梦》里的“耳报神”，还负责替清廷做拉拢人心的工作。康熙二十三年（1684年），曹玺病逝。康熙二十九年（1690年），其儿子曹寅出任苏州织造，三年后又调任江宁织造。从此，曹寅和他的儿子曹颙、继子曹頫连任江宁织造近40年。

然而，一朝天子一朝臣，康熙去世雍正登基后，曹家迅速败落，直至被抄家。曹家被抄的原因比较复杂，一种认为是政治原因，即卷入了康熙朝“九子夺嫡”之中，被雍正清算。一种认为是经济原因，即骚扰驿站、转移财物和亏空帑项。

不管原因是什么，抄家都是恐怖的。按照清代法律，无论是犯政治罪还是经济罪，都有可能被抄家，根据罪行，其处罚有严惩、减等、从宽三档，严惩包含谋反、大不敬、勾结奸党等罪，如犯这些罪，可能要剥夺一些亲属的性命，其他人也要被发配或变卖为奴等；而经济犯罪，减等、从宽的可能性比较大，只没收财产，或者再加上相对较轻的肉刑等。

## （三）

先说抄家的政治原因。在封建社会，结党被认定为是严重的政治犯罪，甚至会被扣上谋反、谋大逆等帽子。

《大清律例》“奸党”规定：“若在朝官员交结朋党、紊乱朝政者，（凡朋党官员）皆斩（监候），妻子为奴，财产入官。”清律对此行为规定虽然非常简单，但是罪名极重，只要被认定为“奸党”，就是处斩（监候），同时妻子被变卖为奴。而“财产入官”，则需要抄家才能实现。同时，清律严禁内臣与外臣交结、串通，否则也可能被认定为“奸党”。《红楼梦》中贾府被查抄时说贾赦“交通外官”，按照规定，贾赦“亦奸党”。

《大清律例》“交结近侍官员”条规定：“凡诸衙门官吏，若与内官及近侍人员互相交结，漏泄（机密）事情、夤缘作弊（内外交通泄露事情）而扶同奏启（以图乘机迎合）者，皆斩（监候），妻子流二千里安置（此亦奸党一节，但漏泄较紊乱少轻，故止流而安置其妻子，不籍没其家产。若止以亲故往来，无夤缘等弊，不用此律）”。按照该规定，虽然作为近侍官员的贾赦交结外官“亦奸党”，但是罪状较轻，应“不籍没其家产”，也就是不需要抄家。但书中写到对荣国府进行了查抄，并对贾赦“革去世职”，这有违律法。

在抄曹家时，抄家官员汇报，曹頫曾帮皇八子胤禩铸造过一对镀金狮子，故认为曹家是皇八子一党的人。也有人认为，曹家曾赞助过废太子胤礽数万两银子。但从历史档案中看，这些都没有成为曹家获罪的证据。如果曹家真卷入了“九子夺嫡”中而成了雍正的对头，下场绝不仅仅是没收财产和枷号这么轻。从曹家后期被对待的情况来看，其处罚也不如政治犯那样严重。所以，从法律后果上分析，曹家被抄不太可能是政治原因。

## （四）

如果不是政治原因，便是经济原因了。事实上也是这样的。

因康熙南巡曹家四次接驾，耗资巨大。但是接驾的资金皇帝并不能报销，而是接驾官员自筹。康熙深知曹寅因接驾而亏空巨大，曾在曹寅所上折子的朱批中让其“留心”“小心”。但直至康熙去世，亏空仍未完全补上。

在雍正登基的第一年，曹頫就向户部请求将亏空帑项分三年补完，得到准许。然三年期满，亏空仍未清，但雍正也没有按照之前的规定“限满未完，定行从重治罪”，而是继续让曹頫任江宁织造，并命令他将织造的缎匹入宫。

就是在曹頫将织造的缎匹送入宫中、路过山东省长清县等处驿站时，在驿站多索要了驿马、路费等，被山东巡抚塞楞额参奏。雍正览奏后传谕：“着内务府、吏部将塞楞额所参各项，严审定拟具奏。”结果，除了查实曹頫确实存在骚扰驿站外，还查出其没有尽心赔补亏空，反而将家中“财物暗移他处”。于是，新罪旧账一起算，曹頫先行革职，后曹家被抄，家属押送回京。这年曹雪芹13岁。

由于康熙后期治理的懈怠，许多官员亏空帑项严重。雍正上台后，严查亏空，并要求各级官员限期补齐。《大清律例》许多条文中有关于亏空的规定，如“私借钱粮”条规定：“亏空人员除查明家产尽数追赔外，如有属员借支借领……将所有借欠之项责令追还，以抵该员亏空。”曹家被抄是为弥补亏空而“查明家产尽数追赔”，故抄家具有法律依据。

驿站对封建统治者而言具有极为重要的军事、经济、政治意义，对于违反驿站管理规定的行为也制定了严厉的惩罚措施。早在康熙十六年（1677年），清政府就明确规定，凡骚扰驿站，“核查情实，将本官革职，其领催、差官等交刑部治罪”。

雍正即位后，也多次强调禁止骚扰驿站。《大清律例》“多乘驿马”条规定：“凡出使人员应乘驿船驿马数外，多乘一船一马者杖八十，每一船一马加一等，若应乘驴而乘马及应乘中等、下等马而勒要上等马者，杖七十。因而殴伤驿官者，各加一等。”同时还规定：“占宿公馆、索取人夫、马匹、车辆、财物等项……俱于所犯地方，枷号一个月，发近边充军。”曹𫖯骚扰驿站当被处罚。但由于封建社会法律制度的复杂性和多变性，以及皇帝以言变法的现实，清代对犯事官员的处罚也并不一定严格按照法律规定进行。曹𫖯并没有被“发近边充军”，只是被枷号一年有余，赔偿驿站数百两银子。

而将“财物暗移他处”，从曹𫖯案件的处理及相关史料来看，似乎并未查实，也未见曹家因此受到惩罚。

所以，曹𫖯被革职，随后被枷号，主要对应的罪名应该是“多乘驿马”，处罚其骚扰驿站过错；而被抄家对应的罪名则可能是“私借钱粮”或类似罪名，处罚其亏空帑项过错。

家道中落后，曹雪芹就沿大运河，来到了北京西山，过上了赊酒度日的清贫生活。在北京西山，他完成了惊世巨著《红楼梦》。《红楼梦》不仅有北方方言、宿迁方言，还有南京方言、苏州方言；大运河沿线的景致、人文、风俗与典故，在书中也有反映。这就是曹雪芹与大运河的不解之缘。艺术源自生活，一部《红楼梦》也有大运河的戏份儿。

（原载《人民法院报》2023年7月7日）

# 大运河上的宿迁

左正红

今年我国文旅强劲复苏，具有两千多年历史的大运河沿岸更是乘势而上引人关注。大运河就像一条有序运转的中华民族文化链条，一直为中国经济发展、社会进步和文化繁荣发挥着独有的作用。如今大运河国家文化公园的建设，使得沿河各地发展的步履更是不停不歇。当你走入其中，便会第一时间感知它们与历史同源、与时代同步的点滴汇成的独特魅力，宿迁便是其中代表性的一个。

## 宿迁在大运河历史上的位置

中国大运河是世界文化遗产，是中国古代劳动人民在中国东部平原上创造的一项伟大的水利工程，是世界上最长的运河 ，也是世界上开凿最早、规模最大的运河。

目前，大运河宿迁段是苏北航运的重要水道和南水北调的主要通道。从地理区位来看，江苏省宿迁市位于中国南北分界线，素有“北望齐鲁、南接江淮，居两水中道、扼二京咽喉”之称，向北联系中国的政治中心，向南联系着中国的经济中心，是大运河“弃弓走弦”的关键节点、隋唐大运河与明清大运河的交汇节点、国家漕运命脉的重要节点。清嘉庆《宿迁县志》中对宿迁描述为“北带漕渠、西襟黄水、东临榆沭、南引清口、淮海上游、水陆要冲”。

大运河宿迁段全长112公里，纵贯宿迁全境，从中心城区穿城而过。宿迁是全国唯一拥有大运河三个不同历史阶段航道的城市。一是隋唐时期的通济渠（汴河）。公元605年，隋朝开凿通济渠，引黄河水，循汴水经泗洪县入淮河，即现今泗洪县境内汴河。二是元代“借黄行运”的黄河故道。元代大运河“弃弓走弦”，以黄河作为大运河航道，时称“借黄行运”，即现在流经宿迁市区的废黄河。三是清朝开通的中河。清康熙二十七年（1688年）为“避黄行运”而开挖洳河到清口的运道，称为“中河”或“中运河”。中运河的开凿是奠定京杭大运河走势的最后一次大型工程，对畅通洳河至清口漕运起到了决定性作用。后来，经过新中国成立初期、1980年和2000年三个时期的整治，形成了如今蔚为壮观的大运河宿迁段面貌。

大运河的千年变迁造就了宿迁绝佳的生态优势，形成洪泽湖、骆马湖、中运河、皂河、六塘河、古黄河等水系，构成“两河并行”“河湖并行”等特色自然景观格局。和浙江、苏南运河的细腻精致，北方运河部分丧失通航功能相比，大运河宿迁段自然风貌大气磅礴，呈现大地水景特色景观。同时由于境内分布着广袤的水利资源和运河的特殊成因，宿迁生态质量非常优异，骆马湖常年保持二类水质，湖中心是一类水质。

## 如今宿迁的人文硬件

大运河的要冲地位优势造就了宿迁如今难得的独特人文实力与魅力。

据《大运河（宿迁段）遗产保护规划（2009—2030）》统计，宿迁大运河沿线遗产总数47项，其中水利工程及相关遗产18项、聚落遗产2项、其他运河物质文化遗产3项、非物质文化遗产20项、生态和景观保护区4项。2014年，大运河宿迁段从皂河三湾至市区大王庙41公里段和龙王庙行宫被列入世界文化遗产名录。物质遗产和非物质遗产的结合呈现出活态的自然景观与人文遗存相映生辉的宿迁运河遗产状态。

典型的水工文化：大运河宿迁段体现了千年来人类与水抗争的历史，治黄、治淮、治运并举，是通过高超的河工水利技术推动民生改善的典范。尤其是中运河的开挖，体现了当时世界河流治理的最高技术水平。新中国成立后，刘老涧、皂河等大型翻水站先后投入使用，宿迁成为南水北调东线的重要节点。

可考的皇家文化：宿迁作为大运河咽喉之地和重要交通节点，是皇帝南巡的必经之地，给宿迁留下丰富多彩的皇家历史文化遗产。在行宫遗址方面，除现存的龙王庙行宫外，还有多处遗存，如陈家庄行宫、龙泉庄行宫在清《乾隆南巡驻跸图》中均有展现。在御制诗文方面，康熙、乾隆两代留下60首左右的御制诗，是宿迁历史的真实写照。皇帝南巡在宿迁也留下了大量传说、故事以及传统技艺。

多元的地域文化：长期与黄河、运河的水患进行搏斗，催生了宿迁以祈福和水神崇拜为特点的民间文化，形成以龙王庙、大王庙、张将军庙等为代表的遗迹。祈福文化和酒文化、漕运文化、红色文化、亲水民俗等构成宿迁丰富的地域文化体系。

## 宿迁在现实中的写照

圆满完成神舟十六号载人飞行任务的航天员乘组，于10月31日乘坐任务飞机平安抵达北京。这一条消息让今年去过宿迁的人的思绪不由自主地回到骆马湖国际沙雕节现场。在骆马湖浪平沙白的广阔岸边，72座大小不一的沙雕让人仿佛置身于“航天嘉年华”为主题的另一个平行时空。宇宙篇、科幻篇、追梦篇和发展篇这第五届沙雕节的四个区域，系统生动地集中展现了中华民族的“问天”之路和我国载人航天工程取得的成就。过往的科研画面与当下热映的影视IP造型同台，用时间轴串联没有一点违和感，反而让人陡增新奇亲切……

前不久，国家文化和旅游部按程序组织认定并完成公示，确定江苏省宿迁骆马湖旅游度假区为新一批国家级旅游度假区之一。宿迁骆马湖旅游度假区确实也是实至名归。其位于宿迁市中心城区北部，区位交通便利，生态环境和人文底蕴优越深厚，发展态势与市场空间良好可塑，是苏鲁皖沪旅游网络的重要节点，先后获评首批长三角高铁旅游小城、省级全域旅游示范区、首批省级文化和旅游产业融合发展示范区等荣誉。今年以来，其不断抢抓文旅复苏契机，成功举办了第五届骆马湖国际沙雕节、首届骆马湖上相湾垂钓大赛、大运河自行车系列赛（宿迁骆马湖站）等多项节赛活动，伴之而来的后备箱经济、湖畔直播、文创集市等“夜经济”新业态得到迅速发展，碧湖银滩已成为这里老百姓增收致富的“金滩银滩”。

其实当你真正走进宿迁时，会发现它值得写实记录的很多很多，远不止一个骆马湖。譬如，蔡集镇牛角淹新型农村社区那幅新时代乡村“水韵牛乡·耕读人家”画卷的铺展，乡愁记忆文旅与智慧农业产业齐头并进，昔日水淹洼地，如今成为“幸福高地”；譬如，中国酒都之名哪只凭借“洋河”的产量与规模，那唯一在白酒行业入选国保的洋河地下酒窖，3800余储酒陶坛坛坛百年以上，也是国家级非物质文化遗产项目——洋河酒传统酿造技艺的重要物质载体。而那一条条百年以上的老窖池、30多个手工班都还在良性地运转而且可观性与使用性极强……

宿迁现如今发展的桩桩件件、点点面面实在耐人寻味，有新时代城市精神的映照，更有古往今来项王故里的力拔山兮与始终如一，更有为了海晏河清历代水工践行者的脚踏实地与守正创新。

（原载《大连日报》2023年11月3日）

# 冲开一条水路

潘静新　李飞月

在古代，河运有天然河运和人工运河两种。如果说，报纸的新闻如长江，承载着最重要的天然河运，那么，副刊就是运河，是靠人力开凿的一条水路，借力长江及各支流，贯通融汇，相辅相成。在历史前进的洪流中，现代运河的运输功能有所下降，有的河段甚至被废弃了。但很多城市将运河融入了时代和人民的需求中，因势利导，将运河开发建设成既有传承又有创新的“文化长河”“亲民长河”“益民长河”，自成一体，又各具风貌，各得天趣，各有千秋。这又多么像当下的报纸副刊现状，在层出不穷的新媒体的“围堵”下，有不少报纸副刊“断了水源”，不得不停办；但有更多的报纸副刊另辟蹊径，冲开一条条水路，焕发新的生机和活力，让副刊如运河文化一般，深入民心，恒久如新。

这是记者首次参加中国报纸副刊研究会年会暨“行走大江大河　书写水韵书香”百名文化记者江苏行采访活动的最大感受。

今年江南最明媚的季节，来自全国各大报纸和新媒体的总编、记者、编辑来到江苏，一起在春风里行走运河，感受大运河江苏段丰厚的历史与璀璨的当下，感悟水韵、文蕴与国运。

## 融通九州　河济天下

4月8日，在古都南京的春风中，由中国报纸副刊研究会、新华报业传媒集团主办，淮安市委宣传部、扬州市委宣传部、镇江市委宣传部、宿迁市委宣传部、江苏新华云媒科技股份有限公司（交汇点新闻）承办的“行走大江大河　书写水韵江苏——中国报纸副刊研究会2022年年会暨百名文化记者江苏行采访活动”在新华报业传媒广场盛大启幕。来自全国各大报刊和新媒体的共计199名文化记者参会，以副刊的名义相聚“诗画江南”，创中国报纸副刊研究会年会历届参会人数之最。之后一周内，来自五湖四海的全国文化记者、副刊编辑向春而行，踏上江苏段大运河采风活动之旅，亲历大运河文化融入吴文化、淮扬文化、楚汉文化、金陵文化和长江文化的建设和发展，见证历史与现代、文化与生态、自然风貌与人文景观相得益彰的江苏“美丽中轴线”。

江苏是全国唯一同时拥有长江文化和大运河文化资源的省份，是大运河、长江两大国家文化公园重点建设区，滚滚东流的长江贯穿南北运河，一横一竖，在江苏大地上相交融汇，共同孕育出江苏的锦绣繁华。

采风团沿着大运河江苏段一路北上，穿山越水，锻炼了脚力；挖掘运河历史、实地探访运河文化，开阔了眼力；交流采访内容、思考运河文化内涵，提升了脑力。这都为副刊人最后撰写文章、增强笔力，积累了第一手素材。

本次活动以“行走大江大河　书写水韵书香”为主题。这一支庞大的采风团，像一条浩浩荡荡的运河，所至之处，文采与画笔齐飞，照片共视频一色。各地宣传部门将行程安排得满满当当，恨不得把所有最好的家底都呈现出来，借助全国报纸副刊的平台，将大运河文化宣传出去，以期“河济天下”。

## 水主沉浮　引水济运

一座座城市因水而活、因水而富、因水而雅、因水而进，让我们心生羡慕……

一路上，我们在镇江目睹了“水上高速公路”谏壁船闸巨大的吞吐量，在扬州领略了中国大运河博物馆的独特魅力，在淮安周恩来纪念馆叩问初心，在漕运博物馆体会这座城市历史上的分量，在宿迁，观项王故里、运河湾公园、三台山公园、洋河大曲工业园区。历史与当下在这里交相辉映，让我们对历代中国人接力开拓、维护大运河的智慧和毅力心生敬意。

大运河上的“水上高速公路”谏壁船闸，位于镇江市京口区谏壁镇境内，地处长江与京杭运河这两条黄金水道的十字交汇口，是苏南运河上唯一直通长江的复线船闸。自开设以来一直保持着运行的畅通与安全。那浩浩荡荡前后不见首尾的船队，在现代化指挥平台的调度下有序前进，现代版的“舳舻转粟三千里”在眼前上演，让人惊叹一条运河通古达今、河济天下的神奇伟力。

谏壁船闸让我联想到《新华日报》副刊。它自1938年创刊以来，坚持做“一个鼓励前进的号角”，坚持宣传党的政策，积极服务民众，始终是读者心中的“C位”，被研究者赞誉为“副刊不‘副’，参天大树”，在中国副刊百年史上留下了厚重篇章。新时期，《新华日报》副刊瞄准“新闻之新”，围绕长江与运河，新华日报文化部策划了“千问千寻大运河”融媒体行动、“行走运河11城”新闻行动、“行长江、探文脉”系列、“江苏文明探源：蘇从哪里来”等系列行动，获得了巨大的影响力；同时聚焦“思想之深”，要求编辑记者必须有宏阔的视野，独到的见解，深刻的领悟，带给读者精神上的获得、滋养与成长；着重展现“人文之暖”，更多去关注大时代中的普通人和他们努力生活的样子，与他们共鸣共情、同欢共悲，更好张扬一张报纸的人文关怀。他们以副刊为平台，聚合资源，勇于破局，追求题材之变、话语之变、创意之变、形态之变，用无限的创意点燃副刊，以持续的变革创造价值。《新华日报》副刊就像这条“水上高速公路”，始终保持着强大的通航能力。

利用扬州运河三湾段水工遗址兴建的运河三湾生态文化公园，依水而建、缘水而兴、因水而美。公园中有被誉为“一本中国大运河的百科全书”的扬州中国大运河博物馆，充分运用高科技打造沉浸式参观体验，全流域、全时段、全方位地展现大运河如何塑造了华夏大地多元一体的文化格局。

多元一体正是《人民日报》副刊的文化格局。他们拥有一支门类覆盖齐备、报道经验丰富的专业编辑记者队伍，既了解当下互联网舆论场，熟悉文化热点和网络语态，又熟悉文艺领域相关情况，运用最新科技平台，做强融媒体，建功主战场，在互联网阵地唱响主流文艺好声音。在全国“两会”的报道中，他们主动设置兼具公共性和专业性的新闻议题，有效防止报道失焦、深度欠缺和舆论冷场。同时，通过新媒体进行传播模态的转译，实现文艺观点的“直给”,“公共性”和“专业性”这两个特点叠加，垫高了主流文艺评论的发声平台，放大了“两会”好声音的舆论声量。

水主沉浮。如何开源节流，长久保持副刊这条运河的活力？《新华日报》副刊、《人民日报》副刊奋力打通了纸媒与新媒的“水路”，引时代之水、科技之水、人才之水，因势利导，让副刊成为不竭之河。他们的宝贵经验，给了我们非常好的启发。

## 筑闸建坝　启闭有制

千百年来，中华民族既遭受来自河流的苦难，又通过创造和智慧来利用河流。黄河夺淮入海，开启了千百年来淮河水患频仍的悲怆历史。位于苏北灌溉总渠的亚洲最大的“水上立交”，却奇迹般地让淮河入海水道与京杭大运河两条水道在这里十字交叉，各行其道，互不干扰：淮河入海水道在地表，淮河水经过河床自西向东流向黄海；而运河航道位于半空中，南来北往的千吨级货船首尾相连。“水上立交”集中体现了中华民族高超的治水用水技术。还有，始建于东汉，完成于明、清，在当代不断加固的洪泽湖大堤，是世界上最长最宽的大堤。位于洪泽湖东南角的“千里长淮第一闸”三河闸，是新中国成立初期我国自行设计、自行施工的大型水闸，是淮河下游入江水道的控制口门，是中国水利史上的一大创举，如今这里已被建设成一个自然风光独特、文化底蕴深厚的水利风景区，吸引无数游客。类似这样的水利工程在运河上还有很多，它们是运河长盛不衰的保障，也无声彰显着中华民族治理水患的顽强与智慧：让水为民用、启闭有制。

这不禁让记者联想到，各地优秀副刊的风格也是各显奇谋，在副刊的“洼地”上筑闸建坝，以水工繁峙、神工巧思，令水陆萦回，拱桥平迁，交通八方。

去年，发布不到24个小时、全网阅读量过亿的天才翻译家金晓宇的故事，让许多读者了解了《杭州日报》西湖副刊和它的《倾听·人生》专栏。《倾听·人生》作为国内媒体界最早的第一人称口述历史专栏，其讲述者来自五湖四海、各行各业，共同特点都是普通劳动者。在栏目风格上，《倾听·人生》坚持朴素平实的文风、理性克制的笔调，坚持记录者必须隐藏在口述者身后，拒绝煽情；强调在一个故事里寻找更广阔的意义，让稿件落在更扎实的时代背景下，关注大时代里一个个真实独立的人，表现普通人的光辉心灵和坚韧力量。正是这样的定位和坚持，使得《倾听·人生》拥有了忠诚度极高的读者群，也创下了辉煌成绩。

时代的发展对副刊提出了更高要求。《四川日报》全媒文体新闻中心善于在新闻内容上开疆拓土。如2022年6月8日习近平总书记到四川视察时专程前往三苏祠，《四川日报》文体新闻中心在习近平总书记离开后第一时间回访三苏祠，推出两个整版的文化特写报道《总书记逐字朗诵三苏祠对联——习近平总书记在眉山市三苏祠考察回访记》《跟着总书记读苏东坡诗词名作》。他们也善于利用载体转型，2021年3月20日三星堆新一轮考古发掘成果发布后，川报文体新闻中心推出了“我怎么这么好看”现象级电音产品，策划了“寻根中华五千年文明　三星堆对话古遗址”大型融媒报道。

“当信息传播速度快到无法想象，当所有手握智能手机的自然人都可随时发布现场新闻的境况，信息的同质化也在无形中销蚀着诸多新闻板块的竞争力、吸引力和影响力，在这样的势态下，副刊版面的原创性、可读性和深度解读的特性，反而逐渐凸显出其独特的优势。”《中国副刊》新媒体中心总编辑侯军说。

是的，正如大运河不会衰落，副刊也大有可为、前途无量。

## 结　语

与全国副刊文化记者同行，观察和感受他们如何用独特的视角、深刻的思考、如花的妙笔聚焦大运河江苏段的保护、传承与发展，整个过程都是非常深刻生动的课程。报纸副刊是繁荣文学和文化事业的重要阵地，它如运河一样，用进废退，不是有了“河道”这个阵地就可以一劳永逸，仍需要副刊人时时疏川导滞，才能运通四海。

《玉林日报》副刊如玉林的南流江，是一条偏居一隅、少为人知的小江。今后，我们也要积极冲开一条水路，将涓涓细流汇入全国副刊的大江大河，开拓我们的“文化视野”，让《玉林日报》的“万花楼”万花有序盛开，百鸟依时争鸣……

（原载《玉林日报》2023年4月19日）

# 一封信掀起大运河申遗热潮

荀　超　谭羽清　王仕豪

“如果从历史价值、文化内涵和中国历史发展贡献上讲，可以毫不夸张地说，京杭大运河足以与长城媲美。我们完全有理由相信，通过申遗，京杭大运河完全可以形成一条有中国特色的新的文化与自然景观带，在保护和弘扬中华千年文化的同时，还能够使京杭大运河沿岸人民的生活变得更美好。”

——《关于加快京杭大运河遗产保护和“申遗”工作的信》

（2005年12月15日）

“大运河就是一个老朋友，我每天都想和它谈天……”走进朱炳仁的江南铜屋，刚一坐下，他这样说道。

朱炳仁的名字前，总是会加上一些头衔：中国工艺美术大师、国家级非遗铜雕技艺代表性传承人、中华老字号“朱家铜艺”第四代传人、中国文物学会大运河专业委员会名誉会长等，而“运河三老”则是他较为看重的一个。

“运河三老”，并不是什么官方认证的头衔，但对于大运河申遗来说，却代表了时间的基石。

2005年12月，时年61岁的朱炳仁，与90岁的郑孝燮、82岁的罗哲文一起，起草了一封公开信，正式揭开了大运河的申遗进程，因此他们三人被称为了“运河三老”。2023年5月15日，朱炳仁再一次回忆起了18年前的那个冬天。

## 有幸与大运河结缘

朱炳仁的江南铜屋位于杭州的河坊街。从铜屋出发，出门右转，直线距离300米，是大运河的水柜——西湖；左转，也是300米，则有一条水道“中河”，直通大运河。

“其实我并不是运河研究专家，也不是水利专家，只是非常有幸和大运河结缘了。”朱炳仁这样说道。

1944年，朱炳仁出生于浙江绍兴，这里流淌着浙东运河，是中国大运河的组成部分，也是大运河入海的“最后一公里”。他生长在一个铜艺世家，爷爷和太爷爷都是绍兴知名的铜艺师傅；父亲迁往杭州之后，虽然擅长字画也开了书画社，但也没有放弃自己的制铜手艺。而朱炳仁，则是进入不惑之年，才开始学习如何炼铜。

流淌在血脉里的手艺，朱炳仁很快便上了手。他一头扎进书堆，从做铜字、铜牌开始，对铜雕艺术进行挖掘和研究。

功夫不负有心人，他结束了古今中外铜雕艺术中没有铜刻壁画的历史；雷峰塔在经过反复试验和探索后，“披”上了彩色铜衣，成为中国第一座彩色铜雕宝塔；而峨眉山的金顶，也有了他的作品。“朱炳仁”成为了中国铜建筑领域响当当的金字招牌。

尽管已经功成名就，足迹踏遍了祖国的大好河山，但朱炳仁心里却始终留存着一道窄窄的河湾：“以前每天上班，都要穿过大运河，生活工作都与运河息息相关。”

## 从未建成的桥到申遗之桥

大运河，是朱炳仁的乡愁。

随父亲从绍兴迁居到杭州后，大运河一直是他的玩伴：居住在离运河不远的地方，生活工作都不乏运河的参与，尤其是年轻的时候，很喜欢在运河边游玩。那时，他看到的运河，充满着人间烟火的味道。

“杭州有很多的码头，渔民、船民开着小船、渔船，停到码头，把他们打来的鱼，种的蔬菜瓜果和粮食，在码头和我们城市里的老百姓交易。每个码头都是个市场，每天早上，运河边的老百姓第一件事就是到码头上去，买菜，买粮食和生活用品。”

大运河是鲜活的，是跳动的，是有生命的，于是他想给大运河增添一点亮色，想在上面建一座铜步行桥。

“为什么要建铜桥？因为我希望大运河会从历史走来，再走向现代，还要走向未来。它不光是传承历史文化，还应该留下我们当代的大运河文化。”

令人惋惜的是，在大运河上修一座铜步行桥的项目流产了。

2005年12月中旬，古建筑专家罗哲文与城市规划专家郑孝燮到杭州开会，朱炳仁前去探望。在交流过程中，朱炳仁不仅谈起了对大运河边历史文化遗产保护的感受和愿景，还聊到了自己曾想在京杭大运河上建铜桥的想法。

他这一伟志，得到了郑老和罗老的认可与赞同，“两位老先生听了我的讲解以后说：这座桥建不成，咱们还可以搭另一座‘桥’，一座通向运河申遗的‘桥’，把大运河的文化风貌、历史价值保护下来，展示给未来的世界。”

## “运河三老”起草倡议书

在朱炳仁、罗哲文和郑孝燮提出运河申遗之前，也有人提过要运河申遗，但除了“大运河算不算文化遗产”这点还未定论，“运河跨越数十个城市，申遗工作该由谁发起”的问题更是一直使运河申遗工作无法起步，“每一个城市，如果没有统一的规划，没有统一的理念，是做不好这个事的。所以需要有一个共识，有一个牵头，有一个完整的整体。”朱炳仁说道。

为了让运河城市的管理者们共同探讨申遗工作，联合起来达到优势，2005年12月，朱炳仁与郑孝燮、罗哲文一起，连夜起草了《关于加快京杭大运河遗产保护和“申遗”工作的信》，并寄给大运河沿线18座城市的市长，呼吁用创新的思路，加快京杭大运河在申报物质文化和非物质文化两大遗产领域的工作进程。

这封仅880字的公开信一经发布，便引发了社会各界的积极响应，可谓“一石激起千层浪”，并推动形成了持续九年、轰轰烈烈的大运河申遗热潮。据朱炳仁统计，“2006年相比2005年，媒体关于运河的报道量增加了至少20倍。尤其是沿运河的城市，对运河关注的热情一下子高涨起来。”

在2006年全国“两会”上，58名全国政协委员群起响应，并草拟了一份影响深远的“大运河申遗提案”。随即，由国家文物局牵头联合运河沿线35个城市共同参与的全国大运河资源调查工作启动，从而拉开了我国保护大运河的大幕。当年6月，京杭大运河升格为全国文保单位，短短半年后，又被列入了《中国世界文化遗产预备名单》。

2014年6月22日，在卡塔尔多哈举行的第38届世界遗产大会上，中国大运河项目最终成功入选《世界遗产名录》，成为中国第46个世界遗产项目。那天，朱炳仁来到拱宸桥，迎接申遗成功的喜悦。

## 两次考察大运河全程

为了推进大运河申遗工作，2006年、2007年两年间，朱炳仁和罗哲文一起，随全国政协考察团两次考察大运河全程。行程密集时，朱炳仁曾在半个月内三上运河城市踏访，每次都会对大运河的“守护者”们，抱有深深敬意。

当然，作为杭州人，他对乡音、乡语、乡情的杭州运河段，更是产生特别的情怀。“主河道上两座穿城相望的古桥——拱宸桥与广济桥，组成了大运河上绝无仅有的风景线，是这条水运长龙不可或缺的龙鼻。尤其是塘栖古镇的广济桥，七星卧波，沧烟廓然。在两千公里的长河上更是春秋独雄，谁能僭越？夜幕降临，长桥古街，组成了一幅大写意的水墨画，纵横寻探，哪里还有更美的画图？”

因为申遗保护工作的启动，不少沿途的古迹遗存都被重新发掘和保护，得以用崭新的面貌迎接这个瞬息万变的新世界。用朱炳仁的话来总结：这一切都是应“运”而生。“对于运河的保护，大家都是在等待着时机，我们是很幸运的。对我来说，跟两位老专家去争得这么好的（发布公开信）机会，参与了大运河的申遗和保护，这是一件非常幸运的事情。我们对整个大运河保护的理念和思想，也是很有意义的。”

## 让大运河奔流不息

大运河的存在，让朱炳仁感觉到“历史就在我们身旁，未来就在我们前面，我们要继续努力。”在朱炳仁的江南铜屋里，还专门开辟了一间与运河有关的板块。里头陈列着他铸造的与运河有关的艺术品、他参与起草的公开信、运河三老首日封、T 恤等物品。

采访中，朱炳仁用三个字——“大”“运”“河”，来总结他对中国大运河的理解，“大运河是一条河，就因为它是一条很重要的河，我们绝不能让它断掉，要永远保持它的作用。大运河是大的，它的大不光是它的规模，2000 多公里，而且这么长的线性民族文化，远远超越了所有其他国家和地区；大运河的活力体现在‘运’上，不只是单纯地作为一道美丽的风景，它承载了很多的活动，包括日常的或者是国家层面的，活力是它的灵魂所在，所以我们要保护它。”

对于承载了历史、文化、技术等众多意义的大运河，其保护措施需要全方位、多元化地进行。对此，朱炳仁曾提出了“零保护”概念，即零干预保护、零使用保护和零发展保护，“大运河的文化是多元的，对大运河的保护也应该是多元的。我提出的‘零保护’概念是多元保护中的一元，与其他的多种保护方式可以共存，可以互补的。”

其中，“零干预”保护即是将运河沿岸的某一区域完全保护起来，任何人都不进去干预，将它完全交给大自然。而“零使用”保护和“零发展”保护，则是保持大运河历史风貌的同时，让它也有一定能力发挥原有功能，但不能做进一步商业开发。

“我们要改造、要保护运河，就是要让运河变得更加‘清晰’。在改造的过程当中，把现在的生活设施植入运河边老百姓原来生活的老房子里，用科学技术让运河本身和周边的环境变得更好。现在我们可以看到，以前很多老百姓破破烂烂的房子被打造得干净、整洁又宽敞。除此之外，原来被污染的河流，现在旁边都是一片绿地，非常美丽。”对于后两种“零保护”的实施方式和成果，朱炳仁举例道。

朱炳仁常说，运河是在向前奔流的。“所以它一定是要从现代走向未来的，也一定会出现很多跟我们新一代人的生活密切相关的历史见证，这是好事情。运河在向前走，必须与时俱进地前进。我们在运河发展过程当中，也要做好这篇文章，不仅是保护它的发展，而且这种发展，也应该在更好地保护我们历史文化遗产的同时，创造更多文化，留给我们的后代。”

（原载《华西都市报》2023年7月5日）

# 中国大运河是我们民族流动的血脉

曾　洁

全长3000多千米的中国大运河，是水利大动脉，也是沿线人民的乡愁。20年来，许多文化名人为保护大运河而奔走呼号，其中就包括中国文物学会会长、故宫博物院第六任院长单霁翔。

早在2003年，时任国家文物局局长单霁翔就将目光投向大运河。此后5年，他提交了4份全国政协提案，从保护地上地下文物古迹，到整体保护大运河文化资源，从推进大运河申报世界文化遗产，到呼吁制定大运河保护条例等方面提出建议，持续关注这条昼夜奔腾的人工河流。直至2014年6月22日，在众人坚持不懈的努力之下，中国大运河成功申报世界文化遗产，成为我国第46个世界遗产项目。

2023年6月，在中国大运河申遗9年之后，封面新闻记者专访了单霁翔。他对大运河如数家珍，无论是漫漫申遗之旅中获得了哪些专家学者的支持，还是运河流经城市的独特魅力，或是在调研中目睹两岸居民自发投入运河保护的高涨热情，他都脱口而出，滔滔不绝。谈及大运河的作用，他对来自四川的记者讲述了一个细节："明初修建紫禁城，人们通过大运河将大量的木料运往京城，有些来自四川的木料，往往需要两三年时间才能漂到北京。"

在单霁翔看来，中国大运河不仅是活态的文化遗产，是民族流动的血脉，也是亿万中华儿女共同的精神家园。大运河哺育了沿岸的城市和百姓，运河城市因运河而生，因运河而兴，因运河而盛。申报世界文化遗产不是终点，而是保护行动的开始。大运河生动体现了中华民族的文明历史，保护大运河文化需要保护“沿线人民的乡愁”。

**封面新闻：**中国大运河成功申遗9周年了，这条世界建造时间最早的人工运河再次获得人们的关注。其实早在2003年，您已经把目光投向大运河，当时大运河为何吸引了您的关注？

**单霁翔：**我最早关注大运河是在南水北调工程启动的时候。2003年，南水北调东线、中线工程同时开工，涉及沿线众多文物古迹，为了在工程开工之前做好古建筑、古遗址的保护工作，我们组织开展了南水北调沿线文物资源调查。在这个过程中，我发现大运河文化遗产特别丰富，直接涉及800多处地上地下的文化遗产保护。当年，我在全国政协会议上撰写了《关于在南水北调工程中要注重文物保护的建议案》，提出要注重大运河文化遗产的保护，40多名全国政协委员与我联名提交了提案，引起全国政协的重视。

2004年3月，我又提交了《关于大运河文化遗产保护亟待加强的提案》，直指大运河文化遗产保护。这是最初关于大运河文化遗产保护的专项提案，得到了樊锦诗等全国政协委员的联名支持。

2006年，国务院批准京杭大运河成为全国重点文物保护单位，对跨越6个省和直辖市的24个城市的大运河文化遗产，实施整体保护。这在文化遗产领域是一个具有划时代意义的事件。因为在此之前，从来没有跨越这么多省、市的全国重点文物保护单位，例如长城，每次公布文物保护单位时，都是仅将一些点段列入保护。相比之下，大运河就比较幸运。这让我们信心倍增，畅想能否进一步将大运河申报世界文化遗产。当年年底，国家文物局重设了《中国世界文化遗产预备名单》，在专家的建议下，大运河列入其中。

2007年3月，我又提交了《关于推进大运河世界文化遗产申报工作的提案》，再次得到了40位全国政协委员的签名支持。当年9月26日，大运河联合申遗办公室在扬州正式揭牌。申报世界文化遗产的大运河，不仅包括京杭大运河，而且包括隋唐大运河、浙东运河，此后大运河文化遗产保护和申报世界文化遗产的行动在全国各地蓬勃开展。

2008年，在对大运河开展持续的考察调研后，我再次提交了《关于尽快制定大运河保护条例的提案》，促进大运河保护纳入法制管理轨道之中。

**封面新闻：**2004年到2008年间，您牵头参与起草四份全国政协提案，直到2014年，大运河才被列入《世界遗产名录》。为何大运河申遗长路漫漫？最终申遗成功的原因是什么？

**单霁翔：**历史上，大运河的第一锹土在扬州开挖，所以，大运河联合申遗办公室设置在扬州，并由此开启了申遗之路。2008年3月23日，国家文物局主持召开了大运河保护和申遗工作会议，大运河正式进入了申报世界文化遗产工作程序，首要任务就是编制保护规划。

大运河保护规划的编制工作，严格按照三个步骤层层推进：2009年6月前完成35个地市级的保护规划编制，2009年12月前完成8个省和直辖市的保护规划汇总，2010年12月前完成大运河总体保护规划编制。

2009年，国务院成立了13个部门和8个省、直辖市参加的大运河保护和申遗省部级会商小组，每年召开工作会议，让大运河保护得到各个方面的支持。国家文物局多次召开大运河申遗会议，针对保护和申遗过程中的重要问题进行研究部署，例如，南旺枢纽工程大遗址的保护是关键节点，张廷皓委员线上持续推进，让这个工作成为大运河遗产保护的典范。

扬州是大运河申遗的牵头城市，每年都会举办世界运河名城博览会、运河名城学术研讨会等活动，先后邀请世界各国运河城市的市长、专业组织、专家学者前来参与，扩大了中国大运河的知名度和影响力。

大运河申遗过程中，杭州市、扬州市、苏州市、无锡市、济宁市等地妥善处理了城市发展和运河保护的关系，在探索和实践中既保护城市的独特风貌，也让运河文化绵延不绝。

2014年6月22日，中国大运河成功申报世界文化遗产。这意味着大运河的普遍价值、真实性和完整性，以及几代人为保护这些珍贵遗产付出的努力，得到了世界遗产委员会和国际专业咨询机构的一致认可。

**封面新闻：**在您看来，大运河文化的精髓是什么？

**单霁翔：**大运河不仅是一条河流，而且是一个涉及交通、水利、地理、历史、生态等诸多方面的文化长廊。如果说长城是中华民族坚挺的脊梁，大运河就是我们民族流动的血脉。在这一撇一捺大写“人”字的两侧，西侧有陆地丝绸古道，东侧则有海上丝绸之路，像中华大地上的彩带飘展开去。正是这样一个脊梁坚挺、血脉流畅、交流开放的“人”，生动地体现出中华民族进步与发展、交流与对话的文明历史。

大运河是世界上开凿时间最早、最长的人工河，是我国充分尊重自然、利用自然，保证人与自然和谐共生、造福沿线地方城市的水利大动脉。它体现了一个国家的首都精神，因为当年建造紫禁城，许多砖瓦、木料等建材通过运河运送到北京，还有南方的文化、工艺、人才等，沿着大运河源源不断输入京城。大运河与国家的政治中心、经济中心、文化中心关系紧密，是中国历史上南粮北运、商旅交通、军资调配、水利灌溉等功能的生命线，至今依然发挥着很多重要的功能，需要我们对其进行永续保护、传承、利用。

**封面新闻：**大运河跨越8个省市、35座城市，各个省市的特色都不一样，我们应该如何保护这一巨大的线性文化遗产？

**单霁翔：**过去我们往往保护静态的文物资源，但大运河是活态、复合型的文化遗产。我们不仅要保护大运河的河道景观和运输功能，沿途的寺庙、宫殿建筑，也要保护传统的街道，保护普通百姓生活其中的传统村落，以及工业遗产、百年老字号等，还要保护老百姓的生活方式以及民风民俗。

每个地方都应该独具特色，这样才能避免千城一面。我将大运河沿线需要保护的景观特色，概括为自然景观、历史景观、建筑景观、工程景观、运输景观、河道景观、街区景观、园林景观、宗教景观、商业景观、民俗景观、民居景观、生活景观、生产景观、艺术景观、城镇景观等16个方面。我们保护大运河文化的同时，也要保护沿线人民的乡愁。

**封面新闻：**大运河保护和申报世界文化遗产，对于中国文化遗产事业而言有哪些启示？

**单霁翔：**大运河是一个生长的、流动的文化遗产，改变了我们传统的文物保护的理念和格局，让我们真正从“文物保护”走向“文化遗产保护”。大运河让我们清晰地看到了文物保护与文化遗产保护之间有很大的区别。

过去从事文物保护工作，第一要义是保护文化要素，大运河告诉我们，不仅要保护文化要素，还要保护文化要素和自然要素相互作用而形成的文化景观，这一点尤为突出。

文物保护的对象往往是静态的古遗址、古墓葬、石窟寺，哪怕是万里长城，都已经失去了最初的功能，今天只是被研究、被观赏的对象，但大运河是“活着的、流动着的文化遗产”，至今仍发挥着运输、灌溉、防汛、南水北调等重要功能，让我们在保护理念、范围等方面产生了一些新的认识。

在时间尺度方面，文物保护注重古代的宫廷建筑、寺庙遗址，对当代的东西不够重视，而大运河是由古代遗址、近代史迹、当代遗产共同构成的“文化遗产廊道”，现当代的大型水利枢纽、水上立交，沿线老百姓生活的乡土建筑、传统民居等“民间文化遗产”，都已经纳入了保护的范畴。

过去的文物保护是散点式的桥、塔、古建筑，后来国家确定历史名城是一种由点及面的进步，而大运河从保护空间尺度而言，是由点、线、面共同构成的“线性文化遗产”，京杭大运河、隋唐大运河、浙东运河串联起了横贯东西，西连沙漠绿洲丝绸之路，东连海上丝绸之路的巨大的民族迁徙、商品贸易、文化交流的通道，如此气贯长虹的文化遗产保护格局，在世界范围内史无前例。

最后，文物保护只保护物质要素，但是文化遗产还要保护由物质要素和非物质要素结合而形成的“文化空间”。大运河让我们拓展了文化遗产的保护形态，运河沿线的亿万民众自发参与保护家乡故土的文化遗产，他们的态度和行动非常重要。

**封面新闻：**我们应该如何讲好大运河故事，讲好世界遗产故事，以此来传播中国文化？

**单霁翔：**大运河像一部大百科全书，在中国所有的文化遗产之中，它涉及的区域、城市、当地民众的生活最为丰富，至今还在造福我们的城市、影响人们的生活，因此，它是一条有故事、有生命力的河流。

大运河沿线的每个城市都有自己的故事，如何把这些故事整合起来，作为我们讲好中国故事的重要组成部分，至关重要。所以，我写作了《大运河飘来紫禁城》这本书，成立大运河保护研究中心，组织运河沿线35座城市文化交流的活动，把大运河的故事讲给更多读者来听，让大运河能够更鲜活地呈现在人们的生活中，促使人们尊重它、保护它，让它成为促进经济社会发展的积极力量，汇入更多民众的现实生活。

**封面新闻：**中国首档世界遗产探访体验类文化节目《万里走单骑——遗产里的中国》节目，也是讲好运河故事的方式之一。这次《万里走单骑》节目去了德州大运河，您最大的感触是什么？

**单霁翔：**《万里走单骑》第二季节目走进扬州之后，这档节目第三季继续通过文化综艺的形式，让人更多了解德州大运河。

过去我们讲运河故事的时候，很少讲到德州，其实德州运河拥有十分悠久的历史。早在1400年前，伴随着永济渠的开通，德州进入了大运河时代。德州是大运河沿线保护工程中最具原生态的段落之一，为了解决河道落差大、水流急等问题，人们修筑了一些弯道来降低水流流速，这种“三弯抵一闸”的方式，满足了干流行洪的需要，也有效提高了通航质量，这是古代工程智慧的一种表现。德州运河给人耳目一新的感觉，以后我们还要发掘更多的运河故事，关注运河背后人的生活方式，讲给大家来听。

**封面新闻：**现在我们常说用数字技术讲好中国故事，当下，借助数字技术激活丰厚的文化资源已经成为一种趋势，在您看来，数字技术可以在哪些方面发力，让我们讲好大运河故事？

**单霁翔：**大运河沿线有十多个颇具规模的与大运河文化相关的博物馆，例如扬州的中国大运河博物馆，北京正在建设的北京大运河博物馆等。正如故宫的数字博物馆一样，这些博物馆应用了一些数字技术来讲述运河故事，给人们带来了一些沉浸式的体验，让更多观众参与其中，带给大家一些启发，对通过数字技术让文物活起来起到一些促进作用。

此外，数字技术在传播方面也大有裨益，让一些文化综艺节目、讲座、活动在互联网上得到更为广泛、更加有效的传播，吸引更多人参与大运河的保护。继《登场了！北京中轴线》之后，我们还将拍摄一档与大运河相关的节目，在船上解读与运河相关的历史人物，关照当代人们的生活，让大运河“活化新生”。

（原载《华西都市报》2023年7月5日）

# 夜访西津渡

叶华安

“春风又绿江南岸”，这千年古渡定将在新时代的浩荡春风里，以其最鲜艳的那抹绿色，再绿江南岸。

人间最美四月天，不负春光与时行。

有幸。4 月 8 日，随“行走大江大河　书写水韵江苏”百名文化记者采访团一行，来到了江苏镇江西津渡。此时已华灯初上，夜色斑斓，人流如织。

西津渡，始成于三国，距今约1400 年历史。这里曾是血与火的战场，著名的长江渡口、漕运重镇，也是商贾名流、文人墨客流连忘返之地。更是如今镇江文物保存最多、最集中、最良好的历史文化街区，是镇江历史文化名城的“文脉”所在。

西津渡古街全长约1000米，始创于六朝时期，历经唐宋元明清五朝代，整条街随处可见六朝至清代的历史踪迹。在这条青石板路上的街边小山楼下，有一处由历史堆积层的路面奇观“一眼看千年”的景点，就是最好的实证。

站在英国领事馆旧址旁，导游介绍，第二次鸦片战争结束后，根据不平等的《天津条约》，1865年，云台山下沿江一带被划为英租界。清同治三年（1864年）在这里修建了英国领事馆。听着听着，脑海中不断呈现中国近代史上那段屈辱的历史，眼前也不断闪现着一幕幕杀声震天、威武雄壮的历史画卷。相传1700多年前的三国时期，曹操率百万精兵强将南下，孙权和刘备的联军总共不过五万人，形势十分危急。在蒜山顶上的亭子里，两位传奇人物诸葛亮和周瑜，不谋而合地在手心里写着一个“火”字，于是，在历史的长卷里就有了一场以弱胜强的著名战例“火烧赤壁”。据资料介绍，东晋隆安五年（401年），农民起义军领袖孙恩率部与后成为南朝宋开国皇帝的刘裕在此展开了鏖战。南唐时，烈祖李昇发驻守镇江之兵渡江平息了广陵之乱，从而取得了南唐的天下。宋代，抗金将领韩世忠驻兵蒜山抵御金兵南侵，夫人梁红玉亲自击鼓激励士气，十万金兵被困于镇江城西黄天荡。公元1275年，元朝军队由瓜洲渡江南下西津渡，击溃驻防宋军后直取南宋王朝。公元1658年，郑成功高举“反清复明”大旗誓师北伐，一举攻占了镇江进而渡江轻取瓜洲，震动了大清帝国的江山……站在这云台山上，耳边不断传来千百年历史的回响。

来到依山临江、风景峻秀的西津古渡，头上圆月高挂，入夜的寒风袭来，不觉心中颤凉。昔日这里紧临长江，滚滚江水从脚下流过，是镇江通往江北的唯一渡口。元朝时意大利著名旅行家马可·波罗从扬州到镇江曾在此登岸。陆游途经西津渡时，曾对渡口每日运送上千的兵员感叹不已。清代诗人于树滋诗云：“粮艘次第出西津，一片旗帆照水滨。稳渡中流入瓜口，飞章驰驿奏枫宸。”更是道出了西津渡口人来舟往的繁忙景观。李白、孟浩然、张祜、王安石、苏轼、米芾等都曾在此候船或登岸，并留下了许多为后人传诵的诗篇。其中脍炙人口的便是唐代诗人张祜的《题金陵津渡》：“金陵津渡小山楼，一宿行人自可愁。潮落夜江斜月里，两三星火是瓜洲。”

不知不觉，我们来到了西津渡古街的制高点，那是一个立在过街拱门上的元代石塔——昭关塔。一阵“长枪短炮”猛摄之后，大家才细细观察这昭关石塔。石塔通体洁白，祥瑞古雅。塔高约5米，分为塔座、塔身、塔颈、十三天、塔顶五部分，全部用青石分段雕成，为国家一级文物，是我国唯一保存完好、年代最久的过街石塔。据导游介绍，按照佛教的解释，塔就是佛，所以我们从塔下的券门经过就是礼佛，是对佛的顶礼膜拜。

漫步在这条古朴典雅的古街道上，放眼望去，恍若天上的街市。川流不息的人流和那亮闪的街灯仿佛天上星星闪耀。街道两边鳞次栉比的两层小楼，朱红色的飞檐雕花窗栏，给人以“飞阁流丹”之感。沿街“民国元年春长安里”“吉瑞里西街·1914”“德安里”等题额和那各式商家店铺斑驳的柜台，杉木的板门，无不向我们娓娓诉说着“千年老街”的沧桑。琳琅满目的各样商品吸引着四面八方的游客，小食店内的缕缕炊烟，让三五围座的客人春风满面。

我和同行的梦大侠走进一家商铺，盯着货架上的各式酒品，店家热情地向我们推介了当地的一款老酒，说是温良纯厚，绵润悠长。于是购得一瓶，叫上川媒同行七八，来到了蜀大侠火锅。看着红浪翻滚，品着纯绵老酒，话着昔日友情和今日的西津古渡。

“春风又绿江南岸”，这千年古渡定将在新时代的浩荡春风里，以其最鲜艳的那抹绿色，再绿江南岸。

（原载《乐山日报》2023年5月7日）

# 在中运博遇见2500多岁的大运河

吴俊斐

记者曾在京杭大运河南端求学（杭州拱宸桥）。那时，尽管每周都会到运河边走一走，但对于运河的认知只是停留在“世界上开凿时间最早、流经距离最长、规模最大的古代运河”等宽泛的概念上，对于它的前世今生，知之甚少。

前不久，幸随中国报纸副刊研究会和新华报业集团组织的“行走大江大河　书写水韵书香”百名文化记者江苏行采访团走进扬州，走进扬州中国大运河博物馆（简称中运博），才真正领略“运河一滴水　激起千层浪”的魅力。

中运博位于江苏扬州三湾古运河之畔。这座巨船造型的博物馆，共设有“大运河——中国的世界文化遗产”“因运而生——大运河沿岸的传统生活”“大运河两岸非物质文化遗产”等11个专题展。我们的探秘之旅，从“大运河——中国的世界文化遗产”展开启。

站在历代运河沙盘前，恍然间记者看见了逶迤的历代运河荡着层层的波浪迎面而来：

因为北伐齐国，需要一条河道来运输兵力和粮草，公元前486年，吴王夫差一声号令，大运河在蜀冈周边挖下第一锹。“邗沟初开，吴越崛起”，我看到了王的野心，看到了“运河肇始，诸侯争霸”的混战场景。而随后，秦、汉、魏、晋和南北朝继续施工延伸河道；隋炀帝下令开凿通济渠、永济渠、江南运河，建成以洛阳为中心，南通杭州，北通北京，全长2700余公里的“人”字形大运河；元代，先后开凿会通河、通惠河，将运河裁弯取直，实现南北直航，初步形成了今天的大运河路线走向……让记者明白，从运河的第一次开凿，到2014年申遗，2500多年间，大运河河道的变化推动着历史进程。当年吴王夫差推动的不仅是流动的水，还有历史。

在中运博，当看到为确保漕运安全，以达到稳定政权、维持统一的目的，历朝历代对大运河进行了精心组织、维护和管理时，赞叹古代帝王实干有远识的同时，记者更折服于不同时期各具特色的高水平工程规划与实施：江北第一闸仪征拦潮闸遗址出土的文物、丹阳练水湖水柜示意图、会通河南旺分水枢纽模型……中运博里的这些文物与模型，无言地告诉我们，虽然，河济天下离不开帝王的强势推动，但要综合解决汇水、引水、节水、行船、防洪等难题，让大运河真正成为疏通全国的交通网络，更离不开水工智慧。正是这种智慧，让至柔至刚的水为我所用，让大运河在过去的2500多年里，不管在漕运还是治水、船舶制造方面都展现出无与伦比的魅力。

虽然运河“第一凿”是为了战争，但当运河贯通了南北江河，连结了海陆内外，运河上的百舸千帆带来的最大影响是推动了百姓的生活。在“因运而生——大运河街肆印象”专题展馆这个“时间河道”，我们跟随“船只”沿河而上，河道两岸店招林立，吆喝声声，好不闹腾。行至岸边，走上主街，戏台、胭脂铺、会馆、餐馆……“盛世东都　汴水繁华”“财赋京师　富甲齐郡”“漕运枢纽　往来盐商”“人文江南　鱼米水乡”等运河故事扑面而来，通过现代科技光影技术按照“城市历史景观再现”模式打造的有历史场景和真实业态的街景，让我们从中原、燕京齐鲁穿越到了江淮、江南，感受到了南北碰撞交融所带来的那种繁华……

一座博物馆装不下全部的运河故事，却装下了2500多年的水韵精华，除了运河的前世今生，在这里，还可以欣赏上万件藏品，领略舟船式样、漕运盐利、贸易商业、戏曲艺术、饮食风物、市井生活等；还可以通过数字馆沉浸式了解运河沿线的自然生态、运河如何与“一带一路”交汇等，感受生生不息、代代相传的美好。

千年的运河水，依然在缓缓地流淌。时至今日，大运河仍在交通、水利、生态、文化等方面发挥着巨大的作用。

跨越千年，大运河的故事依然在延续……

（原载《金华晚报》2023年5月2日）

# 大运河是文化之河，更是科技之河

闫雯雯　吴德玉

世界上被称作“大运河”的河有很多：在水城威尼斯，3.8公里的“大运河”连接城市与泄湖；在爱尔兰，“大运河”从香浓河直通首都都柏林；在法国，阿尔萨斯“大运河”是莱茵河上的明珠……但被全世界公认、不需要贴上其他标签的、真正的“大运河”，在中国。

2500年前，吴王夫差命人开凿邗沟，让“大运河”成为了全世界历史最悠久的人工运河；之后长达两千多年的疏浚、改道、修建，让京杭大运河成为了一条长达1700多公里的长河，是第二大运河苏伊士运河的16倍，第三大运河巴拿马运河的33倍。

隋炀帝开通大运河之后，扬州凭借着大运河枢纽中心的地位成为了东南第一大都会，也让“扬一益二”名扬天下；在南宋，京杭大运河也是最著名的水道，四方公私之船入运河“如履平地，川、广巨舰，直抵都城（杭州）”。

大运河，不仅贯通了南北，也是世界了解中国的一个窗口。唐代高僧鉴真6次东渡，几乎都是从扬州由大运河出发。日本天台宗僧人圆仁撰有《入唐求法巡礼行记》，明确记载大运河的游历过程：“……掘沟（指人工开凿的大运河）宽二丈余，直流无曲，此即隋炀帝所掘矣 ……”举世闻名的旅行家马可 · 波罗在他的游记中详细记录了大运河两岸的扬州、苏州、杭州等城市的富庶与繁华。

绵延的大运河里，也曾流淌过中国诗歌的平仄之美。宋之问、王维、孟浩然、韩愈、刘禹锡、白居易、杜牧、李商隐、柳永、范仲淹、欧阳修、王安石们，用他们优美的诗句歌咏过大运河。诗仙李白在大运河上写下了这一生最不像是他风格的“吴牛喘月时，拖船一何苦。水浊不可饮，壶浆半成土。”杨万里甚至在《练湖放闸》中描写了练湖开闸济水大运河：“满耳雷声动地来，窥窗银浪打船开。练湖才放一寸水，跳作冰河万雪堆。”

“斗门贮净练，悬板淙惊雷。”南宋诗人范成大曾经描述过大运河上的船闸注水时的情景，那时他应该不会意识到，大运河不仅是一条文化的河，也是科技之河。

早在范成大出生前142年，淮南转运副使乔维岳在淮南漕渠修建了一道复式船闸，比同类船闸在欧洲出现整整早了389年。北宋著名科学家沈括在《梦溪笔谈》中也有记录。而沈括与大运河的缘分并不仅仅如此，《梦溪笔谈》就写在大运河畔的镇江，沈括自己在年轻时也曾经参与过通济渠的勘探和治理。

与张衡、祖冲之、落下闳等人齐名的天文学家郭守敬，设计了京杭大运河山东段的河道线路，领导开凿了大运河最北一段——通惠河的修建工程，首次实现了元代南北大运河由北京到杭州的全线通航。

从元代到清代，京杭大运河在北京和杭州之间流淌了700年，是“百万漕工衣食所系”。受历史演变、人类活动和气候变化影响，20世纪初京杭大运河出现断流。一直到2022年，水利部联合京津冀鲁四省市开展京杭大运河全线贯通补水工作，京杭大运河百年之后，再次全线水流贯通。

有了水，运河就有了生命，也将在一路奔腾浩荡中，唱响属于中华民族复兴的号子。

（原载《华西都市报》2023年7月5日）

# 大运河，一滴水的旅程

颜 庆 刘莘瑜

常言道:“一滴水，可以反映出太阳的光辉。”如果一滴水跑到大运河里，加入浩浩汤汤的水流，来一场穿越江南水乡与北国风光的旅行，那将是怎样的一种情景?

我们和参加中国报纸副刊研究会2022年年会的朋友们来到江苏南京，有机会一起结伴行走大运河。从镇江、扬州、淮安、宿迁一路北行，我们打量着这条有着2500年历史的河道，思接千载，浮想联翩。

一滴水挤挨着另一滴水，一滴水追赶着另一滴水，汇集成浩大的激流，沿着祖祖辈辈治理的河道不舍昼夜奔腾，跨过钱塘江、长江、淮河、黄河、海河五大水系，在这条古老的航道上且行且吟，倾听时滴答作响。一滴又一滴水托起了南来北往的船只，也听惯了运河上太多或悠扬婉转、或高亢激昂的故事。

## 从扬州出发

“故人西辞黄鹤楼，烟花三月下扬州。”李白脍炙人口的诗句，给扬州这座城市平添了无限神韵，让古往今来多少人生出了憧憬。现在，我们就从扬州出发，去追踪一滴水的旅程。这里有江南的风雅，有中国历史上最古老的运河邗沟，还有矗立在运河旁边的中国大运河博物馆。

来到扬州恰逢阳历四月份，按农历计算是闰二月，和李白说的烟花三月正好处在一个时间段上。扬州这座城市到底有什么特别之处？李白说得有些朦胧：阳春三月，江南水乡，繁花似锦……我们来的时候，这座城市有一种叫“琼花”的白色花簇正在怒放，不知道这是不是李白笔下的“烟花”？

据说当年隋炀帝开凿大运河时，琼花就是扬州城的一种名花。更浪漫的说法是，隋炀帝开凿勾连黄河和淮河的通济渠，继而疏浚连接扬州和淮安的邗沟，最终打通了从洛阳到扬州的水上通道，就是为了坐船到扬州去看琼花。隋炀帝杨广与扬州有着不解之缘，早年率军南下打败陈国，并担任扬州总管。登上皇位之后，第一件事是营建新都洛阳，随即开凿南至扬州、北达涿郡的运河，接踵而至就是一路南巡。一条运河，勾连起了首都和富庶的江南，这无疑比“看琼花”有更重大的意义。

扬州，是因运河而生的城市。公元前486年，吴王夫差为了北上和齐国争霸，开凿了连通长江和淮河的水道邗沟。一座名为“邗”的城池也围绕运河而兴起，这就是扬州的前身。在中国大运河博物馆，讲解员告诉我们，中国大运河由隋唐大运河、京杭大运河与浙东运河三部分组成，全长达到3200公里。在长达两千多年的历史长河里，无论运河的走向发生怎样的改变，始终都经过扬州，这也是扬州经久不衰的缘由。

追寻大运河最早的源头，那就是邗沟。它比历史上著名的鸿沟要早逾百年，比秦始皇凿通的灵渠要早两百多年，而苏伊士运河和巴拿马运河则是两千年之后的事了。

今天，我们一路寻访古邗沟的遗迹，徜徉在大运河世界文化遗产点位瘦西湖，漫步在古运河三湾湿地，在东关古渡登船航行在扬州市区……一滴水，在运河里闪耀着太阳的光芒。我们从一滴水里也看到了大运河久远的历史，听到了运河上响彻了两千多年的咿呀桨声。

## 深藏不露的铁锔

一滴水推搡着另一滴水，一波浪追逐着又一波浪，一旦失去约束，引发的就是灾难。

行走大运河，我们领略到了杨柳岸晓风残月的低吟浅唱，也从历史的长河中知悉了黄河决口、运河溃堤的惊涛骇浪。一条运河，承载了多少辉煌，也就承受了多少苦难。

在洪泽湖大堤，我们见证了一个铁锔的传奇。

洪泽湖位于淮河中下游地区，很早的时候这里是一个又一个的小湖泊，历史上黄河夺淮入海，淮水在此潴留，将大大小小的湖泊连成一片，形成了水天相接的洪泽湖。明清时期，为了约束洪泽湖泛滥，筑洪泽湖东大堤，即高家堰。当地有谚语："倒了高家堰，淮扬不见面。"意思是洪泽湖一旦决堤，将殃及淮安和扬州，而跨越淮河及黄河一路北上的大运河自然也无法幸免。

我们是下午到达洪泽湖大堤的，堤坝上杨柳拂岸，湖面上浮光掠金，呈现在眼前的是一派祥和景象。殊不知，在这样的祥和背后，是一代又一代人的艰苦付出，是舍生忘死的担当精神和为民情怀。这些人当中，就包括治水英雄林则徐。

这里是周桥大塘，是洪泽湖大堤的典型地段和历史灾难的重要遗址，现在是大运河国家文化公园的重要节点。时间回溯到1824年（道光四年）冬天，洪泽湖高家堰周桥段决口，洪水泛滥、房倒屋倾，大运河上给京城运粮的货船也一度中断，清廷为之震惊。

紧要关头，道光皇帝将治水不力的河道总督张文浩撤职查办，并于1825年3月下旨，命正在福建老家为母亲守丧的林则徐赶赴洪泽湖督修高家堰。林则徐戴孝出征，身着素服在高家堰日夜督战，迅速堵住了决口，并在大堤的外围修筑了长750米、高9米的一道弧形石墙。石墙和大堤之间，形成了一个月牙形的大塘，后来称之为周桥大塘。即使大堤再度出现险情，有这道石头砌成的外堤兜着，算是给大堤加上了保险。

值得庆幸的是，从1825年至今，洪泽湖大堤周桥大塘这一段，再没有发生险情。立下汗马功劳的是一个铁锔，以及蕴藏其中的匠心和担当精神。周桥大塘的一块石碑上记载——洪泽湖大堤石工墙建设过程中，为了增强条石之间的稳固性（咬合度），在两块条石连接处镶嵌有“工”字形铁锔，铁锔上还铸有铭文“林工”字样。铁锔均镶嵌在墙体内部，表面上看不到，是一种对工程质量负责任的做法。此处工程如有倒塌，墙内铁锔上的铭文铁证如山，就可以倒查责任人林则徐。如果一直不倒，则深藏功与名。

面对石碑上记载的文字，我们一行人唏嘘不已，林工—林则徐—林公，您用一个铁锔诠释了您那句名言：苟利国家生死以，岂因祸福避趋之。从这里，我们也读懂了后来您在虎门销烟的壮举。一个人心里装着国家、装着人民，无论做什么事情，他都会像一颗铁锔一样咬定目标、不计功名。

石碑的接缝处展示了一个铁锔，那是从历经风雨的石墙中取出来的样本，我用手去轻轻触摸这一块铁，那种凉沁沁的感觉和肃然而生的敬意迅速交织在一起直抵心田。2019年，水利部公布了第一批历史治水名人名录，林则徐的名字赫然在列。

## 运河的“水脊”

今天我们提起大运河，大都指京杭大运河。

一滴水，在扬州沿着运河流淌，往南经过镇江、无锡可达杭州（继续南行还可以到达宁波），向北经过淮安、济宁、天津可直通北京，这是京杭大运河的大致走向。

京杭大运河自春秋战国时代起，历经隋唐宋元明清和当代，是跨越两千多年形成的伟大工程，直到今天依然在造福两岸人民。在镇江谏壁船闸，我们看到千吨级货船首尾相接，由京杭大运河缓缓驶往长江。谏壁船闸有“江南第一闸”之称，现在每天的货物最高通过量达到50万吨。

自元代起，北京一直是京杭大运河的中心城市。一滴水从江南出发，托着一艘艘货船北上，并非一路坦途，有时甚至还要爬坡过坎。一滴水，见证了漫漫征程，也映照出古往今来人们治水的智慧。

“水脊”，是我们在参观中国大运河博物馆和淮安漕运博物馆的时候，接触到的一个新鲜名词。从地势剖面图可以看到，在京杭大运河1700多公里的旅途中，山东丘陵地区在京杭大运河沿线海拔最高。航道一年四季要通畅，必须于运河的最高点、古人称“水脊”处注水，再通过闸门抬升水位，才能让船舶“翻山越岭”。在测绘仪器并不发达的情况下，要找到“水脊”的最佳点位，以及在更高处给“水脊”补水的水源地，并不是一件容易的事。多少年来，这一直是困扰运河航运的痛点。

永乐九年（1411年），明成祖朱棣决定迁都北京，他要通过大运河把营建都城的物资从江南源源不断地运往北方。山东境内的会通河，因为水量小、河床浅，运输能力受到限制。朱棣命工部尚书宋礼率队南下山东，疏浚会通河。宋礼征集二十万民工疏浚河道，并依据元代的治河经验，在山东济宁寻找“水脊”，但是收效依然甚微。

逡巡在大运河上，宋礼十分着急又一筹莫展，于是到运河两岸的群众中间去寻访计策。就在这时，运河上一个拉纤的领班站了出来，胸有成竹地说：“南旺者，南北之水脊也。”他叫白英，生于山西洪洞县，明初迁到山东济宁的彩山村，对运河两岸的地形及河水流向都特别熟悉。

纤夫白英大胆献策，运河最高点不是济宁城区，而是四十多公里外的南旺镇。如果在三十公里外的戴村引水，灌注南旺的船闸，就可以彻底解决会通河缺水断流的问题。宋礼采纳了白英的治理方案，并任命他为总工程师。白英带领劳工进行了整整8年的艰苦劳动，最终完成了庞大的南旺水利枢纽工程，其中仅水闸就建了38道。

京杭大运河的“卡脖子工程”，就这样被一个纤夫成功化解了。会通河的漕运量，从不足10万石暴涨到150万石。由于大运河解决了北京都城建设的材料运输问题，直到今天仍流传着一个生动的说法：“大运河漂来紫禁城”。

一个普通人，做出了不普通的大事。纤夫白英找到了水脊，像白英这样的无数劳动者，则是修建大运河、治理大运河的脊梁。

（原载《南充日报》2023年7月14日）

# 说不尽的运河美

张　丽

由南京出发至宿迁，沿运河而行，运河之美在几天的行程中逐次展开。

运河之美，美在历史沉淀，美在现代繁华。登临金山寺，满携诗意的图景在脑海中悄然展开：一年中秋，乘舟重游金山寺的北宋苏东坡正在妙高台起舞歌咏，“明月几时有，把酒问青天”的词行中，氤氲着他绵延不断的乡愁。又一年，在不远处的西津渡，北宋王安石从这里扬帆起航，留下脍炙人口的千古名句“京口瓜洲一水间”……

走进西津渡历史文化街区，青石古建让我们仿佛置身于时光隧道，一头钩沉古代，一头衔接现代。在这个长江与大运河的交汇点，我想象着古时漕船过江的喧嚣繁华。而在行程的第二天，素有“江南第一闸”美称的谏壁船闸的航行盛景便呈现于眼前：一艘艘满载物资的大型货轮不停地推拨运河的波浪，平稳有序地通过闸口驶入长江，当时恰逢运河与长江水位齐平，无需开闸放闸和等待通行，由此目睹了现代版的“舳舻转粟三千里”。

来到盱眙县第一山，领略这座因运河而兴盛闻名的古山魅力。北宋米芾的“莫论衡霍冲星斗，且是东南第一山”、北宋苏轼的“人间有味是清欢”、南宋杨万里的“第一山头第一亭”等，与那一排排书法碑刻，沉淀着第一山的历史与文化。还有古泗州城的兴衰，这座古城因水患沉沦地下。有人说，在第一山面前，展现过运河的变迁、城市的兴衰、金戈铁马的征战、人水相抗的史诗，它是一座山，却见证了水带给人间的欢歌与悲歌，站在这座山上，我们会比在其他地方更能理解水。

运河水，应该是造福于人的。行程中，几次停驻于洪泽湖大堤的不同堤段，壮美、包容与低调，是它留给我的主印象。走进这座蜿蜒108湾的“水上长城”，脚踩整齐坚实的条石，在余晖的红晕中，看洪泽湖水于波光粼粼中奔腾不息，行至与迎水坡的吻合处迸溅出洁白的水花。这座与四川都江堰齐名的古堰，从1800年前走来，至今仍生机勃勃，泄洪、灌溉、航运、供水、发电、旅游、水产……滋养着运河两岸的江淮儿女。

在洪泽湖大堤45公里处，矗立着一座众人挖塘的浮雕，浮雕后的周桥大塘，保存着洪泽湖大堤的最初模样。这座至今仍保存十分完整的石工墙，是由当时丁忧在家的清代林则徐指挥修建而成。嵌于墙内的铁锭上，铸有“林工”二字，显示其对这一修筑工程终身负责。我想，这应该是对“铁证如山”的最好诠释吧。而这些又何尝不会让我们想起十几年后他再次在危难之际挺身而出的“虎门销烟”来。

这种担当精神是随着运河水流淌至今的。在位于盱眙县黄花塘镇的黄花塘新四军军部纪念馆，我们参观了这支红色铁军英勇悲壮的抗战史，他们用牺牲与鲜血，构筑起对祖国的担当、对人民的担当。走出纪念馆时，我的耳畔仍久久回荡着那慷慨雄壮的新四军军歌：“浴血奋战在罗霄山下，血染着我们的旗帜……东进，东进，我们是铁的新四军！”运河人那不灭的红色印记与担当精神，如奔腾不息的运河水般，绵延不断。

一代代运河人的担当，成就了当代运河人的幸福生活。“千百年来，运河滋养两岸城市和人民，是运河两岸人民的致富河、幸福河。”在宿迁市宿城区蔡集镇牛角淹新型农村社区的新时代乡村画卷中，我看到了运河人正在建设的幸福生活：红瓦白墙小楼错落有致，房前屋后草木葱茏，清澈小河蜿蜒环绕，文化大礼堂宽敞明亮……听社区负责人介绍，为了让村民在家门口增收致富，社区在美丽乡村建设基础上全力促进“农文旅”融合、打造乡村旅游新样板。相传“牛角淹”是由战国时期孙膑的神牛撞出来的天然大坑，经年累月形成了现在的湖泊。如今，他们正在朝着昔日水淹洼地成为今日“幸福高地”的目标努力着。

在扬州三湾生态文化公园，一座犹如行驶中的巨船般的建筑，辉映于青树淡水间，这就是扬州中国大运河博物馆。中国大运河始于公元前486年吴王夫差在扬州开凿邗沟，2500年后，扬州中国大运河博物馆正式开馆。全流域、全时段、全方位展示大运河历史文化，是它的担当。从隋唐大运河、京杭大运河、浙东运河的前世今生，到运河上的水利工程、漕运盐利、商业贸易、宗教信仰、饮食风物、戏曲诗词、舟船样式、市井生活，运河沿线的自然生态、运河如何与“一带一路”交汇……徜徉于各个主题展览，领略沿河的京津、燕赵、齐鲁、中原、淮扬、吴越等地域文化，以及水利、漕运、船舶、饮食等文化形态，绵延于心中的，是那生生不息的情思与代代相承的美好。

大运河啊大运河，你始终秉持着那份造福于民的初心，将自己交付于“国之大者”和民之关切，释放着说不尽的美，并将其融化于生生不息的文化基因里。运河水，运河人，从历史的深处走来，裹挟着岁月的风霜，散发着文化的芳华，走到现代，也将走向未来，走向水清岸绿、市井繁华……

（原载《人民政协报》2024年3月23日）

# 100余家媒体共谋报纸副刊创新路径

周秀芳　高玉璞

“中国报纸副刊研究会2022年年会暨百名文化记者江苏行采访活动”在南京市新华报业传媒广场启幕。来自全国25个省、市、自治区的180余家媒体近200名副刊编辑、记者参会，共同探讨新时代副刊如何在媒体融合发展进程中传承、开拓、创新与发展。

此次活动，由中国报纸副刊研究会、新华报业传媒集团主办。《人民日报》《解放日报》《杭州日报》《四川日报》《中国副刊》5家媒体代表发言，从不同维度和视角，结合本地特色和各自报社副刊转型的具体实践，对全媒体时代报纸副刊如何传承文化、提高影响力、靠近受众和社会等问题进行深入剖析。

与会人员认为，副刊应追求新闻之新、思想之深、人文之暖。瞄准“新闻之新”，加强新闻的渗透，做好主题策划。聚焦“思想之深”，编辑记者要有宏阔的视野、独到的见解，带给读者精神上的获得、滋养与成长。展现“人文之暖”，更多去关注大时代中的普通人和他们努力生活的样子，与他们共鸣共情，彰显人文关怀。

与会人员认为，坚持一体化发展是全媒体副刊的前进方向。构建全媒体副刊的内容创新和传播机制，媒体必须紧跟时代前进步伐，完善和优化全媒体副刊传播层级，掌握运用新媒体传播技术，打通作品内容、技术应用、平台终端、管理手段的壁垒，从深度、广度、高度、力度上实现传播效果的最大化和最优化。

（原载《内蒙古日报》2023年4月9日）

# 后　记

2023年4月，我们在江苏南京召开中国报纸副刊研究会2022年年会，受新华日报报业集团邀请，会议期间我们组织了“行走大江大河　书写水韵书香”百名文化记者江苏行采访活动。

参加会议的180余家媒体近200名编辑记者以大运河江苏段为主题进行了采访调研活动，经镇江、扬州、淮安和宿迁一路北上，实地采访，重点调研运河文化重镇，体会历代先贤率民众开凿运河的勇气、智慧和艰辛，感悟大运河对于中国南北经济交流和政治统一所起到的不可或缺的作用。编辑记者穿山越水，锻炼了脚力；挖掘运河历史、实地探访运河文化，提升了眼力；交流采访内容、思考运河文化内涵，增强了脑力；敏锐观察，细腻感受，练就了笔力。我们从全国60多家媒体发表的作品中评选出一等奖、二等奖、三等奖和优秀奖，并编选若干篇特别奖作品（不参加评选），予以集结出版。文章以编辑记者独特的视角、深刻的思考、如花的妙笔聚焦大运河江苏段的保护、传承与发展，探寻中国式现代化在江苏大地上的壮丽图景。

出书在即，谨此感谢主办单位新华报业传媒集团高度重视和鼎力支持，感谢协办单位淮安市委宣传部、宿迁市委宣传部、镇江市委宣传部、扬州市委宣传部细致周到的安排，使采访调研活动顺利进行；感谢各位副刊同仁的积极参与和支持！

中国报纸副刊研究会

2024年10月

**图书在版编目（CIP）数据**

大运河，请听我说：中国文化记者江苏运河行采访调研作品集 / 丁振海，郭运德主编； 王琴珍执行主编 . 北京：党建读物出版社，2024. 10. -- ISBN 978-7-5099-1593-6

Ⅰ . I267.1

中国国家版本馆 CIP 数据核字第 20242V2H02 号

**大运河，请听我说**
DAYUNHE，QING TING WO SHUO
中国文化记者江苏运河行采访调研作品集
丁振海　郭运德　主编
王琴珍　执行主编

**责任编辑**：季利清
**责任校对**：钱玲娣
**封面摄影**：徐渭明
**装帧设计**：刘伟
**出版发行**：党建读物出版社
**地　　址**：北京市西城区西长安街80号东楼（邮编：100815）
**网　　址**：http://www.djcb71.com
**电　　话**：010-58589989 / 9947
**经　　销**：新华书店
**印　　刷**：保定市中画美凯印刷有限公司
2024年10月第1版　2024年10月第1次印刷
710毫米 ×1000毫米　16开本　23印张　插页8页　285千字
ISBN 978-7-5099-1593-6　定价：36.00元

---